Gitta Jacob

Raus aus Schema F

© Daniela Möllenhof

Gitta Jacob
zählt zu den einflussreichsten deutschen Psychotherapeutinnen. Ihre Bücher, die in mehr als zehn Sprachen übersetzt wurden, haben dazu beigetragen, die Schematherapie weltweit zu etablieren. Bei Beltz veröffentlichte sie zuletzt »Psychotherapie – eine Gebrauchsanweisung«. Gitta Jacob lebt in Hamburg.

Gitta Jacob

Raus aus Schema F

Psychische Muster erkennen und die eigene Persönlichkeit entfalten

BELTZ

Die im Buch veröffentlichten Ratschläge wurden mit größter Sorgfalt und nach bestem Wissen von der Autorin erarbeitet und geprüft. Eine Garantie kann jedoch weder vom Verlag noch von der Verfasserin übernommen werden. Die Haftung der Autorin bzw. des Verlages und seiner Beauftragten für Personen-, Sach- oder Vermögensschäden ist ausgeschlossen. Wenn Sie sich unsicher sind, sprechen Sie mit Ihrem Arzt oder Therapeuten.

FSC
www.fsc.org
MIX
Papier aus verantwortungsvollen Quellen
FSC® C089473

Dieses Buch ist erhältlich als
ISBN 978-3-407-86459-8 (E-Book)
ISBN 978-3-407-86579-3 (Print)

2. Auflage 2018

in der Verlagsgruppe Beltz · Weinheim Basel
Werderstraße 10, 69469 Weinheim

Lektorat: Ulrike Ebenritter
Umschlaggestaltung: www.anjagrimmgestaltung.de (Gestaltung), www.stephanengelke.de (Beratung)
Umschlagabbildung: Frauenkopf-Silhouette © Kichigin/istockphoto.com, s/w-Streifenstruktur © CurlyPat/shutterstock.com
Layout und Herstellung: Antje Birkholz
Satz: Markus Schmitz, Altenberge
Druck und Bindung: Beltz Bad Langensalza GmbH, Bad Langensalza
Printed in Germany

Weitere Informationen zu unseren Autoren und Titeln finden Sie unter: www.beltz.de

INHALT

Teil 2: Innere Anteile verändern

Warum machen wir immer wieder dieselben Fehler?

Kennen Sie das? Das Gefühl, sich in bestimmten Situationen ungeschickt, widersprüchlich oder übertrieben zu verhalten? Sich so zu benehmen, dass es einem später peinlich ist, dass man sich schämt?

Und haben Sie sich schon einmal gefragt, woher das kommt? Warum Sie immer wieder in dieselben Sackgassen biegen, so als hätte Ihnen jemand das Steuer aus der Hand gerissen? Dabei sind Sie doch eigentlich ein sicherer Fahrer. Im Allgemeinen verfügen Sie über viele Strategien, Ihren Alltag zu meistern. Und trotzdem gibt es sie: diese Momente, die Ihnen entgleiten.

Das geht nicht nur Ihnen so, sondern auch Nora, Petra und Rasmus. Alle drei leiden darunter, dass sie immer wieder in einer Art und Weise handeln, die ihnen selbst nicht gefällt:

Nora hat eigentlich alles, um sich geborgen und geliebt zu fühlen: zwei wunderbare Kinder, einen einfühlsamen Partner, gute Freunde und einen sicheren Job. Trotzdem gibt es da immer wieder Situationen, in denen sie sich plötzlich wie ein kleines Kind fühlt: hilflos und verlassen. Es genügen Kleinigkeiten, um Nora regelrecht aus der Bahn zu werfen. Zum Beispiel neulich – da haben die Kollegen einen Witz erzählt, den sie nicht verstanden hat, und schon hat sie sich ausgeschlossen gefühlt. Als sei es ihr Schicksal, niemals irgendwo dazuzugehören und einfach gemocht zu werden, so wie sie ist. Nora hat getan, was sie in solchen Momenten immer tut: Sie hat dichtgemacht und sich in ihre Arbeit zurückgezogen. Als ein Kollege sie darauf ansprach, kamen ihr die Tränen. Später hat sie sich geärgert – über die anderen und über sich selbst. Eigentlich weiß sie, dass ihre Reaktion unverhältnismäßig und weitgehend unbegründet war. Das Problem ist bloß: Sie kann nicht anders.

Petra gibt sich mit allem viel Mühe, versucht es allen recht zu machen und fragt lieber zehnmal nach, egal ob es um berufliche Aufgaben oder um private Verabredungen geht. An dem Geburtstagsgeschenk für ihre Schwester hat sie wochenlang gebastelt. Aber wehe, wenn jemand auch nur den Hauch von Zweifeln äußert! Dann ist Petra entweder traurig und total geknickt oder sie reagiert regelrecht patzig. Für sie (und oft auch für die anderen) ist der Tag damit im Eimer. Dabei müsste gerade sie, der es so wichtig ist, alles richtig zu machen, eigentlich froh sein über konstruktive Kritik.

Rasmus lebt mit seiner Frau und seinem Sohn in einer kleinen Wohnung am Stadtrand. Ihre Mittel sind bescheiden, aber sie versuchen, sich das Leben so angenehm wie möglich zu machen. Meist führen sie ein ruhiges und harmonisches Familienleben. Rasmus ist ein liebevoller Ehemann und Vater, der viel mit seinem Sohn unternimmt und täglich für die Familie kocht. Aber wenn er mit seinen Kumpels um die Häuser zieht, ist er plötzlich ein anderer Mensch. Dann trinkt er übermäßig, spielt sich auf, redet sehr laut und lässt sonst niemanden zu Wort kommen. Hinterher ist ihm das immer richtig peinlich. Hat er ein Alkoholproblem? Oder warum verhält er sich immer wieder so?

Warum können wir nicht anders? Das Problem ist nicht, dass wir hin und wieder scheitern und uns danebenbenehmen. Scheitern ist nicht schlimm. Scheitern gehört zur Entwicklung des Menschen wie Sonne und Wasser zum Wachsen von Geranie und Gummibaum. Schlimm ist, dass solches Scheitern immer wieder in ähnlicher Weise geschieht, dass wir immer wieder dieselben Fehler machen, dass wir scheinbar gar nichts dazulernen. Das verstärkt den Frust. Das macht das Unbehagen, die Traurigkeit, die Mutlosigkeit oft unerträglich. Aber warum ist das so? Warum scheint es so schwer, ja fast unmöglich, mit schädlichen Mustern zu brechen?

Vielleicht hilft Ihnen dieses Bild: Stellen Sie sich vor, Ihre Seele wäre ein Kleiderschrank. Im Laufe der Jahre hat sich dort ein ganz schönes Sammelsurium an Kleidungsstücken zusammengefunden. Einige Sachen passen und gehen eigentlich immer. Andere sind unbequem oder hässlich. Und dann gibt es da noch ein paar Traumstücke, die man nie anhatte. Warum? Irgendwie traut man sich nicht. Es ist eigentlich schon lange Zeit, manches Stück auszusortieren oder zum Änderungsschneider zu bringen – oder vielleicht auch endlich mal reinzuschlüpfen in das ein oder andere tolle Teil, das schon so lange traurig und vernachlässigt im Schrank hängt und auf die Motten wartet.

Im Gegensatz zu den knallbunten Wollpullovern und hässlichen Multifunktionsjacken haben wir uns die Kleider der Seele nicht selbst ausgesucht. Leider können wir sie nicht schnell durchsehen und ausmisten. Allzu fest stecken wir in bestimmten Denk- und Verhaltensmustern. Im Nachhinein wissen wir, dass sie unangemessen und schädlich sind – im kritischen Moment jedoch fällt uns gar nicht auf, dass wir nach »Schema F« handeln.

Dabei gibt es Strategien, mit denen wir die Kontrolle zurückgewinnen können: Wege aus der Zwangsjacke. Bewährte Methoden, die Ihnen helfen, die eigene Persönlichkeit zu entfalten – in diesem Buch werden sie beschrieben.

Wenn Sie diesen Weg mit mir einschlagen möchten, heißt die erste Station: Selbsterkenntnis. Es gilt herauszufinden, in welchen Mustern Sie stecken und wo diese Muster ihren Ursprung haben. Die Antworten darauf liegen zum Teil tief in unserer Vergangenheit, in unserer Kindheit und Jugend. Oft bedarf es einer analytischen und strukturierten Vorgehensweise, um den inneren Mustern auf die Spur zu kommen.

Eine solche Vorgehensweise hat die sogenannte Schematherapie entwickelt. In Deutschland fand diese Methode zunächst über die Bücher des New Yorker Psychologen Jeffrey Young und seiner amerikanischen Kollegen, später auch über meine Bücher und DVDs Verbreitung. Die Schematherapie geht davon aus, dass unser Denken, Fühlen und Handeln von Mustern durchzogen ist, dass sich unsere Schwächen, aber auch unsere Stärken in Mustern manifestieren.

Im Mittelpunkt stehen dabei Gefühle – und zwar positive wie negative. Emotionen sind gerne widersprüchlich: In einem

Moment lieben wir einen Menschen, im nächsten hassen wir ihn. Oder wir haben große Sehnsucht nach etwas, aber Angst lässt uns immer wieder davor zurückschrecken. Es sind solche intensiven Gefühle, die uns selbst oft unbegreiflich, unlogisch, ja manchmal sogar lächerlich erscheinen. Dieses Buch zeigt Ihnen Wege, sie ernst zu nehmen und zu fragen, woher sie kommen. Denn diese Gefühle sind überhaupt nicht lächerlich und unbegründet. Sie haben oder hatten ihre Berechtigung. Aber nicht alle sind heute noch sinnvoll, obwohl es sich im Moment so anfühlt.

Wie zum Beispiel bei Nora, wenn sie sich von ihren Kollegen ausgeschlossen fühlt. Sie kennt die Gefühle von Zurückweisung und Isolation nicht erst seit gestern. Sie kennt sie, solange sie zurückdenken kann. Denn der Ursprung dieses inneren Musters liegt nicht im Büro, sondern in Noras Kindheit.

Als Kind ist Nora viel umgezogen. Ihre Mutter war sehr jung und von der Aufgabe, ein Kind großzuziehen, überfordert. Deshalb wurde Nora in der Verwandtschaft herumgereicht: ein halbes Jahr zur Tante, ein paar Monate zu Omi-Bremen, ein Jahr zur Großmutter in Polen. Alle waren liebevoll zu Nora. Aber bleiben konnte sie nirgendwo. Das hatte auch zur Folge, dass sie in der Schule immer »die Neue« war und die anderen Kinder ihr oft mit Ablehnung begegneten. Nora hatte kaum Freunde, und wenn sie einmal Anschluss gefunden hatte, musste sie bald wieder umziehen. Mit zwölf war sie so unsicher, dass sich die Ablehnung der Mitschüler zu einem regelrechten Mobbing auswuchs.

Wenn Nora sich heute ohnmächtig und alleingelassen fühlt, dann nicht, weil die aktuelle Situation das rechtfertigen würde, und auch nicht, weil sie »überempfindlich« ist, sondern weil Gefühle in ihr aktiviert werden, die sie in ihrer Kindheit wieder und wieder über einen längeren Zeitraum erfahren hat. Die Verlassenheit und Ausgrenzung, die sie heute empfindet, lassen Nora innerlich wieder regelrecht zum Kind werden.

Der erste Schritt zur Veränderung besteht darin, unsere psychischen Muster ernst zu nehmen und ihre Bedeutung innerhalb der eigenen Lebensgeschichte zu verstehen. Die Schematherapie unterscheidet zwischen vier Modi, aus denen sich Denk- und Verhaltensmuster zusammensetzen: dem *Kindmodus*, dem *Elternmodus*, dem *Bewältigungsmodus* und dem gesunden *Erwachsenenmodus*.

Der Modus bezeichnet den Zustand, der uns aktuell beherrscht. Er steuert unsere Erwartungen an eine Situation, unsere Wahrnehmung der Situation und unsere Reaktion auf die Situation. Wie man für verschiedene Gelegenheiten unterschiedliche Kleidung aus dem Schrank holt, kommen bei jedem Menschen in unterschiedlichen Momenten unterschiedliche Modi zum Vorschein.

Gefühle der Kindheit

Das Gefühl von Nora, plötzlich keine Erwachsene zu sein, sondern ein ängstliches, vielleicht ein wenig trotziges, hilfloses Kind, bezeichnet die Schematherapie als Kindmodus. Die emotionalen Zustände unserer Kindheit und Jugend sind wie schlafende Quälgeister, die bestimmte Reize oder Situationen wachrütteln und deren Treiben wir dann ausgeliefert sind.

Wenn der Kindmodus aktiv wird, sind meist Überreste weit zurückliegender Verletzungen und Versäumnisse im Spiel, Spuren von Momenten, in denen unsere kindlichen Bedürfnisse nicht ausreichend befriedigt wurden. Jahrzehnte ist es her, seitdem die Mutter unsere Liebesbekundungen peinlich berührt abgetan hat, die Kindergärtnerin uns ignoriert hat, dass unsere Klassenkameraden uns gehänselt haben, doch Beschämung und Zurückweisung sind erhalten geblieben.

Weil Noras Bedürfnis nach Geborgenheit, Zugehörigkeit und Wertschätzung so lange zu kurz gekommen ist, konnten sich in ihr die Gefühle eines verletzten Kindes halten. Deshalb reicht eine unverfängliche und harmlose Situation aus, um diese mit beiden Beinen im Leben stehende Frau emotional aus der Bahn zu werfen.

Neben dem verletzlichen Kindmodus gibt es noch den ärgerlichen Kindmodus wie bei Petra, die mit Kritik nicht umgehen kann. Eine Variante davon ist der impulsiv-undisziplinierte Kindmodus: In diesem Zustand fehlt es einem Menschen an Ausdauer und Selbstdisziplin. Es fällt ihm schwer, Dinge zu erledigen, die lästig oder langweilig sind, aber leider einen Großteil unseres Lebens ausmachen. Niemand macht gerne seine Steuererklärung, aber man macht sie halt. Niemand geht gern zu ärztlichen Vorsorgeuntersuchungen, aber wir wissen, dass es sein muss. Personen mit einem ausgeprägten impulsiv-verwöhnten Modus warten so lange, bis es gar nicht mehr anders geht. Alles, was ihnen keinen Spaß macht, schieben sie auf die lange Bank oder auf andere Menschen: Freunde, Eltern, Partner. Sie haben einfach nie gelernt, mit der Frustration umzugehen, die die Erledigung langweiliger Aufgaben mit sich bringt. Oft hatten sie Eltern oder Großeltern, die ihnen alles abgenommen, sie zu sehr verwöhnt oder permanent beschützt haben. Doch auch wenn unsere Eltern uns verwöhnt haben, liegt eine Form der Vernachlässigung vor. Die Tendenz, Kinder überzubehüten und ihnen letzten Endes nichts zuzutrauen, hat zur Folge, dass viele Menschen als Erwachsene unselbstständig bleiben, zu wenig Disziplin haben, Dinge zu lange aufschieben und sich von ganz alltäglichen Situationen überfordert und gestresst fühlen.

Linus ist mittlerweile vierzig. Er arbeitet in der IT-Branche und ist ein gefragter Experte. Allerdings fällt es ihm schwer, pünktlich oder auch nur regelmäßig zur Arbeit zu erscheinen. Außerdem verpasst er immer wieder seine Deadlines, dann lässt er sich krankschreiben oder fehlt unentschuldigt im Büro. Immer wenn er gefeuert wird und ihm das Geld ausgeht, hilft ihm seine Mutter. Sein Vater, ein Künstler, hatte keinen Kopf für Kinder oder Hausarbeit. Deshalb hat Linus' Mutter ihm alles abgenommen: Sie ging arbeiten, zog die Kinder groß und kümmerte sich um den Haushalt. So hat Linus am Beispiel seines Vaters gelernt, dass es in Ordnung ist, lästige Aufgaben auf andere zu schieben. Hinzu kommt, dass Linus' Mutter ihr überfürsorgliches Verhalten auf den Sohn ausgedehnt hat. Linus ist also niemals aufgefordert worden, unangenehme Aufgaben zu übernehmen. Fatal ist, dass sich diese Dynamik bis heute fortsetzt: Wann immer Linus aufgrund seiner »Aufschieberitis« in Schwierigkeiten gerät, hilft ihm die Mutter aus der Klemme: mit Geld oder indem sie die Tante fragt, ob Linus für eine Zeit bei ihr wohnen kann, oder indem sie einen Termin beim Arzt arrangiert.

Linus' Mutter meint es nur gut. Aber auf diese Weise wird er nie lernen, Verantwortung zu übernehmen und allein zurechtzukommen. Es ist völlig unklar, was passiert, wenn Linus' Mutter ihm einmal nicht mehr helfen kann, sondern vielleicht selber Hilfe braucht. Je älter er wird, desto schwieriger wird es für ihn.

Kommandos der Eltern

Viele Menschen mit starken Kindmodi haben auch Anteile, in denen innere Stimmen sie abwerten oder stark unter Druck setzen. Diese abwertenden Anteile bezeichnen Schematherapeuten als schädliche Elternmodi – auch wenn sie sich nicht unbedingt auf die Eltern beziehen müssen. Infrage kommen alle Personen, die unser Aufwachsen prägend begleitet haben: Großeltern, Lehrer, Nachbarn, Mitschüler … Es können auch gesellschaftliche Anforderungen sein, die uns unter Druck setzen, weil sie von uns mehr verlangen, als wir realistischerweise erfüllen können. Wir alle sollen schön, engagiert, intelligent und andauernd glücklich sein und vor allem nie Probleme machen. Dabei hat sich der Zwang zur Perfektion in den letzten Jahrzehnten ständig verschärft. Wer kennt es nicht, das Gefühl, wieder mal nicht zu genügen!

Elternmodi melden sich oft mit ganz konkreten Sätzen: »Stell dich nicht so an«, »Muss ich jetzt wieder böse werden«, »Denk doch auch mal an andere«. Sätze wie diese scheinen sich tief in unser Gedächtnis eingegraben zu haben. Sie sind ein tradierter Bestandteil unserer Erziehung. Generationen von Eltern haben sie freigiebig unter ihren Kindern verteilt. Dabei können sie großen Schaden anrichten, denn ihre Botschaft ist immer dieselbe: »Du bist nicht wichtig und deine Bedürfnisse sind es auch nicht.«

Sicher, Eltern sollen ihre Kinder nicht zu Egoisten erziehen. Das heißt aber nicht, dass ihre Bedürfnisse keine Berechtigung haben. Im Gegenteil, zu wissen, was man braucht und dass man Anspruch darauf hat, ist die Voraussetzung für jede Form der Selbstsicherheit und Zufriedenheit. Und selbst diejenigen, die liebevolle Eltern hatten, sind auf Lehrer, Verwandte oder Mitschüler getroffen, die möglicherweise den einen oder anderen Schaden angerichtet haben. Kaum ein Mensch erreicht das Erwachsenenalter, ohne dass sich strafende und fordernde Stimmen in ihm eingenistet haben. Und immer wieder gibt es Situationen, in denen sie sich lautstark zu Wort melden.

Die Schematherapie unterscheidet zwischen zwei Elternmodi: Der *strafende Modus* vermittelt dem Betroffenen, dass er wertlos oder irgendwas an ihm grundsätzlich nicht in Ordnung ist. Ein extremer strafender Elternmodus kann zu totaler Selbstentwertung bis hin zum Selbsthass führen. Aber auch in gemäßigter Form verursacht er eine starke Verunsicherung und Schwächung des Selbstbewusstseins. Der sogenannte *fordernde Elternmodus* hingegen verdammt die Betroffenen »nur« zu Perfektionismus. Wenn Sie jemand sind, der sich selbst unter extremen Leistungsdruck setzt, haben Sie vielleicht einen fordernden Elternmodus. Dieses Verhaltensmuster macht den Wert einer Person unmittelbar von ihren Leistungen abhängig. Die Befriedigung bleibt dabei stets eine kurzfristige, weil immer größere Ziele erreicht werden müssen. Noch schlimmer ist es, wenn der Erfolg einmal ausbleibt. Dann fühlt sich die Person komplett entwertet und ungeliebt.

Darüber hinaus kann eine solche Denkweise auch Schuldgefühle auslösen. Dabei geht es nicht um Leistung, Geld oder Arbeit, sondern um ein Zurückstellen der eigenen emotionalen Bedürfnisse hinter die anderer. Die Betroffenen haben das Gefühl, es allen recht machen zu müssen und sich nie beschweren zu dürfen. Sie müssen immer nett, verständnisvoll und unkompliziert sein. Dieses Verhalten zeigen oft Menschen, die in sozialen Berufen arbeiten: Krankenschwestern, Sozialarbeiter, Ärzte, Lehrer, Therapeuten.

Anja ist eine intelligente Frau Mitte vierzig. Sie arbeitet als Psychotherapeutin und liebt ihren Beruf, auch weil sie bei ihren Patienten sehr beliebt ist. Sie kann sich gut in andere und deren Probleme einfühlen und sie wunderbar stützen, ermutigen, aufheitern. Allerdings fällt es ihr auch schwer, sich abzugrenzen und die nötige Distanz zu wahren. Ob beruflich oder privat: Immer wieder sagt sie Ja, wenn sie eigentlich Nein sagen sollte. Wenn sie eine Bitte ablehnt, fühlt sie sich gleich schuldig und ungeliebt. Sie kümmert sich um alles und jeden, nur nicht um sich selbst. Warum macht sie das? Bei einem Psychologen-Workshop fällt der Groschen, als sich herausstellt, dass 70 Prozent der teilnehmenden Kollegen eine depressive Mutter haben – wie Anja! Offenbar gibt es einen Zusammenhang zwischen einem problematischen Elternhaus und der Entscheidung für einen sozialen Beruf. Anja erinnert sich, dass ihre Mutter in depressiven Phasen abweisend gegenüber ihren Kindern war und Anja dennoch versucht hatte, sie aufzuheitern, ihr wenigstens ein kleines Lächeln zu entlocken. Bis heute spürt sie diese Verantwortung, dass andere sich wohlfühlen. Nur wenn ihr das gelingt, hat Anja das Gefühl, geliebt werden zu können.

Kinder von psychisch oder auch chronisch körperlich kranken Menschen kommen leicht in Situationen, in denen sie sich für das Wohlergehen der Eltern zuständig fühlen. In der Fachsprache spricht man von »Parentifizierung«, das bedeutet eine Umkehrung des Fürsorgeverhältnisses: Das Kind übernimmt viel zu früh die Rolle eines Erwachsenen – in sozialer wie in emotionaler Hinsicht. Zugleich wird sein eigenes Bedürfnis, dass sich jemand um es kümmert, vernachlässigt.

Tricks der Selbstüberlistung

Sprüche wie »Das ist kein Sportwagen, das ist eine Penisverlängerung« kennt fast jeder. Der psychologische Verdacht, dass so mancher Mann dazu neigt, Glatze, Bäuchlein oder Impotenz mit schnellen Autos zu kompensieren, ist mittlerweile in den meisten Köpfen angekommen.

In der Schematherapie wird der Umgang mit negativen Gefühlen als *Bewältigungsmodus* bezeichnet. Angeberei, Aggression, überzogener Perfektionismus oder Beleidigtsein sind solche schädlichen Strategien, mit deren Hilfe wir versuchen, die negativen Gefühle, die Kind- und Elternmodi in uns auslösen, zu vermeiden. Sie erlauben uns, Scham- und Schuldgefühle weniger stark zu empfinden oder zumindest vor anderen zu verbergen. Die Bewältigungsmodi schützen zwar vor den Stimmen der Vergangenheit, sie schaden uns aber in der Gegenwart, weil sie verhindern, dass wir unsere persönlichen Potenziale ausschöpfen.

Wer sich und andere so austricksen möchte, hat die Wahl zwischen Unterwerfung, Vermeidung und Überkompensation. *Unterwerfung* bezeichnet die Tendenz, sich komplett an den Vorstellungen anderer zu orientieren, um sich dadurch vor Schuldgefühlen zu schützen. Die Betroffenen fühlen sich dann stabil, wenn die anderen stabil sind. So müssen sie sich nicht mit eigenen Bedürfnissen auseinandersetzen und es kommen keine Konflikte auf. Wichtige Bedürfnisse bleiben aber unerfüllt und der Kontakt mit anderen ist nicht wirklich »echt«.

Susanna ist eine junge Frau Anfang dreißig, die extreme Selbstzweifel plagen. Obwohl sie musisch und sozial sehr begabt ist, fühlt sie sich uninteressant und wertlos. Und obwohl sie ein einnehmendes Wesen hat, gerät sie immer wieder an Partner, die sie ausnutzen und psychisch missbrauchen. Als Kind hat Susanna kaum Wertschätzung erfahren. Ihre Eltern hatten nur wenig Zeit für sie. Musische Begabung galt im Haus von zwei Naturwissenschaftlern wenig. Schon als Kind fühlte sich Susanna nur dann wohl, wenn es ihr gelang, ein Lächeln ins Gesicht ihrer Eltern zu zaubern. Sie hat ein gutes Gespür für die Stimmung und Wünsche ihrer Mitmenschen und kümmert sich ganz bezaubernd um andere. Es dauert lange, bis sie merkt, dass das jemand unter Umständen gar nicht verdient hat.

Eine Kindheit, die kaum Anerkennung und Wertschätzung bereithält, kann schwerwiegende Folgen haben. Sie macht es einem Menschen unter Umständen unmöglich, zu einer glücklichen, selbstbestimmten und selbstbewussten Persönlichkeit heranzuwachsen.

Im Gegensatz zur Unterwerfung ist die *Vermeidung* eine Art Flucht vor den schädlichen Stimmen der Eltern-Instanzen – und oft auch eine Flucht vor dem Leben. Zwar gelingt es den Betroffenen, unangenehmen Gefühlen aus dem Weg zu gehen, denn Vermeider suchen sich Orte, wo sie unerreichbar sind für Gefühle der Kindheit und Kommandos der Eltern. Doch »Wer nicht wagt, der nicht gewinnt«, lautet eine Volksweisheit: Vermeider stehen ihrem eigenen Glück im Weg.

Robert ist Ende dreißig. Aufgrund seines hektischen Auftretens und eigenwilligen Aussehens wurde er in der Schule oft gehänselt. Seine Eltern haben sich früh scheiden lassen und Robert hatte weder beim Vater noch bei der Mutter ein wirklich stabiles Zuhause. Im Erwachsenenalter leidet er zudem an starken stressbedingten Hautrötungen. Er hat das Gefühl, weder liebenswert noch attraktiv zu sein. Daher gibt er vor, gar keine Beziehung zu wollen. Er sei »bindungsunfähig«, behauptet er immer wieder, Beziehungen seien ohnehin »spießig« und »langweilig«. Dabei sehnt er sich nach einem Partner, danach, endlich so angenommen und geliebt zu werden, wie er ist, jemanden zu haben, der konstant und verlässlich für ihn da ist und zu ihm steht. Aus Angst vor Ablehnung geht er jedoch nirgendwohin, wo eine Kontaktaufnahme möglich wäre. Private Verabredungen meidet er, stattdessen sucht Robert anonymen Sex im Schutz des Internets.

Aus Angst vor Zurückweisung vermeidet Robert genau die Situationen, die ihm vielleicht gerade das Leben bescheren könnten, das er sich eigentlich wünscht. Vermeider wie Robert halten sich lieber außerhalb der vermeintlichen Gefahrenzone auf, statt sich um die Verwirklichung ihrer Wünsche und Träume zu bemühen. Zu solchen Vermeidungsstrategien zählen neben sozialem Rückzug alle möglichen Formen von Betäubung durch Rauschmittel sowie Strategien der Ablenkung durch Medien, Essen oder exzessiven Sport.

Bis zu einem gewissen Grad ist es normal und gesund, unangenehmen Situationen aus dem Weg zu gehen, sich hin und wieder zurückzuziehen und einfach abzuschalten. Problematisch wird es, wenn die Vermeidung die persönliche Selbstentfaltung blockiert, weil sie nicht Teil eines eigentlich erfüllten und selbstbestimmten Lebens ist.

Außerdem können Schwäche und Hilflosigkeit durch die sogenannte *Überkompensation* bewältigt werden. Von Überkompensation spricht man, wenn sich jemand scheinbar komplett über den Kind- und den Elternmodus hinwegsetzt und Gefühle wie Scham oder Verletztheit leugnet. So werden Minderwertigkeitsgefühle häufig durch betont selbstbewusstes, manchmal sogar arrogantes Auftreten kaschiert.

Holger ist ein kleiner, dicker, unattraktiver Mann, der als Sohn einer reichen Unternehmerfamilie aufgewachsen ist. Die Firma musste jedoch letztes Jahr Insolvenz anmelden, sodass Holger seinen Wohlstand fast vollständig verloren hat. Im Grunde seines Herzens fühlte er sich aufgrund seiner Statur und seiner geringen Größe gerade im Kreise seiner Familie immer minderwertig. Dieses Gefühl wird durch den Verlust seines Vermögens nun noch verstärkt. Holger kompensiert sein Minderwertigkeitserleben, indem er betont locker auftritt und sich als Frauenheld aufspielt. Für jeden Außenstehenden ist allerdings sofort klar: Der hat's nötig!

Auch hier gilt allerdings: Grundsätzlich ist es gut, wenn wir in der Lage sind, negative Gefühle zu bewältigen. Man muss nicht jeden Schmerz fühlen, nicht jede Wut ausleben, nicht jedem Konflikt nachspüren, sich nicht jede Unsicherheit anmerken lassen. Und nicht jeder Ärger ist einen großen Streit wert.

Zum Problem wird die Überkompensation von Gefühlen erst, wenn sie der Befriedigung unserer Bedürfnisse im Weg steht. Holger beispielsweise wird auf diese Weise nie erfahren, dass er trotz seiner Statur ein liebenswerter Mann ist, und auch Robert wird im Internet kaum Erfüllung finden. Das Problem ist, dass sich die letzten beiden Bewältigungsmodi, Vermeidung und Überkompensation, kurzfristig gut anfühlen, sehr viel besser zumindest als die Alternative: die Konfrontation mit Minderwertigkeitsgefühlen.

Unsere Stärken

So wie wir Kleidungsstücke besitzen, in denen wir uns wohlfühlen, so haben wir alle auch innere Anteile, die weder unreif (Kindmodi) noch unangemessen (Elternmodi) sind, sondern gesund. Orientieren wir uns an diese Vorgaben, gelingt es uns, unser Leben gut zu organisieren, die richtigen Entscheidungen zu treffen, Probleme zu lösen und Beziehungen zu pflegen. In diesem Zustand sind wir in der Lage, unsere Bedürfnisse und die unserer Mitmenschen gut einzuschätzen und zu befriedigen. Die Schematherapie bezeichnet ihn als *gesunden Erwachsenenmodus.*

Aber Spaß, Ausgelassenheit und Albernheit sind genauso wichtig. »Nur Arbeit und kein Spiel macht dumm«, schrieb Karl Marx. Und ein Leben ohne Spiel macht nicht nur dumm, sondern auch unglücklich. Deshalb ist es wichtig, dem glücklichen Kind in uns Raum zu geben, jener Seite, die Spaß am Absurden hat, die gerne blödelt, die ausgelassen und fröhlich ist – was in der Schematherapie *glücklicher Kindmodus* heißt. Denn die Zeit des Spielens und Lachens bereichert nicht nur unseren Geist, sie gibt uns auch die Energie, die wir brauchen, um den stressigen Alltag eines Erwachsenen meistern zu können.

Dies war nur ein kurzer Überblick über die Begriffe und Ideen der Schematherapie. Sie sind die Koordinaten auf der Landkarte der Seele. Aber keine Angst, Sie müssen nicht anfangen, all diese Begriffe zu büffeln. Über die Modi werden Sie im Folgenden noch viel mehr erfahren. Im ersten Teil des Buches soll es darum gehen, diese inneren Anteile noch besser und differenzierter kennenzulernen und zu verstehen. Wie und warum haben sie sich entwickelt? Wie fühlen sie sich an? Wann treten sie auf? Und wie reagiere ich dann? Im zweiten Teil können Sie dann darangehen, sich auf der Grundlage Ihrer Seelen-Erkenntnisse zu verändern und ihre Persönlichkeit zu entfalten.

Vielleicht haben Sie sich oder Menschen aus Ihrem Bekanntenkreis auch schon in dem einen oder anderen Beispiel, in der einen oder anderen Verhaltensweise wiedererkannt. Im Folgenden werden Sie anhand von Fragen noch sicherer und genauer bestimmen können, inwieweit welche Modi bei Ihnen vorliegen. Um sich in den inneren Welten besser zurechtzufinden, arbeitet die Schematherapie außerdem mit einer bildlichen Darstellung des Innenlebens: Sie hält die Koordinaten, zwischen denen sich unsere seelischen Konflikte abspielen, auf einer Grafik fest. Eine persönliche Landkarte zum Selbstausfüllen finden Sie auf Seite 147.

Also: Lesen Sie einfach weiter. Entspannen und freuen Sie sich auf eine aufregende Reise ins Innere. Die Seele ist kein Irrgarten, sondern bei genauerer Betrachtung sehr strukturiert. Wer seine innere Landkarte kennt, hat gute Chancen, sich zu verändern.

Die Landkarte der Seele

Das Modusmodell auf einen Blick, nach Christine Zens und Gitta Jacob (Beltz 2015)

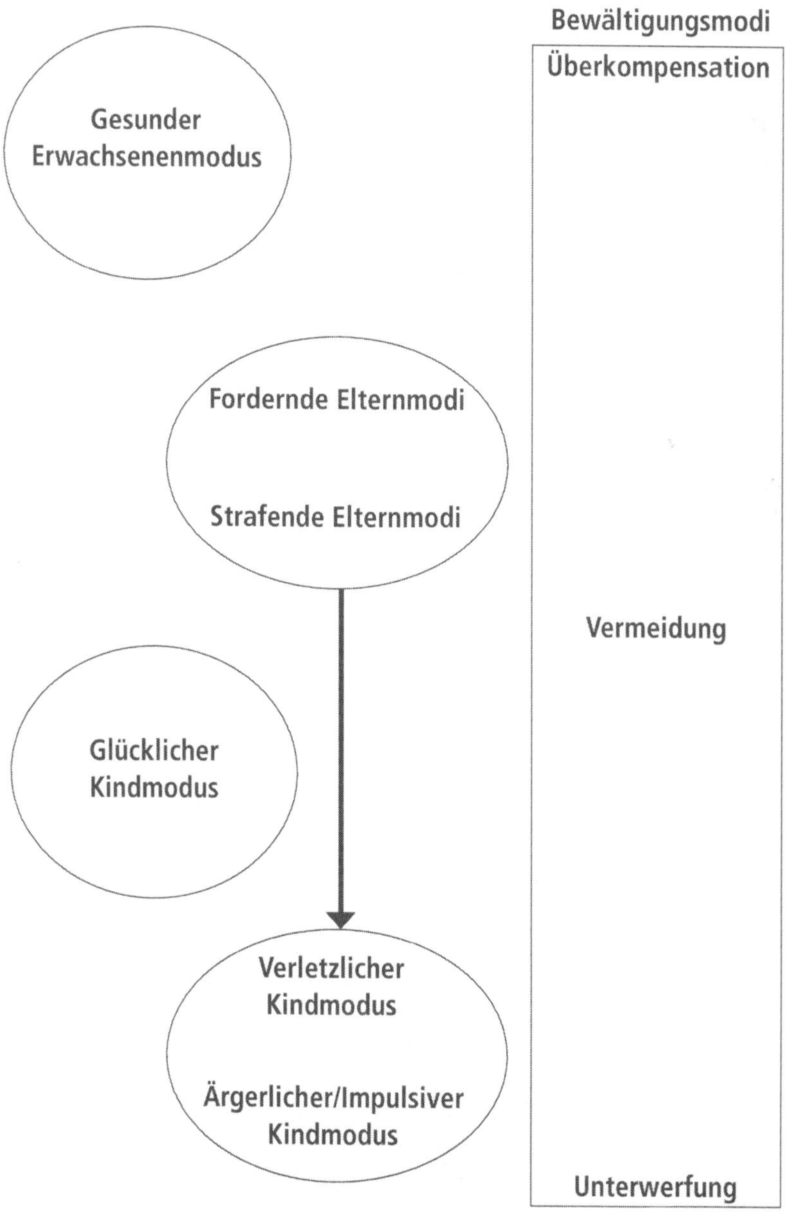

Modus-Übersicht

Kindmodi

Wenn wir uns im Kindmodus befinden, wirken unsere Wahrnehmung und unser Verhalten entsprechend unreif. Wir erleben intensive Gefühle, die sich aus der aktuellen Situation nicht hinreichend erklären. Diese Situationen erinnern uns an Szenen in unserer Kindheit und Jugend, in denen unsere basalen Bedürfnisse missachtet wurden. Man unterscheidet zwischen verletzlichen, wütenden und glücklichen Kindmodi.

	Verletzlicher Kindmodus	**Ärgerlicher, impulsiver Kindmodus**	**Glücklicher Kindmodus**
Welche Gefühle begleiten den Modus?	*Scham, Einsamkeit, Angst, Traurigkeit, Hilflosigkeit*	*Wut, Ärger, Impulsivität, Trotz*	*Glück, Unbeschwertheit, Neugierde, Sicherheit*
Wird ausgelöst, wenn man sich …	*… zurückgewiesen, bedroht, verlassen, überfordert oder ausgeschlossen fühlt*	*… kritisiert, zurückgewiesen, nicht ernst genommen, ausgeschlossen und eingeengt fühlt*	*… angenommen, zugehörig und geliebt fühlt*
Das Ziel der Arbeit an diesem Modus ist …	*… Bedürfnisse wahrzunehmen, zu verstehen und selbst für ihre Erfüllung zu sorgen*	*… die Bedürfnisse hinter der Wut zu erkennen und zu versorgen, außerdem Verwöhntheit, Impulsivität und Bockigkeit zu reduzieren*	*… in vollen Zügen zu genießen*

	Verletzlicher Kindmodus	Ärgerlicher, impulsiver Kindmodus	Glücklicher Kindmodus
Was hilft in diesem Modus?	*Eine liebevolle Haltung sich selbst gegenüber, Akzeptanz der eigenen Gefühle, Befriedigung der eigenen Bedürfnisse*	*Das Zurückgewinnen von Kontrolle, Kümmern um unerfüllte Bedürfnisse, Kenntnis von Frühwarnzeichen, das Üben alternativen Handelns*	*Die richtige Balance, neue Aktivitäten, Genuss der »kleinen Dinge«*
Achtung vor …	*… dem strafenden Elternmodus (»Deine Gefühle sind nicht wichtig!«) und den Bewältigungsmodi, bei denen Bedürfnisse nur scheinbar befriedigt werden*	*… dem impulsiven Kindmodus (»Ich mach jetzt nur noch, was ich will!«)*	*… dem strafenden Elternmodus (»Das ist doch kindisch und peinlich!«)*

Elternmodi

Unsere dysfunktionalen Elternmodi sind jene schädlichen Stimmen, die aus unserer Kindheit und Jugend stammen. Ihre Botschaften sind durchweg negative. Sie geben uns das Gefühl, nie zu genügen oder nicht liebenswert, langweilig, dumm, hässlich oder inkompetent zu sein. Man unterscheidet zwischen dem fordernden Elternmodus, der überzogene Ansprüche an uns stellt und uns unter extremen Druck setzt, und dem strafenden Elternmodus, der uns abwertet.

Übrigens: Wenn Sie jetzt denken: »Ich hab doch auch viel Gutes gehört – meine Eltern oder Freunde waren nicht nur negativ …« – das ist gut! Die entsprechenden Botschaften (»Ich bin in Ordnung, ich muss nicht alles perfekt machen«) gehören in der

Schematherapie zum gesunden Erwachsenenmodus. Insofern ist der Begriff »Elternmodus« manchmal etwas irreführend – denn er meint lediglich die schädlichen Anteile.

	Fordernder Elternmodus	**Strafender Elternmodus**
Dabei geht es um …	*… überzogene Ansprüche an die eigenen Person in Bezug auf Leistung (leistungsfordernder Elternmodus)* *… auf Emotionen und Beziehungen (emotional fordernder Elternmodus)*	*… die in der Regel absolute und generalisierende Abwertung der eigenen Person*
In diesem Modus fühlst du dich …	*… überfordert, unter Druck gesetzt, ungenügend und/oder schuldig*	*… gehasst, ungenügend, nicht liebenswert, abstoßend und/oder abgelehnt*
Das Ziel der Arbeit an diesem Modus ist …	*… seine Botschaften so zu verändern, dass sie hilfreich sind*	*… zu erkennen, dass seine Botschaften keine Berechtigung haben und verschwinden sollten*
Was hilft in diesem Modus?	*Zwischen hilfreichen und schädlichen Botschaften unterscheiden zu lernen, die Überprüfung des Wahrheitsgehalts der Botschaft und die Entwicklung neuer hilfreicher Botschaften*	*Das Identifizieren des Ursprungs der Elternbotschaft, die Reduktion der strafenden Stimme durch Symbole, Erinnerungskarten, Kontakt zu lieben Menschen*
Achtung vor …	*Bewältigungsmodi! Häufig versuchen wir, den Elternmodi durch Vermeidung zu entkommen. Das klappt in der Regel nur kurzfristig.*	

Bewältigungsmodi

Unsere Bewältigungsmodi sind Verhaltensmuster, die wir entwickelt haben, um mit emotionalen Belastungen und schwierigen Situationen umzugehen. Es gibt drei unterschiedliche Formen: Unterwerfung, Vermeidung und Überkompensation.

	Unterwerfung	**Vermeidung**	**Überkompensation**
Dabei versucht man …	*… sich zu stabilisieren, indem man es anderen recht macht*	*… Gefühle und Probleme zu vermeiden, mit denen man sich nicht auseinandersetzen will*	*… sich so zu verhalten, als sei das Gegenteil dessen wahr, was die Elternmodi behaupten*
Dieser Modus zeigt sich in …	*… freiwilligem Übernehmen von unangenehmen Aufgaben* *… nicht Nein sagen können* *… sich von anderen Menschen abhängig machen*	*… dem Vermeiden schwieriger Situationen* *… exzessivem Ablenken durch Computerspiele, Internet, Fernsehen usw.* *… Dämpfen der Wahrnehmung durch Alkohol oder Medikamente* *… Selbststimulation durch Essen, Pornos usw.*	*… Überheblichkeit* *… übermäßiger Kontrolle* *… in aufmerksamkeitsheischendem Verhalten* *… Aggressivität* *… manipulativem Verhalten*
Das Ziel ist …	*… zu lernen, diese Modi zu reduzieren, eigene Bedürfnisse angemessen auszudrücken und mit Konflikten und Problemen konstruktiv umzugehen*		
Was hilft in diesem Modus?	*Das Abwägen von Vor- und Nachteilen* *Verhaltensexperimente: alternatives Verhalten ausprobieren* *Geduld! Bewältigungsmodi ändern sich langsam*		
Achtung vor …	*… dem fordernden Elternmodus (»Du musst es allen recht machen«).*	*… dem strafenden Elternmodus (»Dich will doch eh keiner dabeihaben«)*	*… dem strafenden Elternmodus (»Wenn du Schwächen zeigst, bist du ein Versager bist«)*

Teil 1

Innere Anteile erkennen

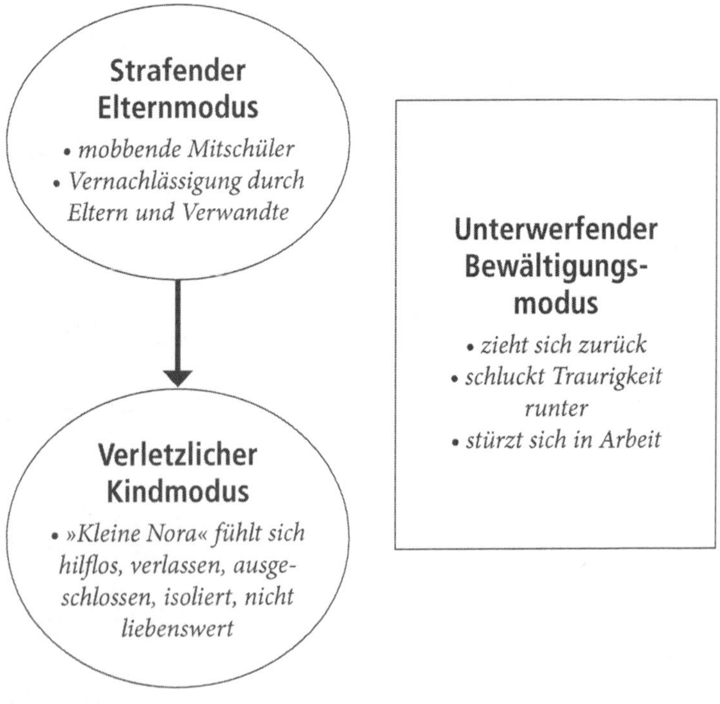

Modusmodell von Nora

Raus aus Schema F

Das Ziel dieses Buches klingt vielleicht etwas größenwahnsinnig: Es soll Ihnen helfen, negative Gefühle wie Angst, Ohnmacht, Trauer, Scham, Einsamkeit oder Wut durch positive zu ersetzen, oder einfacher: Es will Ihnen die Kontrolle über Ihre Denk- und Verhaltensmuster zurückgeben und Ihnen damit helfen, zufriedener zu sein – sich endlich in der eigenen Haut wohlzufühlen, die Kleidung zu tragen, die Ihnen steht und passt.

Vielleicht überrascht Sie die Vorstellung, dass die Psyche kein Dschungel, sondern ein strukturiertes Gebilde ist, das sich wie eine Landkarte darstellen lässt. Betrachten wir zum Beispiel die inneren Anteile von Nora auf der gegenüberliegenden Seite. Sie leidet unter einem verletzlichen Kindmodus, einem strafenden Elternmodus und dem Bewältigungsmodus der Unterwerfung.

Noras Ziel könnte sein, souveräner mit Situationen umzugehen, in denen sie sich ausgeschlossen fühlt. Wie derartige Veränderungen gelingen, ist Thema von Teil 2 »Innere Anteile verändern«, der Ihnen verschiedene Übungen zur Überwindung negativer Gefühle und zwanghafter Verhaltensweisen vorschlägt.

Zunächst geht es aber darum, die persönlichen Muster zu erkennen. Mithilfe der Landkarte können Sie immer tiefer in Ihre Seele hinabsteigen, wo Sie auch Unheimliches und Schmerzhaftes erwartet. So entsteht Schritt für Schritt Ihr persönliches Schema. Eine Vorlage finden Sie auf Seite 147.

Tragen Sie dort oder in eine eigene Skizze alle Assoziationen und Informationen ein, die Sie für wichtig halten: Ihre spontanen Gedanken, Gefühle, Erinnerungsbilder, aber auch Situationen, die häufige Auslöser sind. Diese Grafik wirkt vielleicht etwas schematisch – sie ist es auch, denn nur so wird Ihr komplexes Innenleben greifbarer. Wie bei einer Familientherapie müssen das innere Kind und die inneren Eltern erkannt und verstanden werden. So können Sie überlegen, wer in kritischen Situationen zurückstecken sollte, wer etwas ändern könnte, damit das ganze System besser funktioniert.

Sein persönliches Schema zu erkennen, das innere Erleben und äußeres Handeln zu reflektieren ist die beste Voraussetzung dafür, zu mehr Authentizität und emotionaler Balance zu finden. Wer an bestimmten Punkten gezielt ansetzen will, findet dazu die passenden Übungen in Teil 2.

Die folgenden Ausführungen und Beispiele sollen Ihnen das eigene innere Beziehungsgeflecht verständlich machen. Wenn Sie sich Notizen machen oder Ihre Eindrücke visualisieren, verstärken Sie den Effekt, diffuse Abläufe nach und nach bewusst, fassbar und damit veränderbar zu machen.

Das Kind in mir

In der Schematherapie wird davon ausgegangen, dass die schädlichen Muster, in denen wir heute stecken, entstanden sind, weil in unserer Kindheit und Jugend grundlegende Bedürfnisse nicht erfüllt wurden.

Das Bedürfnis nach …

- einer sicheren Bindung zu anderen Menschen
- Autonomie und Kompetenz
- der Freiheit, Bedürfnisse und Gefühle auszudrücken
- Spontaneität, Spaß und Spiel
- realistischen Grenzen

Eine sichere Bindung zu anderen Menschen

Wir alle brauchen das Gefühl, nicht allein auf der Welt zu sein. Der Mensch ist keine Insel, und ein Kind schon gar nicht. Kinder müssen fühlen, dass jemand zuverlässig und liebevoll für sie sorgt, dass sie geliebt und wertgeschätzt werden und nichts, auch das Setzen von Grenzen nicht, der Liebe und Wertschätzung einen Abbruch tut. Wie ein unsichtbares Sicherheitsnetz sollte die Beziehung zu den Eltern Kinder bis ins Erwachsenenleben begleiten. Diese Funktion können aber auch Großeltern, Lehrer oder Nachbarn erfüllen. Wichtig ist nur, dass Kinder die Erfahrung machen, dass jemand verlässlich da ist.

Milena ist eine intelligente, schöne Frau Mitte dreißig. Geboren wurde sie in Russland. Nach dem Zusammenbruch der Sowjetunion verließ die Mutter mit ihr die Heimat Richtung Westen. Der Vater wollte sie nicht begleiten. In Deutschland angekommen, heiratete die Mutter wieder und bekam einen Sohn. Milena stand für das Leben, das sie hinter sich gelassen hatte, und wurde vernachlässigt, geschlagen und kritisiert. Auch in der Schule war sie als »die Russin« eine Außenseiterin. Als die Familie schließlich in die USA übersiedelte, blieb die damals 17-jährige Milena allein in Deutschland zurück. Heute hat sie einen Doktortitel und arbeitet an der Uni. Ihr berufliches Leben hat sie gut im Griff. Beziehungen fallen ihr allerdings schwer: Immer wieder sucht sie sich Männer aus, die auf dem Papier Sicherheit versprechen, die beruflich erfolgreich und meist sehr viel älter sind. Nach nur wenigen Wochen dringt sie darauf, zusammenzuziehen, nach einigen Monaten auf Heirat. Auf Biegen und Brechen versucht sie, die sichere Bindung zu erzwingen, die sie als Kind nicht erfahren durfte. Sie ahnt aber, dass die Männer, die sie sich ausgesucht hat, letztlich zu demselben Verhalten neigen wie ihre Mutter: Unzuverlässigkeit, Kälte, Demütigung und Missbrauch.

Milena tut alles, damit sich diese Erfahrung des Verlassenwerdens nicht wiederholt. Sie sucht sich Männer ausschließlich unter dem Aspekt der Sicherheit und beschleunigt den Beziehungsprozess auf eine Weise, die ihren Bedürfnissen letztlich entgegenwirkt.

Autonomie und Kompetenz

Es ist schwer, sein Leben zu meistern, wenn man so gar keine Idee davon hat, wer man ist, was man kann und dass man allein gut klarkommt. Um eine solche Vorstellung von sich selbst zu entwickeln, muss ein Kind die Möglichkeit bekommen, sich auszuprobieren. Nur so kann es ein gutes Gefühl für die eigene Identität entwickeln. Das Kind muss Lob und Wertschätzung erfahren, aber auch Vertrauen. Wenn ihm alles abgenommen wird, wird es sich irgendwann selbst nichts mehr zutrauen und sich von ganz normalen Anforderungen überfordert fühlen. Wenn es hingegen gelernt hat, kleine und große Herausforderungen zu meistern, wird es darin eine Quelle der Selbstsicherheit finden. Die sogenannten Helikoptereltern, die ihren Kindern alles abnehmen und sie vor allem beschützen wollen, meinen es zwar gut. Das Ergebnis ist leider manchmal, dass die Kinder später Schwierigkeiten haben, Selbstsicherheit zu entwickeln.

Tobias ist ein netter und verträglicher Mann Anfang vierzig. Seit dem Abschluss seines Studiums lebt er von Hartz IV. Dabei bewirbt er sich immer wieder auf Stellen und wird auch zu Vorstellungsgesprächen eingeladen – meist erfolglos. Und wenn es einmal klappt, übersteht er die Probezeit nicht, weil er immer wieder zu spät kommt und Deadlines verpasst. Währenddessen machen Tobias' ältere Brüder Karriere. Der eine ist Redakteur bei einer großen Zeitung, der andere ist Kardiologe. Schon als Kind haben sie dem kleinen Bruder immer wieder zu verstehen gegeben, dass er nicht mithalten könne, ein »Schluffi« sei. Diese Stimmen sind in Tobias so laut, dass er keine realistische Idee davon entwickeln konnte, was er will und was er kann. Das wurde noch dadurch verstärkt, dass seine Eltern dem »Nesthäkchen« alles abgenommen und nachgesehen haben. Noch heute springen sie ein, wenn es finanziell mal wieder eng wird.

Tobias hat als Kind weder Lob erhalten, noch hatte er die Möglichkeit, sich auszuprobieren. Bis heute wird ihm alles abgenommen. Er hat dadurch das Gefühl entwickelt, dass er so unfähig ist, dass ihm niemand etwas zutraut, und traut sich mittlerweile selbst nichts mehr zu. Daher klappt auch nie irgendetwas. In der Psychologie nennt man den Teufelskreis, der Tobias gefangen hält, fehlende Selbstwirksamkeitserwartung: Weil Tobias selbst davon überzeugt ist, ein »Schluffi« zu sein, und nicht glaubt, dass er einen Job gut machen kann, strengt er sich auch nicht an.

Die Freiheit, Bedürfnisse und Gefühle auszudrücken

Jeder Mensch hat das Bedürfnis, seine Persönlichkeit zu entfalten und damit ernst genommen zu werden. Ein Mensch, der sich in dieser Weise öffnet und dann nur Hohn und Spott erfährt, erleidet eine schwere Kränkung. Erleben Kinder, dass man sich über ihre Gefühle und Bedürfnisse lustig macht, werden sie im Erwachsenenalter Schwierigkeiten haben, diese zu äußern.

Ursel ist 90 Jahre alt. Sie findet es »albern«, über Gefühle zu sprechen. Überhaupt hält sie nichts von »Problemgesprächen«. »In mich geh ich nicht, das ist mir zu weit«, so ihr Credo. Sie ist hart gegen sich selbst und gegen andere. Schwäche hat sie sich nie zugestanden. Immer ist sie tipptopp zurechtgemacht und frisiert, das Haus geputzt bis in den letzten Winkel. Und gespart wurde an allem und jedem. Obwohl immer mehr als genug Geld im Haus war, gab es den Lieblingskaffee nur aus dem Sonderangebotssortiment. Auch als Mutter ist sie ihren Pflichten – zumindest teilweise – perfekt nachgekommen: Das Essen stand pünktlich auf dem Tisch, die Kinder waren immer adrett zurechtgemacht, gemangelt hat es ihnen an nichts. Nur: Zärtlichkeit und Nähe haben die Kinder nie erfahren. Geküsst oder umarmt wurde ebenso wenig wie gelobt oder auch nur nachgefragt, wie es ihnen ging.

Doch Ursel kannte selbst nichts anderes. Ihr großes Vorbild war die eigene Mutter. Die hatte zwanzig Jahre lang in ihrem Schreibwarengeschäft trotz eines schmerzhaften Leistenbruchs hinterm Tresen gestanden. Noch heute erzählt sie, dass ihre Mutter zum Abschluss des Abendessens ihren Mann immer drohend fragte: »Anton, hast du noch ein Bedürfnis?« Bedürfnisse, Gefühle, Schmerzen sind Ursels Auffassung nach etwas für Schwächlinge.

Ursel ist in einem Haushalt aufgewachsen, in dem man weder Gefühle noch Bedürfnisse haben durfte. Sie galten als Zeichen von Egoismus und Schwäche. Deshalb konnte Ursel auch in ihrem späteren Leben weder ihrem Bedürfnis nach Nähe noch nach Genuss Ausdruck verschaffen. Noch heute hält sie daran fest, weder etwas zu brauchen noch zu wollen.

Spontaneität, Spaß und Spiel

Spaß, Spiel und Spontaneität sind wichtige Ressourcen des Menschen. Mit ihrer Hilfe gelingt es ihm, Stress abzubauen, das Leben leichter zu nehmen, die Dinge wieder im richtigen Verhältnis zu sehen, kreativ und glücklich zu sein. Menschen, denen diese Ressource fehlt, sind stressanfälliger, weniger belastbar, neigen zu Schwermut und Pessimismus.

Jonas ist ein 25-jähriger Jurastudent. Er ist sehr ehrgeizig und zielstrebig, sitzt oft bis mitten in der Nacht in der Bibliothek. Danach geht er joggen. Er scheint sein Leben fest im Griff zu haben, trotzdem fühlt er sich ständig gestresst. Bei ihm hat sich ein unkontrolliertes Zucken ausgeprägt, das er schon seit seiner Kindheit kennt. In der Schule wurde er deshalb gehänselt. Seine Eltern waren liebevoll und

fürsorglich, aber gelacht wurde kaum jemals, auch Spiele jeder Art galten nicht nur als Zeitverschwendung, sondern als »peinlich«, wie jede Art von unproduktivem Tun. Jonas' Eltern waren sehr gehemmt und konnten sich nie gehen lassen.
Heute fehlt Jonas dieser Ausgleich. Wenn er sich mit Freunden trifft, um zu chillen oder sich zu amüsieren, fühlt er sich schuldig. Er weiß auch gar nicht richtig, wie das geht. Nie würde er mit ihnen zum Karaoke gehen, denn wie seine Eltern hat er Angst, dass die anderen ihn peinlich finden könnten.

Als Kind hat Jonas nie erlebt, dass man sich kindisch und albern verhalten kann und trotzdem akzeptiert wird. Nie hat er seine Eltern herumalbern sehen, es gab keine Kissenschlachten, und auch von ihm wurde Ernsthaftigkeit erwartet. Heute fehlt Jonas der Mut, locker und spontan zu sein, und damit eine Quelle der Kraft und Selbstsicherheit.

Realistische Grenzen

Insbesondere für Kinder ist es wichtig, dass sie nicht nur liebevoll und fürsorglich umsorgt und ermutigt werden, sondern dass sie auch ihre Grenzen kennenlernen und diese auch manchmal von außen gesetzt werden. Geschieht das nicht, entwickelt ein Kind möglicherweise eine übermäßige Selbstsicherheit und glaubt, dass Regeln nur für andere gelten. Das kann dazu führen, dass es sich nicht in andere hineinzuversetzen vermag und auch deren Bedürfnisse und Gefühle weder wahrnehmen noch berücksichtigen kann.

In der Folge schafft es der Erwachsene dann womöglich nicht, sich beruflich und privat so zu engagieren, dass er seine Ziele auch erreicht. Mit Freunden und Partnern, die diesen übertriebenen Egoismus nicht hinnehmen, kann es ebenfalls zu Konflikten kommen.

Oliver ist 56 Jahre alt. Er ist Familienvater und besitzt zusammen mit seiner Exfrau ein Café. Im Kontakt mit anderen Menschen verhält er sich wie ein schlecht erzogenes Kind. Er stellt sich nicht vor, stellt unsensible, übergriffige Fragen, stößt andere vor den Kopf, legt die Füße auf den Tisch … Er zeigt keinerlei Interesse an den Gefühlen und Bedürfnissen anderer und verfügt auch nur über wenig Einfühlungsvermögen. Oliver hat zudem ein massives Alkoholproblem. Er kommt seiner Vaterrolle nur sporadisch nach, vergisst immer wieder Termine, bei denen er sich um die Kinder kümmern sollte, und lässt seine Exfrau auch mit der Verantwortung für das Café weitgehend allein. Olivers Vater war ebenfalls jahrelang Alkoholiker. Er lag betrunken auf dem Sofa, während seine Mutter, eine Krankenschwester, sich um die Kinder kümmerte und Geld verdiente. Dieses Verhalten hat Oliver übernommen. Für ihn ist es in Ordnung, die Verantwortung für das eigene Leben und die eigenen Verpflichtungen jemand anderem aufzubürden. Hinzu kommt noch, dass die Mutter damals nicht nur völlig überlastet war, sondern auch noch im Zuge der antiautoritären Pädagogik der 1960er-Jahre glaubte, dass Kinder schon von alleine aufwachsen und dass man ihnen keine Grenzen setzen müsse.

Alle Beispiele zeigen, wie die dauerhafte oder wiederholte Verletzung der Grundbedürfnisse ein Kind nachhaltig schädigen kann. Es hat dann nicht gelernt, wie es diese Bedürfnisse befriedigen kann, vielleicht nicht einmal, sie überhaupt zu erkennen. Ursel zum Beispiel hat in ihrer Kindheit weder Gefühle noch Wünsche äußern dürfen. Heute kann sie gar nicht mehr sagen, was ihre Bedürfnisse sind. Sie lebt komplett konform, richtet ihr ganzes Tun und Handeln ausschließlich danach aus, was gesellschaftlich erwünscht scheint. Oder Tobias: Weil er zu Hause nicht erfahren hat, dass ihm jemand etwas zutraut, ist er nach wie vor abhängig von seinen Eltern und verhält sich tatsächlich inkompetent, obwohl sein Intellekt wie auch seine Ausbildung ihn eigentlich zu allem, was er versucht, befähigten.

Auslöser von kindlichen Verhaltensweisen

In kindliche Verhaltensweisen verfallen wir vor allem dann, wenn wir uns zurückgewiesen, alleingelassen oder unter Druck gesetzt fühlen und uns das an Situationen aus unserer Kindheit erinnert. Dann erscheinen uns Grundbedürfnisse wie Nähe, Sicherheit und Autonomie in Gefahr. In diesem Zustand machen wir aus einer Mücke einen Elefanten, nicht weil wir uns gerne aufspielen und wichtig machen, sondern weil uns die Mücke plötzlich riesengroß und gefährlich erscheint. Schauen wir uns hier die drei Arten von Kindmodi noch einmal genauer an: den verletzlichen, den impulsiven und den glücklichen.

Ist das verletzliche Kind in mir aktiv, löst es traurige und bedrückende Gefühle wie Scham, Einsamkeit, Angst, Hilflosigkeit, Verlassenheit, Traurigkeit oder Bedrohung aus. Dies ist zum Beispiel bei Nora der Fall. Als Kind wurde ihr Bedürfnis nach Liebe, Geborgenheit und Wertschätzung zu lange und immer wieder nicht erfüllt. Heute reagiert sie auf Situationen, in denen sie dieses Bedürfnis auch nur ansatzweise in Gefahr sieht, traurig und verletzt. Sarah hingegen steht für den impulsiven Kindmodus:

Sarah ist schwer gekränkt. Ihre enge Freundin Monika war zwei Wochen in Schweden und hat sich nicht ein einziges Mal bei ihr gemeldet! Als Monika schließlich anruft, schäumt Sarah vor Wut. Sie konfrontiert Monika mit dem Vorwurf der Vernachlässigung. Doch sie erntet nichts als Unverständnis.
Später fühlt Sarah sich blöd. Eigentlich weiß sie, dass sie übertrieben reagiert hat. Trotzdem steht für sie fest, dass Monika sie nicht angerufen hat, weil sie ihr nichts bedeutet. Eine andere mögliche Erklärung, etwa dass der Urlaub für die Freundin eine Zeit des Rückzugs ist, kann sie nicht akzeptieren. So kommt es, dass sie diese Lappalie als Angriff auf ihr Grundbedürfnis nach einer sicheren Bindung empfindet.

Hier herrschen Wut, Ärger, Impulsivität und Trotz vor. Impulsivität bedeutet, dass man aus dem Moment heraus handelt, ohne an die Folgen zu denken, ohne Rücksicht auf Verluste, ohne Rücksicht auf sich selbst und vor allem auch auf andere. Menschen können sich in solchen Momenten so verletzend und aggressiv verhalten, dass sie jahrelange Beziehungen zerstören, ihren Arbeitsplatz gefährden oder sogar sich und andere in Gefahr bringen.

Uwe ist ein 75-jähriger hochintelligenter und eigentlich umsichtiger Mann. Aber wenn Uwe Auto fährt, wird er unberechenbar. Er hat sich nicht mehr unter Kontrolle. Ihn stört einfach alles, die kleinsten Verstöße gegen die Straßenverkehrsordnung oder auch nur ansatzweise »rücksichtloses« oder »unfähiges« Fahrverhalten reizen ihn zu Tobsuchtsanfällen. Als ein Fahrzeug ihn kurz vor der Ampel noch überholt, verliert er völlig die Fassung. Durch das offene Fenster schreit er: »Kommt aus dem Auto, du Idiot!« Dass es für ihn selbst übel ausgehen könnte, wenn der »Idiot« auf seine Herausforderung einginge, registriert Uwe in einem solchen Moment überhaupt nicht.

Schließlich gibt es den glücklichen Kindmodus. Dabei handelt es sich um einen gesunden Anteil, in dem man unbeschwert und neugierig in Situationen hineingehen, sie erleben und genießen kann. Leichtigkeit, Beschwingtheit, Neugierde, Spaß, Unbeschwertheit und Sicherheit sind in diesem Zustand vorherrschend, man kann sich auf alberne Spiele einlassen und absurde Ideen verfolgen. Ist das glückliche Kind in uns am Zuge, dann fühlen wir uns geliebt, mit anderen verbunden, sicher, wertvoll, optimistisch und spontan.

Inge ist Mitte sechzig. Sie arbeitet als Sozialarbeiterin und liebt ihren Beruf. Er ist zwar anstrengend, doch Inge hat immer darauf geachtet, Ausgleich zu schaffen: Sie hat gelernt Aquarelle zu malen, praktiziert Tai-Chi … Vor allem hat Inge aber immer die absurde Seite der Dinge gesehen. Geschichten, die für ihre Freunde ganz alltäglich sind, nimmt sie auf humorvolle Weise wahr und kann sie dann auch so erzählen, dass alle vor Lachen unterm Tisch liegen. Unabhängig von ihrem Alter gleichen ihre Wahrnehmung und Darstellung der Welt mitunter der eines staunenden und albernen Kindes. Weil die Zeit mit ihr immer fröhlich und unbeschwert ist, ist sie überall sehr beliebt. Die Leute wollen auch ein Stück von dieser glücklichen Kindlichkeit, die Inge so freigiebig verteilt.

Das verletzliche Kind: »Ganz allein auf der Welt«

In diesem Modus beherrschen uns Verlassenheit, Ausgeschlossensein, Misstrauen, Scham, Minderwertigkeit und emotionale

Entbehrung. Mal treten sie allein, mal im Verbund auf. Das Ergebnis ist immer dasselbe: Wir fühlen uns klein und verletzlich.

Die meisten Menschen können ganz gut sagen, welche Gefühle für sie dabei besonders problematisch sind. Sie wissen, ob es eher Verlassenheit, Minderwertigkeit oder eine Kombination aus beidem ist, die sie zeitweise überwältigt, entmündigt und völlig aus der Bahn wirft.

Ebenso unterschiedlich wie die Gefühle sind die Situationen, die diese Gefühle auslösen. Die folgenden Fallbeispiele geben Ihnen hoffentlich einen Anhaltspunkt, wie Situationen aussehen können, in denen sich das verletzliche Kind in Ihnen meldet, und welche Gefühle dabei wach werden. Vielleicht erkennen Sie sich in der einen oder anderen Situation wieder und erinnern sich an vergleichbare Gefühle oder Reaktionen.

Verlassenheit

Verlassenheit stellt sich ein, wenn unser Grundbedürfnis nach einer sicheren Bindung nicht erfüllt wird. Dieses Gefühl geht einher mit einer generellen Verunsicherung – und zwar unserer Selbstwahrnehmung und unserer Wahrnehmung der Welt insgesamt. Es erschüttert uns in unseren Grundfesten. Jede Trennung von einem geliebten Menschen hinterlässt eine Wunde, die nur durch einen langen und schmerzhaften Prozess der Trauer geheilt werden kann.

Manche Menschen erleben Verlassenheit aber auch, ohne aktuell verlassen worden zu sein – sie befinden sich im Zustand des verletzlichen Kindes. Auch umgeben von ihnen nahestehenden Menschen fühlen sie sich einsam und fürchten, bald verlassen zu werden. Dabei werden sie in Wirklichkeit geliebt und respektiert.

Sarah kennen Sie schon. Sie hat in Monika eine gute und treue Freundin, die nur ihr Bestes will. Das weiß Sarah eigentlich auch. Trotzdem kommt es immer wieder zu Situationen, in denen sie sich vernachlässigt, zurückgesetzt, ja verraten fühlt.

Sarah fühlt sich schwer getroffen. Monika hat sich ohne sie mit einer gemeinsamen Bekannten getroffen. Sie wirft Monika vor, illoyal und naiv zu sein. Diese Bekannte wolle doch nur Sarahs Freunde »stehlen«, und nun sei Monika an der Reihe. Sie fordert Monika auf, den Kontakt zu der Bekannten abzubrechen.

Sarahs Reaktion ist übertrieben und irrational. Aber sie kann nicht anders: In Situationen, in denen die Exklusivität von Freundschaften infrage gestellt wird, werden bei ihr Gefühle wach, die ihre Kindheit entscheidend geprägt haben: Verlassenheit und Vernachlässigung. Vor diesem Hintergrund wird Sarahs heftige Reaktion zwar verständlicher, für die Menschen in ihrem Umfeld aber nicht wirklich angenehmer. Ihr Verhalten könnte irgendwann dazu führen, dass es Freundinnen wie Monika zu anstrengend wird und sie sich tatsächlich zurückziehen. So schadet sie sich selbst mit ihrem Verhalten, das aus panischer Angst herrührt, denn die Angst vorm Verlassenwerden führt leider genau dahin.

Sarah ist ein typischer Fall. Viele Menschen, die im verletzlichen Kindmodus von Einsamkeit überwältigt werden, haben in ihrer Kindheit oder Jugend eine wichtige Person verloren und vermisst. Mal hat ein Elternteil die Familie verlassen, mal ist eine Bezugsperson gestorben.

Ausgeschlossensein

Der Mensch ist ein soziales Wesen. Er braucht den Kontakt zu anderen Menschen fast so sehr wie die Luft zum Atmen. Und nicht nur den Kontakt, sondern auch das Gefühl, dazuzugehören, akzeptiert und respektiert zu werden. Wer schon einmal die ersten Wochen in einer fremden Stadt durchlebt hat, weiß, wie furchtbar man sich fühlt, wenn man niemanden kennt, dem man sich anvertrauen kann, der sich freut, wenn man mal auf einen Kaffee vorbeikommt, und wie wahllos man dann aus lauter Verzweiflung bei den ersten Bekanntschaften ist.

Unser ganzes Leben lang sind wir deshalb Teil der verschiedensten Gemeinschaften und Gruppen: Wir gehören zu einer Familie, einer Schulklasse, einem Turnverein, einer Yogagruppe, sind Arbeitskollege, Freund, Mitbewohner. Wir brauchen dieses Gefühl, dazuzugehören. Es hat sich gezeigt, dass alte Menschen in dem Moment rapide abbauen, in dem sie aus ihren sozialen Gefügen fallen. Wenn man im Ruhestand den Kreis der Kollegen aus dem Blick verliert, mit dem Alter Familie und Freundeskreis schrumpfen, mit der Gebrechlichkeit das Interesse der Enkel und der Kinder abnimmt, haben Demenz und Altersdepression leichtes Spiel.

Manche Menschen haben aber schon vorher, ja eigentlich seit jeher das Gefühl, nicht dazuzugehören. Sie glauben, dass sie »anders« sind, dass sie nicht klug, interessant, attraktiv oder selbstsicher genug sind, um gemocht zu werden und in Gemeinschaften willkommen zu sein. Nora ist so ein Fall.

Nora geht gern zur Arbeit. Die Atmosphäre ist im Allgemeinen sehr angenehm, der Umgang freundlich und respektvoll. Manchmal unternehmen die Kollegen gemeinsam etwas: Sie gehen zum Chinesen an der Ecke oder auf den Weihnachtsmarkt. Nora fühlt sich dabei meist ganz wohl. Sie hat generell das Gefühl, dass die Kollegen sie schätzen und trotz ihrer eher ruhigen Art mögen. Wenn sie sie zu ihren Unternehmungen aber nicht ausdrücklich hinzubitten und einladen, fühlt sie sich plötzlich ausgeschlossen und nicht dazugehörig. Objektiv gibt es keinen Anlass, zu glauben, dass sie nicht gemocht wird, bloß weil sie einmal nicht gefragt wurde. Dafür kann es viele Gründe geben: Entweder gehen nur ein paar sehr eng befreundete Kollegen, oder eine spezielle Gruppe hat etwas Wichtiges zu besprechen, oder, und das ist am wahrscheinlichsten: Es handelt sich um eine generelle Einladung, der sich anschließen kann, wer mag. Aber Nora kommen diese alternativen Erklärungen gar nicht in den Sinn. Die Erfahrung, ausgeschlossen zu sein, hat sich durch ihre gesamte Schulzeit gezogen. Sie hat so tiefe und kaum verkrustete Wunden hinterlassen, dass selbst solche unverfänglichen und harmlosen Situationen sie sofort wieder öffnen und schmerzen lassen.

Es gibt verschiedene Ursachen dafür, dass Menschen im Laufe ihrer Kindheit die Erfahrung machen mussten, nicht dazuzugehören, von der restlichen Welt abgeschnitten zu sein: häufiges Umziehen, Zugehörigkeit zu einer ungewöhnlichen Religionsgemeinschaft oder einer gesellschaftlichen Randgruppe und Ähnliches. All das kann mit Ausschluss geahndet werden. Kinder sind in dieser Hinsicht besonders intolerant und erbarmungslos. Doch was immer die Gründe sind: Menschen, die in jungen Jahren über einen längeren Zeitraum das Gefühl hatten, nicht dazuzugehören, werden dieses Gefühl als Erwachsene auch in relativ harmlosen Situationen immer wieder erleben.

Misstrauen

Niemand erlebt die Welt als ein ausschließlich freundliches und liebevolles Gegenüber, als eine kuschelige Umgebung, deren Bewohner einem durchweg wohlgesonnen sind. Jeder von uns ist im Laufe seiner Kindheit und Jugend auf Menschen und Umstände gestoßen, die ihm übel mitgespielt, seine Naivität ausgenutzt haben, schroff und unfreundlich waren, ihn ungerecht behandelt oder seine Gefühle verletzt haben. In der Regel gelingt es uns ganz gut, diese Erfahrungen zu verarbeiten. Es gibt aber Ausnahmen. Manche Erlebnisse überfordern unsere Selbstheilungs- und Widerstandsfähigkeit. Sie brennen sich uns tief ein, lassen Spuren und Wunden zurück, die von allein nicht mehr verheilen. Solche Erfahrungen nennt man auch »traumatisch«. Zu ihnen zählen so extreme Erlebnisse von Hilflosigkeit und Schmerz wie Missbrauchserfahrungen sexueller, gewalttätiger und psychischer Natur oder das Überleben von lebensbedrohlichen Zuständen. Sie hinterlassen in den Betroffenen nicht nur Schmerz und Scham, sondern oftmals auch ein tiefes Misstrauen gegenüber solchen Situationen und Menschen, die sie an ihre traumatischen Erfahrungen erinnern.

Katrin ist eigentlich eine fröhliche junge Frau. Sie wirkt auf andere unbeschwert und sorglos. Was viele nicht wissen: Katrin erträgt es nicht, wenn ein Mann sie berührt. Aber auch schon auf harmlose Komplimente und Flirten reagiert sie völlig panisch. Dann versteift sie sich und verlässt fast weinend den Raum. Als ihr betrunkener Nachbar ihr im Hausflur an den Po fasst, schreit sie ihn nicht etwa an, sondern ist wie gelähmt, ehe sie schließlich völlig aufgelöst zur Polizei geht.
Katrin wurde als kleines Kind von ihrem Klavierlehrer sexuell belästigt. Der Klavierlehrer war ein älterer, religiös fanatischer Mann mit geölten Haaren. Sein Kleinwagen war beklebt mit bunten Tierschutz- und Jesus-Stickern. Katrin erinnert sich noch genau an seinen Geruch und an die grellen Farben der Sticker. Ihrer Mutter hatte sie damals nichts gesagt. Sie schämte sich, dachte, sie sei selbst schuld, und war sich nicht sicher, ob der Klavierlehrer wirklich etwas falsch machte. Irgendwann ahnte die Mutter etwas: Katrins Sachen rochen so komisch, nach dem Nussöl des Klavierlehrers. Sie kündigte ihm zwar, aber gesprochen haben die beiden nie darüber. Bis heute ist die Scham zu groß – bei Katrin, aber auch bei ihrer Mutter.

Menschen wie Katrin reagieren extrem empfindsam auf Anzeichen vermeintlicher Bedrohung. Sie sind ständig auf der Hut. Sie wollen auf jeden Fall verhindern, dass sie abermals in eine Situation kommen, in der sie sich hilflos und ausgeliefert fühlen. Bei Katrin sind es schon die harmlosesten Annäherungsversuche durch Männer, die sie in Panik versetzen. Es kann aber auch etwas ganz anderes sein. Das hängt ganz von der Situation ab, die traumatisch belastet ist. Zum Beispiel ist es ebenso möglich, dass eine Person, die auf dem Schulweg immer von ihren Mitschülern schikaniert wurde, es als Erwachsener nicht erträgt, wenn jemand dicht hinter ihr geht.

Scham und Minderwertigkeit

»Mann, ist der blöd«, »Milena stinkt!« oder »Guck mal, die fette Kuh!«. Menschen setzen einander herab. Manchmal aus Unsicherheit, weil sie fürchten, sonst selbst Opfer von Demütigungen und Herabsetzungen zu werden, manchmal, um einen Moment der Macht zu erleben. Vor allem Kinder können gnadenlos sein. Mit sicherem Gespür finden sie genau die Stelle, wo es wehtut, und piesacken munter drauflos. Aber auch Erwachsene sind manchmal erbarmungslos.

Gemeinheiten und Beleidigungen verletzen tief. Erwachsene können aber insgesamt besser einstecken als Kinder. Das liegt daran, dass Kinder noch kein stabiles Gefühl dafür haben, wer sie sind und was sie können. Ihr Selbstbild ist noch nicht gefestigt, der Ton noch weich und formbar. Eine achtlos dahingeworfene Bemerkung darüber, dass die Tochter moppelig ist, kann sich ihr so tief einbrennen, dass sie noch lange mit ihrem Aussehen hadert und vielleicht sogar eine Essstörung daraus entsteht. Kinder, die Opfer abwertender Äußerungen oder einer demütigenden Behandlung geworden sind, entwickeln oft das anhaltende Gefühl, unzulänglich, schlecht, minderwertig oder unerwünscht zu sein. Sie glauben, dass sie es nicht wert sind, von anderen Liebe, Aufmerksamkeit oder Respekt zu erhalten. Damit einher geht oft ein Gefühl tiefer Scham.

Doch trifft es nicht alle Kinder gleichermaßen. Einige Kinder sind von Natur aus widerstandsfähiger, nehmen sich Gemeinheiten nicht so zu Herzen, haben einen ausgeprägteren Selbstheilungsmechanismus und suchen nach einem alternativen Umfeld, in dem sie Anerkennung und Wertschätzung erfahren. Und es gibt Kinder, die gewissermaßen prädestiniert sind, von anderen gehänselt und gequält zu werden: Sie sind wie Nora immer »die Neue« im Klassenverband, gehören einer unterrepräsentierten Religionsgemeinschaft an oder fallen aus irgendeinem anderen Grund aus der Norm der Gruppe. Diese Kinder sind oft besonders angreifbar und daher auch bevorzugte Opfer von Demütigungen und Schikanen.

Brian erlebt noch heute Beklemmung und Wut, wenn er zufällig einem seiner ehemaligen Klassenkameraden über den Weg läuft, oder auch schon, wenn der Zug in den Bahnhof seiner Heimatstadt einfährt. Dabei ist er in den meisten sozialen Kontexten ein sehr selbst-

sicherer und fröhlicher Mensch. Er hat viele Freunde und ist überall beliebt, weil er charmant, einfühlsam und witzig ist.
Brian ist auf eine sogenannte Eliteschule gegangen. Seine Mitschüler waren Kinder von Lehrern und Ärzten. Brian war schon immer ein außergewöhnliches Kind mit außergewöhnlichen Vorlieben. Zum Fasching ging er als Bauernmädchen oder Prinzessin, und schon mit sechs Jahren stand für ihn fest: »Ich heirate später Paul – und zwar in einem gelben Hochzeitskleid.«
Doch mit der Pubertät änderte sich alles: Das Anderssein, das seine Klassenkameraden bis dahin akzeptiert hatten, hatte plötzlich einen Namen, und Brian hatte nicht die Absicht, sich zu verstecken und zu verleugnen. Also fing er an, sich zu schminken und exzentrisch zu kleiden. Mit weißer Handtasche, Tigerhose und Strassbrosche an der Jacke. Das blieb nicht ungestraft: In dem weiß getünchten S-Bahn-Tunnel, den Brian täglich auf dem Nachhauseweg durchqueren musste, stand in großen schwarzen Lettern: »Brian ist schwul.« Anfeindungen und Demütigungen waren an der Tagesordnung. Selbst manche Lehrer gaben ihm das Gefühl, minderwertig zu sein. »Eigentlich mag ich keine Schwuchteln«, gestand der Französischlehrer vor versammelter Klasse, »aber dich respektiere ich.«

Emotionale Entbehrung

Es gibt Eltern, die eigentlich alles richtig gemacht haben. Bei ihnen zu Hause ging es weitgehend harmonisch zu, es gab feste Regeln, die konsequent eingehalten wurden, alles, was die Kinder brauchten, haben sie auch bekommen. Alles? Nicht wirklich. Ein entscheidendes Bedürfnis wurde ignoriert: Nähe und Liebe. Menschen, die aus solchen Familien stammen, berichten oft, dass »so weit alles in Ordnung« war, dass sie sich eigentlich gar nicht beschweren können. Es gab Fürsorge auf allen Ebenen, nur nicht der emotionalen. Und ein Kind braucht das Gefühl, geliebt zu werden, die Gewissheit, geborgen und gut aufgehoben zu sein. Als Erwachsene leiden solche Menschen oft gar nicht übermäßig. Schließlich wissen sie nicht, was sie vermissen sollten. Aber sie haben nie das Gefühl gehabt, für andere wirklich wichtig und liebenswert zu sein.

Ursel hat in ihrem Leben viel erreicht: Sie hat in Kriegs- und Nachkriegszeiten ihre Familie ernährt, zwei Kinder großgezogen, ihrem Mann den Rücken gestärkt und war eine perfekte Hausfrau. Für alles war gesorgt. Und doch hat sich ihr Sohn vor einigen Jahren bei ihr beschwert, sie habe ihn nie geliebt. Zuerst war sie empört. Sie hat doch alles für ihn getan, hat so viel geopfert, hat viele seiner Eskapaden verziehen und ihn zu dem erfolgreichen Mann gemacht, der er heute ist. Doch dann kamen ihr Zweifel. Was hat sie eigentlich für ihre Mutter gefühlt? Was für ihren Mann? Ihre Kinder? Hatte sie jemals das Gefühl, einem anderen Menschen wirklich nahe zu sein? Sie weiß, dass ihr Mann sie sehr geliebt hat, aber hat sie das auch gespürt? Und vor allem: Hat sie es erwidert? Ursel selbst ist so groß geworden: Nähe und Liebe gab es nur in sehr vermittelter, indirekter Form. Schließlich waren Gefühle und Bedürfnisse etwas Peinliches, Lächerliches. Wie hätte sie lernen können, was Nähe und Zuneigung heißt?

○ *Und bei mir?*

Nun haben Sie ein ungefähres Gefühl dafür, was Kindmodi sind, wann sie auftauchen und wie sie sich anfühlen können. Vielleicht haben Sie die eine oder andere Situation, das eine oder andere Gefühl wiedererkannt. Aber Vorsicht: Wir alle kennen Scham, Misstrauen und Verlassenheit. Schließlich ist das Leben nicht immer schön und harmonisch. Wir werden verlassen, verletzt, hereingelegt. Leider sind das Erfahrungen, die wir auch in unserem Erwachsenenleben immer wieder machen. Und wenn Scham und Misstrauen durch die aktuelle Situation gerechtfertigt sind, wird mein Verhalten nicht durch kindliche Denkmuster bestimmt, sondern ist die angemessene emotionale Reaktion auf ein konkretes Erlebnis. Die folgenden Aussagen sollen in diesem Punkt noch einmal Sicherheit bringen. Lesen Sie sich die Aussagen in Ruhe durch, überlegen Sie dann und entscheiden Sie sich, so gut Sie können:

- Ich fühle mich oft allein auf der Welt.
- Ich fühle mich schwach und hilflos.
- Ich habe das Gefühl, dass mich niemand liebt.

Wenn Sie diesen Aussagen weitgehend zustimmen, könnte das ein Hinweis darauf sein, dass ein verletzlicher Kindmodus bei Ihnen vorliegt. Ist das der Fall, ist der nächste Schritt, nach dessen Ursprung zu fragen, nach jenen Situationen, in denen Sie als Kind nachhaltig verletzt worden sind und deren emotionales Echo bis heute in Ihrem Alltag widerhallt. Dazu werden in der Schematherapie sogenannte Imaginationsübungen durchgeführt. Die folgende Übung ist geeignet, ein Gefühl für den verletzten Kindmodus zu bekommen. Lesen Sie sie zunächst aufmerksam durch und suchen sich dann für 15 Minuten einen ruhigen Ort, um sie in aller Ruhe durchzuführen.

> Machen Sie es sich bequem und schließen Sie die Augen. Achten Sie einige Atemzüge lang nur auf Ihren Atem, wie die Luft in Ihren Körper ein- und wieder ausfließt. Versetzen Sie sich dann in eine Situation aus der letzten Zeit, in der Sie sich einsam, ängstlich oder verletzt gefühlt haben, obwohl das vielleicht gar nicht der Situation angemessen war. Lassen Sie die Vorstellung auf sich wirken, als finde sie gerade wieder statt.
> Wie fühlen Sie sich? Können Sie die Gefühle benennen? Können Sie sie körperlich spüren? Was passiert in der Situation? Was daran verletzt Sie? Was würden Sie gerne tun? Warum tun Sie das nicht?
> Wenn Sie sich in die aktuelle Situation gut eingefühlt haben, dann lassen Sie Ihren Geist in Ihre Kindheit schweifen. Lassen Sie sich Zeit und beobachten Sie einfach, welche Erinnerungen aufsteigen.
> Wen sehen Sie in diesen Erinnerungen? Wie hängen diese Erinnerungen möglicherweise mit Ihren heutigen Gefühlen zusammen?
> Nehmen Sie sich Zeit für diese Vorstellungen und Erinnerungen und schließen Sie die Übung dann in Ihrem Tempo ab.

Lassen Sie die Übung in sich nachwirken und beobachten Sie in Ihrem Alltag, wann diese Gefühle auftreten. Ihre Antworten auf die folgenden Fragen können Sie in Ihre persönliche Landkarte der Seele (S. 147) einfließen lassen.

- Was sind die typischen Auslöser dafür, dass sich mein verletzliches Kind meldet? In welchen Situationen tritt es auf?

- Welche Gefühle melden sich bei mir, wenn ich mich in diesem Zustand befinde? Bin ich misstrauisch? Ängstlich? Einsam?
- Welche Gedanken habe ich, wenn ich mich in diesem Zustand befinde?
- Welche Erinnerungen oder inneren Bilder werden ausgelöst, wenn ich über meinen verletzlichen Kindmodus nachdenke? Sind es Kindheitserinnerungen? Erinnerungen an Eltern, Lehrer oder Mitschüler?
- Wie fühlt sich mein Körper in diesem Modus an? Spüre ich einen Kloß im Hals oder im Bauch? Einen Druck auf der Brust?
- Wie sieht meine Reaktion auf diesen Modus aus? Wie handle ich typischerweise? Wie gehe ich mit meinen Mitmenschen um?

Sarah könnte diese Fragen vermutlich so beantworten: Auslöser für ihren verletzlichen Kindmodus sind Situationen, in denen ihr absolute Loyalität und Aufmerksamkeit vorenthalten werden. Dann fühlt sie sich verlassen, einsam und verraten. Sie ist nicht mehr in der Lage, die Situation objektiv zu erklären, die Perspektive ihres Gegenübers einzunehmen. Würde sie in sich gehen und den Bildern und Erinnerungen nachspüren, die sie mit diesen Gefühlen und Situationen verbindet, wären da vermutlich Erfahrungen aus ihrer Kindheit, in denen der Vater sie verlassen oder die Mutter sie zurückgestoßen hat. Momente, in denen ihr kindliches Bedürfnis nach Sicherheit und Verbundenheit enttäuscht und ignoriert wurde. Ihr Körper fühlt sich vielleicht angespannt an, ihre Reaktion kennzeichnen Unbeherrschtheit, Konfrontationsbereitschaft, Aggressivität und Uneinsichtigkeit.

Mit der Zeit und etwas Aufmerksamkeit wird es Ihnen immer besser gelingen, Ihren verletzlichen Kindmodus zu identifizieren und zu verstehen, warum er sich gerade in dieser Situation wieder einstellt.

◯ *Und bei dir?*

Versetzen Sie sich einmal in Sarahs Freundin Monika. Woran könnte sie erkennen, dass bei Sarah immer wieder der Modus eines verletzlichen Kindes aktiv ist? Ein Hinweis könnte sein, dass Sarah sich schnell angegriffen fühlt. Bei den kleinsten Anlässen reagiert sie über. Und manchmal erschließt sich für Monika nicht einmal, was der Anlass gewesen sein könnte. Oft ist sie völlig überrascht von der Reaktion und von der Intensität der damit verbundenen Gefühle.

Ein weiteres Indiz ist, dass Sarah für Monikas Erklärungen überhaupt nicht empfänglich ist. Sie blockt völlig ab, kann sich Monikas Klärungsversuchen nicht öffnen. Für sie gilt nur eine, nämlich ihre Interpretation der Situation.

Schließlich kann ein Anzeichen sein, dass sich eine Person ständig bei Ihnen rückversichert, etwa mit der Frage: »Bist du auch sicher, dass du mich wirklich dabeihaben willst, wenn du dich mit deinen Freunden triffst?«

Kennen Sie jemanden, der sich hin und wieder im Verhaltensmuster des verletzlichen Kindes bewegt? Einen Freund, Verwandten oder Bekannten? Können Sie sich noch an die Situation erinnern, und können Sie sich irgendwie erklären, warum diese Verhaltensweise gerade in dieser Situation ausgelöst wurde? Haben Sie eine Vorstellung davon, wie sie sich gefühlt haben könnte? Was sie sich in diesem Moment eigentlich wünschte und brauchte?

Und wie haben Sie sich eigentlich in dieser Situation gefühlt? Wollten Sie der Person helfen, sie trösten, umarmen, aufheitern? Sie schütteln und anschreien? Das Zimmer verlassen? Hatten Sie Mitgefühl oder haben Sie sich überfordert und hilflos, ja vielleicht sogar genervt gefühlt, weil die Person in diesem Moment Argumenten überhaupt nicht zugänglich war?

Wenn Sie sich an Ihre eigenen Reaktionen gut erinnern, können Sie vielleicht lernen, besser zu verstehen, wie es anderen Personen geht, wenn Sie in einem verletzlichen Kindmodus sind.

Das verletzliche Kind in mir heißt:

____

Woran erkenne ich, dass ich mich im Modus des verletzten Kindes befinde?

– *Was sind die typischen Auslöser?*

____

____

____

– *Welche Gefühle habe ich typischerweise in diesem Modus?*

____

____

____

– *Welche Gedanken habe ich typischerweise in diesem Modus?*

____

____

____

– *Welche Erinnerungen sind beteiligt/werden ausgelöst?*

____

____

____

____

– *Wie fühlt sich mein Körper in diesem Modus an?*

____

____

____

____

– *Wie verhalte ich mich typischerweise in diesem Modus?*

Wechsele ich häufig in einen anderen Modus (z. B. wütendes Kind oder Bewältigungsmodus), wenn ich im Modus des verletzten Kindes bin? In welchen?

Was brauche ich, wenn ich mich im Modus des verletzten Kindes befinde? Welches Bedürfnis habe ich?

Wird durch mein Verhalten mein eigentliches Bedürfnis erfüllt (z. B. nach Zuneigung)?

Das impulsive Kind: »Dafür räche ich mich!«

So, wie man den Modus des verletzlichen Kindes mit dem Laufen in zu engen, drückenden Schuhen vergleichen kann, so passen, zum wütenden und impulsiven Kindmodus am besten Hasskappe und ein knallroter Umhang. Personen in diesem Zustand haben sogenannte »heiße Gefühle« wie Ärger, Wut und Trotz. Auch sie fühlen sich nicht erwachsen, sondern wie Kinder. Sie sind unbeherrscht und hilflos. In solchen Momenten sind sie womöglich regelrecht »außer sich« und haben weder ihre Gefühle noch ihr Handeln unter Kontrolle. Sie denken nicht mehr nach, sind beherrscht von Ärger, bockig oder impulsiv.

Der Ursprung dieser starken Gefühle liegt auch hier in der Nichtbefriedigung emotionaler Grundbedürfnisse. Dabei ist es wiederum wichtig, klarzustellen, dass diese Bedürfnisse ihre Berechtigung haben. Sie sind völlig normal. Nur: Tobt unser wütendes inneres Kind, ist die Reaktion auf diese Nichtbefriedigung unangemessen und übertrieben.

Ein weiteres Merkmal des wütenden Kindmodus ist, dass er oft gemeinsam mit dem verletzlichen Kindmodus auftritt. Wir erleben also gemischte Gefühle: eine sehr intensive und unangenehme Kombination aus Hilflosigkeit und Ärger, Einsamkeit und Aggression. Denken Sie an Sarahs Verhältnis zu Monika: Sarah fühlt sich gleichzeitig hilflos, verletzt und verärgert. Ihr Verhalten ist vor allem zurückweisend und bockig, dabei hat sie eigentlich Angst davor, wieder einmal verlassen zu werden. Vielleicht kennen Sie das auch: Eigentlich ist man wütend, weil man sich ungerecht behandelt fühlt, aber statt zu sagen, was einem nicht passt, zu zeigen, dass man sich ärgert, und dabei vielleicht auch ein bisschen lauter wird, bricht man in Tränen aus. Oder umgekehrt: Man hat jemanden sehr vermisst, aber wenn er wieder da ist, reagiert man hart und unfreundlich.

Meldet sich das wütende oder impulsive Kind in Ihnen, können also ganz unterschiedliche Gefühle beteiligt sein. Sie haben die »Wahl« zwischen einer ganzen Bandbreite negativer

Emotionen. Deshalb ist es wichtig, zunächst herauszufinden, welche Gefühle genau bei Ihnen im Vordergrund stehen und warum. Sind Sie wütend oder eher trotzig? Fühlen Sie sich ungerecht behandelt und sind deswegen verärgert oder wollen Sie nicht akzeptieren, dass für Sie dasselbe gilt wie für alle anderen? Sind Sie verletzt oder verwöhnt?

Mit den folgenden Fallbeispielen möchte ich Ihnen dabei helfen, die Gefühle des wütenden Kindmodus genauer zu identifizieren und auch die Situationen zu erkennen, in denen dieser Modus auftreten kann. Die Beispiele sind natürlich nicht umfassend, aber sie können Ihnen einen groben Eindruck vermitteln, welche auslösenden Momente es gibt und ob solche oder ähnliche Momente auch bei Ihnen die entsprechenden Gefühle hervorrufen.

Ärger

Ärger resultiert meist daraus, dass grundlegende emotionale Bedürfnisse nicht erfüllt werden beziehungsweise Sie sich ungerecht behandelt fühlen. Möglich ist, dass der Chef Ihnen die Anerkennung für ein Projekt verwehrt, an dem Sie den Löwenanteil geleistet haben, oder Ihr Partner gar nicht wahrnimmt, wie Sie jeden Tag an Ihre Grenzen gehen, damit im Familienalltag alles rund läuft.

Jeder Mensch äußert Ärger anders: Einige artikulieren ihn in Form von Forderungen und Vorwürfen: »Immer lässt du das Brot vertrocknen«, »Nie machst du den Abwasch« oder »Hast du schon mal darüber nachgedacht, wie ich mich dabei fühle?«; andere stoßen ihre Mitmenschen vor den Kopf, lassen sie mit ihren Bedürfnissen auflaufen, spiegeln das rücksichtslose Verhalten, dessen Opfer sie, so glauben sie, selbst geworden sind. Und wieder andere schlucken den Ärger hinunter. Aber wir sind nicht auf eine Artikulationsart festgelegt: Wie wir mit unserem Ärger umgehen, hängt zu einem Großteil auch von der jeweiligen Situation und unserer Tagesform ab. Im Gespräch mit dem

Chef schlucken wir den Ärger eher runter, im Gespräch mit dem Partner bricht er sich häufiger in Form von Anklagen und Vorwürfen Bahn.

Julia kann schlecht Nein sagen. Vor allem im beruflichen Kontext fällt es ihr schwer, sich abzugrenzen, zu sagen, dass sie etwas nicht schafft oder dass gewisse Arbeitsabläufe schlecht organisiert sind – nämlich so, dass sie Dinge zweimal machen muss, unter vermeidbaren Druck gerät, die Arbeit anderer übernimmt. Dank und Lob erhält sie dafür nie. Auch in der Bezahlung drückt sich die zusätzliche Belastung nicht aus. Im Gegenteil, ihre Vorgesetzten sind unfreundlich, verabschieden sich früher und lassen sich lange und immer dann krankschreiben, wenn es brenzlig wird. Obwohl Julia sich schon lange ausgenutzt fühlt, sagt sie nichts. Ihren Ärger schluckt sie zunächst einmal runter, auch wenn sie im Gespräch mit Freunden ständig aggressiv und verärgert wirkt. Sie klagt bei jedem Treffen über die missliche Lage, kann aber Ratschläge schlecht annehmen.
Wenn Julia von ihrer Mutter erzählt, zeigt sie sich genervt über deren andauerndes Gejammer: Statt etwas an ihrer Situation zu verändern oder ein klärendes Gespräch zu suchen, mache sie alles für den Vater, räume ihm hinterher, bediene ihn. Dieses ständige Klagen gehe Julia auf die Nerven. Aber Julia merkt nicht, dass sie das Verhalten ihrer Mutter übernommen hat: Sie jammert und schimpft, fühlt sich aber nicht in der Lage, die Dinge in die Hand zu nehmen, um etwas zu verändern.

Wut

Der Unterschied zwischen Ärger und Wut liegt vor allem in der Intensität. Wenn Ärger ein kleines Feuer ist, ist Wut ein Waldbrand. Sind wir wütend, dann sind wir total enthemmt. Wir sind blind vor Wut, nehmen nichts mehr wahr außer unserem Ärger und denken nicht an die Konsequenzen unseres Handelns. Dabei können Dinge und im Extremfall auch Knochen zu Bruch gehen. Wut setzt ungeahnte Kräfte frei, die sonst durch Vorsicht, Rücksicht und Umsicht gebändigt sind. Selbst kleine Kinder, die im wahrsten Sinne des Wortes außer sich vor Wut sind, kann man nur mit größter Anstrengung festhalten.

Die Ursache solcher Wutausbrüche ist oft das Gefühl, dass unsere Bedürfnisse mit Füßen getreten werden. Die meisten Menschen reagieren mit Wut, wenn sie sich hilflos fühlen und glauben, sich gegen einen Gegner verteidigen zu müssen.

Als Sarah Monika einmal richtig zur Rede stellt und sie mit sämtlichen Vorwürfen konfrontiert, sagt Monika nichts und verlässt die Wohnung. Sarah ist so wütend, dass sie das Geschirr vom Tisch fegt. Teller, Gläser, Gabeln und Messer landen geräuschvoll auf dem Boden, einiges geht zu Bruch, Essensreste kleben überall, am Boden, an der Tapete.
Als sie die Bescherung sieht, kippt ihre Stimmung in den Keller. Sie braucht eine Stunde, bis alles wieder einigermaßen so ist, wie sie es haben will. Und Sarah fühlt sich bloß noch traurig und verlassen. Denn ihre Wut war eigentlich eine Reaktion auf die Befürchtung, dass auch Monika sie verlassen und verraten wird.

Trotz

»Das Einzige, wozu gute Ratschläge taugen, ist, weitergereicht zu werden. Für einen selbst sind sie immer völlig nutzlos«, heißt es bei Oscar Wilde. Und wirklich: Vor allem unaufgeforderte Ratschläge haben meist den schalen Beigeschmack der Entmündigung. Menschen, die uns unentwegt erzählen, was wir alles falsch machen und wie es besser geht, sind ausgesprochen nervig und leiden nicht selten unter völliger Selbstüberschätzung.

Diese Übergriffigkeit zurückzuweisen ist eine angemessene Reaktion. So behaupten wir unsere Autonomie. Und auch das damit einhergehende Gefühl des Trotzes ist völlig normal. Doch manchmal reagieren wir trotzig, obwohl man es nur gut mit uns meint, uns in keiner Weise entmündigen möchte und weder unsere Autonomie noch unsere Selbstständigkeit infrage stellt. Manchmal können wir sogar solche Ratschläge nicht befolgen, die wir eigentlich richtig finden, weil wir meinen, dass wir sonst die eigene Persönlichkeit gefährden. Dann hat unser Verhalten etwas Kindisches und wirkt auf den Gesprächspartner unreif.

Julia beklagt sich schon seit Jahren über jeden Job, in dem sie arbeitet. Die Beschwerden sind immer dieselben: Sie werde ausgenutzt, nicht gefragt, unter Druck gesetzt … Sie stellt sich in diesen Erzählungen immer als völlig machtlos und ausgeliefert dar, als gäbe es gar keine Alternative, als müsste sie alles erdulden. Wenn ihre Freunde sie dann vorsichtig fragen, ob es nicht möglich sei, mal mit den Verantwortlichen zu sprechen und ihnen das Problem zu schildern, wird Julia patzig: Sie könne es sich nicht leisten, ihren Job zu verlieren. Sie sei eben angestellt, da könne man so was nicht machen.

Impulsivität

Impulsive Menschen neigen dazu, die eigenen spontanen Bedürfnisse ohne Rücksicht auf andere oder mögliche negative Konsequenzen für sich selbst zu verfolgen. Das Bankkonto ist leer, der Schrank voll? Egal, der rote Kaschmirpulli muss her! Die Deadline ist gefährlich nahe, mein Dispo und der Vertrauensvorschuss beim Chef gefährlich ausgereizt? Egal, ich will auf diesen Klettertrip! Meine Partnerin ist völlig erledigt, und mit den Kindern habe ich seit drei Wochen nicht mehr wirklich Zeit verbracht? Egal, ich schaue jetzt erst mal die dritte Staffel meiner Lieblingsserie.

Impulsives Verhalten kann sich sehr unterschiedlich äußern. Aber es zielt stets auf eine ungebremste Bedürfnisbefriedigung. Immer tut man etwas, was man später bereut, was objektiv unklug ist. Das ist Außenstehenden sofort klar, sie können über solche Dummheiten oft nur den Kopf schütteln. Man selbst fragt sich erst nachträglich: Was hab ich mir nur dabei gedacht? Und die Antwort lautet schlicht: Nichts! Denn im impulsiven Kindmodus wird nicht gedacht. Es geht einzig und allein darum, das zu bekommen, was man gerade unbedingt haben will.

Jennifer ist vor Kurzem von zu Hause ausgezogen. Jetzt wohnt sie in einem Studentenwohnheim. Ihr Zimmer ist klein, hässlich, schmutzig – großartig! Jede Nacht gibt es irgendwo eine Party oder man macht mit den Mitbewohnern irgendeinen Blödsinn. Es wird viel getrunken, viel gelacht und viel geflirtet. Jennifer gefällt ihr neues Le-

ben: Coole Leute aus aller Welt, spannende Gespräche und viel Spaß. Die Uni besucht sie auch manchmal, aber meistens ist sie morgens zu fertig. Sie nimmt sich immer wieder vor, öfter mal hinzugehen, aber irgendwie klappt es dann doch meistens nicht.
Erst zu Semesterende kommt das böse Erwachen: Sie sitzt in den Prüfungen und hat keine Ahnung. Hat sie wirklich gar nichts gelernt in diesem Semester? Was hat sie sich nur dabei gedacht? Außerdem ist sie total pleite! Sie hat einfach nicht darauf geachtet, dass sie viel zu viel Geld ausgegeben hat.
Jennifer ist in einer ziemlich chaotischen Familie aufgewachsen. Ihre Eltern hatten wenig Zeit. Eigentlich ist sie von ihren älteren Schwestern großgezogen worden. Wenn ihre Eltern mal zu Hause waren, haben sie ihr kaum Grenzen gesetzt, weil sie meinten, dass Kinder ruhig alles mal ausprobieren sollten.

Verwöhntheit

Im Unterschied zur Verwöhntheit ist impulsiven Menschen im Prinzip bewusst, dass sie gerade etwas Dummes machen, und vor allem, dass sie die Folgen ihrer Impulsivität irgendwann selbst ausbaden müssen. Sie wachen am nächsten Morgen mit Katzenjammer auf. Sie bereuen die letzte durchzechte Nacht, fassen sich an den Kopf und ärgern sich über die eigene Dummheit. Verwöhnten Menschen sind diese Formen der Selbstkritik fremd. Sie glauben, dass für sie ganz besondere oder auch gar keine Regeln gelten, und fühlen sich nicht an die gleichen Pflichten gebunden wie andere. Sie fühlen sich für ihr Verhalten nicht verantwortlich und sind überzeugt, es sei richtig, dass andere die Suppe für sie auslöffeln und dass ihr Handeln höchstens Konsequenzen für ihr Umfeld hat.

Menschen mit einem verwöhnten Kindmodus wurden in ihrer Kindheit oft tatsächlich in Watte gepackt. Dabei geht dieses Verhalten nicht unbedingt mit starken Gefühlen einher. Am ehesten sind die Betroffenen beleidigt, wenn andere ihre Forderungen nicht tolerieren und ihnen Grenzen setzen.

Linus, der bereits erwähnte IT-Experte, hat nur wenige Freundschaften. Seinen engsten Freund Juri kennt er noch aus der Schule. Linus und Juri waren als Kinder unzertrennlich. Doch je älter sie wurden, desto größer wurden die Gegensätze. Linus geht wie selbstverständlich davon aus, dass Juri die Dinge erledigt, zu denen er selbst keine Lust hat. Obwohl er schon seit Jahren in einer eigenen Wohnung lebt, ist er noch immer bei Juri gemeldet. Er erwartet, dass Juri ihn informiert, wenn wichtige Post kommt, und ihm die Post ungefragt weiterleitet. Weil seine Wohnung etwas außerhalb gelegen ist, schläft er außerdem oft bei Juri. Er hat seinen eigenen Schlüssel und ruft vorher kurz an.
Juri kennt auch Linus' Mutter. Er weiß, warum der Freund so unselbstständig und verwöhnt ist. Vieles sieht er ihm nach, zum Beispiel, dass er im Gespräch die ganze Redezeit beansprucht und ausschließlich von sich spricht, ohne sich auch nur einmal nach Juri zu erkundigen. Oder dass er nie Zeit hat, wenn Juri mal Hilfe braucht, aber seinerseits ständig Hilfe einfordert. Oder dass Linus, als Juri ihm beim Umzug helfen will, noch im Schlafanzug ist und noch keine einzige Kiste gepackt hat. Aber irgendwann wird ihm die Asymmetrie ihrer Beziehung zu viel und Juri distanziert sich: Eine Freundschaft ist schließlich kein Fürsorgeverhältnis, zumindest kein dauerhaftes.

Undiszipliniertheit

Fast jeder ist mal undiszipliniert, und das ist auch gut so. Preußische Selbstdisziplin führt selten zum Glück. Trotzdem kann ein erwachsener Mensch weder seine Autonomie behaupten noch seine Ziele erreichen, wenn er die täglich anfallenden Aufgaben nicht einigermaßen gewissenhaft erledigt. Wer so gar kein Durchhaltevermögen besitzt, wird auch nichts erreichen. Wem es über die Maßen schwerfällt, alltäglichen Pflichten nachzukommen, der wird irgendwann in fürchterliche Schwierigkeiten geraten. Wer Dinge endlos aufschiebt, wird immer wieder Phasen unglaublichen Stresses erleben und unnötigerweise Dinge nicht hinbekommen.

Menschen mit einem undisziplinierten Kindmodus sind nicht unbedingt auch verwöhnt in dem Sinne, dass sie andere für sich die Kastanien aus dem Feuer holen lassen. Die Kombination kommt aber häufig vor. Bei Linus etwa.

Linus ist ein Fall, in dem der verwöhnte und der undisziplinierte Kindmodus aufs Ungünstigste zusammentreffen. Es fällt ihm nicht nur schwer, lästige, langweilige, alltägliche Aufgaben zu erledigen. Er ist überzeugt, dass er das eigentlich auch nicht muss. Eine Wohnung zu suchen etwa ist einerseits beschwerlich, andererseits auch nicht nötig, weil seine Mutter schon etwas finden wird, wo er erst mal unterkommen kann. Zum Amt gehen und sich ummelden ist lästig und letztlich auch nicht so wichtig, weil Juri sich ja um die Post kümmern kann, die auch nach zwei Jahren noch in seine alte Wohnung kommt. Deadlines einzuhalten fällt ihm schwer. Er kann nur unter extremem Druck überhaupt arbeiten. Dann aber wird der Stress ihm meist zu groß und er kündigt den Job, ehe er etwas Unfertiges abgibt.
Linus hat weder gelernt, die Frustration langweiliger Arbeiten auszuhalten, noch die Konsequenzen seiner Handlungen selbst zu tragen. Bis heute nimmt ihm die Mutter beides ab.

◯ *Und bei mir?*

Wut und Ärger sind normal und oft auch gesund. Es gibt viele gute Gründe, sich zu ärgern, Ungerechtigkeiten und Rücksichtslosigkeiten, andere Menschen, die sich unmöglich verhalten, einem nachhaltig schaden und gar nicht auf die Idee kommen, sich zu entschuldigen. Wenn Sie sich ab und zu ärgern, ist das völlig in Ordnung. Viel bedenklicher wäre es, wenn Sie niemals wütend würden.

Dasselbe gilt für die Tendenz, hin und wieder unangenehme Dinge aufzuschieben. Das kennt fast jeder. Es ist auch eigentlich logisch, dass man Angenehmes und Interessantes eher macht als Unangenehmes und Langweiliges.

Zum Problem werden Wut und Impulsivität erst, wenn sie eine gängige Reaktionsweise sind und immer wieder zu Konflikten am Arbeitsplatz, in der Beziehung oder auch mit Freunden führen. Diese Konflikte ergeben sich meist dadurch, dass die Menschen in unserem Umfeld kein Verständnis für unser unangemessenes Verhalten haben.

Ich habe einige Aussagen zusammengestellt, die Ihnen helfen können, herauszufinden, ob bei Ihnen ein ärgerlicher/impulsiver Kindmodus vorliegt oder ob Sie einfach hin und wieder ganz normale und berechtigte Wut und Unlust verspüren. Die Sätze sind beispielhaft, entscheidend ist, was Sie selbst denken: Neigen Sie zu unangemessen wütenden Reaktionen? Ist Ihre Bedürfnisbefriedigung manchmal zu impulsiv? Bringen Sie Ihre eigene Einschätzung ein!

- Wenn ich erst einmal wütend bin, sehe ich echt rot. Ich verliere manchmal richtig die Beherrschung.
- Ich will alles, und zwar sofort! Ich tue, was ich will, dabei kann ich auf die Gefühle und Bedürfnisse anderer Menschen keine Rücksicht nehmen.
- Ich verletze Regeln, mache Dummheiten, befriedige unmittelbare Bedürfnisse und denke nicht an die Konsequenzen. Später bereue ich das, ärgere mich über mein dummes Verhalten.
- Ich habe das Gefühl, dass ich mich nicht an die gleichen Regeln halten muss wie andere und dass Pflichten, die für andere gelten, keine Geltung für mich haben.
- Wenn ich ehrlich bin, habe ich schon öfter gesagt bekommen, dass ich manchmal unangemessen, impertinent, aggressiv oder bockig bin.

Der verletzliche und der ärgerliche/impulsive Kindmodus treten gern gemeinsam auf. Viele Menschen sind wütend und verletzt, traurig und verärgert. Dabei unterscheiden sich diese Zustände fundamental: Der verletzliche Kindmodus geht fast ausschließlich mit negativen Gefühlen einher: Traurigkeit, Verlassenheit, Verletzlichkeit. Im wütenden und impulsiven Kindmodus erleben sich Menschen oft machtvoll und stark. Sie haben das Gefühl einer gelungenen Auflehnung, sind mitunter stolz darauf, dem Gegenüber endlich Grenzen aufgezeigt zu haben und sich nichts gefallen zu lassen: »Dem hab ich's gezeigt«, »Endlich hab ich mal auf den Tisch gehauen«, »Der hat gedacht, mit mir kann man's ja machen – da hat er sich getäuscht!« – solche und ähnliche Sätze schwirren in unseren Köpfen herum, wenn wir mal wieder laut geworden sind. Nicht selten schämt man sich allerdings hinterher. Im Rückblick wirkt das eigene Verhalten doch übertrieben und es bleiben vor allem Scham, Verlassenheit und neue Konflikte.

Auch der verwöhnte Kindmodus fühlt sich zunächst einmal gut an. Schließlich geht es um die unmittelbare Befriedigung von Bedürfnissen! Wer kauft nicht gern einen neuen Pulli, isst viel und macht es sich erst mal bequem, obwohl eigentlich Dringendes etwas erledigt werden müsste? Es spricht auch überhaupt nichts dagegen, sich gelegentlich etwas zu gönnen und nicht ganz so streng mit sich zu sein. Im Gegenteil, Menschen, die das nicht können, haben ein Problem. Wer nicht auf sich achtet, läuft Gefahr, sich zu viel zuzumuten und vielleicht sogar ein Burnout-Syndrom zu entwickeln. Zu einem Problemverhalten wird die unmittelbare Befriedigung von Bedürfnissen erst, wenn die Folgen zwar kurzfristig angenehm sind, aber mit der Zeit zu großen Schwierigkeiten führen. Wer überhaupt keine Selbstdisziplin und kein Durchhaltevermögen hat, wird seine langfristigen Ziele nicht erreichen können, und wer alles bei anderen ablädt, wird irgendwann ziemlich allein sein.

Im Alltag müssen wir ständig solche Entscheidungen zwischen spontaner Bedürfnisbefriedigung und Disziplin treffen: Zähneputzen ist lästig, aber wenn wir es nicht machen, wird es irgendwann schmerzhaft und teuer. Die tägliche Rückengymnastik ist anstrengend und wir könnten stattdessen auch zwanzig Minuten länger im Bett liegen, aber irgendwann zahlt sich das aus: Wenn nämlich alle anderen über Rückenschmerzen jammern, können wir uns entspannt zurücklehnen.

Anfangs sind es vor allem andere Menschen, die unsere Wut und Verwöhntheit als Problem wahrnehmen. Sollten Sie also die Befürchtung haben, bei Ihnen könnte ab und zu ein wütender oder verwöhnter Kindmodus aktiv sein, fragen Sie mal Ihre Bekannten. Wenn Sie von mehreren Ähnliches hören, könnte etwas dran sein.

Übrigens: Sich einen ärgerlichen, trotzigen oder verwöhnten Kindmodus einzugestehen fühlt sich peinlich und unangenehm an. Es ist aber eine starke Leistung, sich diese Themen schonungslos anzuschauen!

Um zu klären, ob Ihr Verdacht sich bestätigt, ist es auch bei diesem Modus wichtig, zu verstehen, woher er kommt, was ihn auslöst und wie Sie sich dabei fühlen:

- Was sind die typischen Auslöser für meinen wütenden oder impulsiven Kindmodus? In welchen Situationen tritt er auf?
- Welche Gefühle melden sich bei mir, wenn ich mich in diesem Modus befinde? Handelt es sich um Frust, Ärger, Wut oder eher um Trotz? Welche Gefühle stehen im Vordergrund, welche im Hintergrund? Fühle ich mich stark oder eher schwach?
- Folgt meinem wütenden Kindmodus oft ein trauriger oder vermischen sich beide miteinander?
- Welche Gedanken habe ich typischerweise, wenn ich mich in diesem Zustand befinde? Viele Menschen erleben sich ungerecht behandelt – ist das bei mir auch so? Und worin besteht die gefühlte Ungerechtigkeit?
- Welche Erinnerungen oder inneren Bilder werden ausgelöst, wenn ich über meinen wütenden Kindmodus nachdenke? Sind es Kindheitserinnerungen? Sätze der Eltern, Lehrer oder Mitschüler?
- Wie verhalte ich mich typischerweise, wenn ich mich in diesem Zustand befinde? Wie gehe ich mit meinen Mitmenschen um? Wie reagiere ich auf andere und wie reagieren andere auf mich? Woran erinnert mich diese Interaktionsweise? An Personen und Situationen aus meiner Kindheit?

Um diese Fragen zu beantworten, können Sie auch die Übung von S. 66 machen. Gehen Sie dazu von einer aktuellen Situation aus, in der ihr ärgerlicher/impulsiver Kindmodus aktiviert wurde.

Sarah könnte diese Fragen so beantworten: Auslöser für ihren wütenden Kindmodus sind Situationen, in denen ihr die absolute Loyalität und Aufmerksamkeit, die sie einfordert, verweigert werden. Sie fühlt sich in erster Linie wütend. Die Wut dient dazu, für einen Moment das Gefühl zu haben, die Kontrolle über die Situation zu besitzen. Gleichzeitig fühlt Sarah sich schwach und hilflos. Bei ihr tritt der wütende Kindmodus immer in Verbindung mit dem verletzlichen auf. Es ist das Gefühl, ungerecht behandelt und verraten worden zu sein, das ihre aggressive Reaktion heraufbeschwört. Würde sie in sich gehen und den Bildern und Erinnerungen nachspüren, die sie mit diesen Gefühlen verbindet, wären es vermutlich Situationen aus ihrer Kindheit, in denen der Vater sie verlassen oder die Mutter sie zurückgestoßen hat: Bilder und Gefühle des Verlassenwerdens. Momente, in denen ihr kindliches Bedürfnis nach Sicherheit und Verbundenheit enttäuscht und ignoriert wurde. Ihr Umfeld reagiert auf ihre Unbeherrschtheit, Konfrontationsbereitschaft, Aggressivität und Uneinsichtigkeit meist durch Distanzierung und Rückzug.

○ *Und bei dir?*

Erinnern Sie sich noch an Uwe, den aggressiven Autofahrer, der im Straßenverkehr manchmal so von seinem Ärger beherrscht wird, dass er die eigenen Kräfte gefährlich überschätzt? Uwe neigt nicht nur im Straßenverkehr zu unbeherrschten Wutausbrüchen. Auch zu Hause ist es einfach, ihn zum Explodieren zu bringen. Manchmal reicht ein lautes Geräusch, das Klappern von Tellern, eine kleine Ungeschicklichkeit oder dass jemand vergessen hat, die Wohnzimmertür zu schließen, und Uwe geht an die Decke. »Giftzwerg« nennt Uwes Frau ihn in solchen Momenten und verlässt für ein paar Minuten den Raum, bis Uwe sich wieder abgeregt hat.

Wenn wir dabei sind, wenn ein Bekannter sich wieder einmal übermäßig und sinnlos aufregt, überkommt uns oft das Gefühl, Zeuge eines unreifen Verhaltens zu werden. Meist haben wir ein ganz gutes Gespür dafür, ob eine Wut oder ein Ärger durch die Situation gerechtfertigt ist. Jeder hat Bekannte, die sich über Lappalien ungeheuer und gern auch endlos aufregen können. Wenn es im Café mal fünf Minuten länger dauert, wollen sie gleich mit dem Geschäftsführer sprechen, wenn das Schwimmbad unangekündigt geschlossen hat, machen sie einen Aufstand. Und auf die Frage, ob das wirklich so furchtbar sei und ob sich der Ärger überhaupt lohne, reagieren sie gereizt oder gar mit Tränen.

Wenn sich eine Person in einem verletzlichen Kindmodus befindet, verspüren wir oft Mitgefühl und Mitleid. Wir wollen sie trösten und unterstützen. Wenn jemand aber in einem wütenden oder impulsiven Kindmodus gefangen ist, führt das beim Gegenüber meist zu Ärger oder zu einem Gefühl der Hilflosigkeit. Es ist schwer, mit solchen Menschen zusammenzuleben. Immer wieder geraten sie und wir mit ihnen in dieselben unangenehmen und ausweglos scheinenden Situationen. Oft ist es uns ein Rätsel, warum der Freund, der doch auch liebevoll und verständig sein kann, sich mitunter so unmöglich verhält.

Wenn Sie dieses Verhaltensmuster eines Bekannten besser verstehen wollen, versuchen Sie, die folgenden Fragen zu beantworten. Wenn die betroffene Person Ihnen sehr nahesteht, bietet es sich an, die Fragen gemeinsam zu beantworten. Allerdings sollte der schädliche Kindmodus nicht gerade aktiv ist. Warten Sie damit, bis die Person sich wieder ruhig und erwachsen verhält.

- Kann ich nachvollziehen, was dieses Verhalten bei der Person ausgelöst hat?
- Habe ich eine Ahnung, was die Person in diesem Moment »eigentlich« braucht? Oft resultiert die Wut daraus, dass die Person sich ausgegrenzt fühlt, obwohl sie Kontakt und Zuwendung bräuchte.

- Wie reagiere ich, wenn ich die Person in diesem Modus sehe? Wie fühle ich mich? Fühle ich Mitleid oder Frustration? Will ich den anderen unterstützen und trösten oder ihr lieber den Rücken zudrehen?
- Inwieweit ist der Kindmodus »erfolgreich«? Bekommt die Person die Reaktion, die sie braucht? Schafft sie es, dass ihre Bedürfnisse tatsächlich erfüllt werden?
- Insbesondere bei verwöhnten und undisziplinierten Kindmodi: Habe ich eine Ahnung, woher der Modus bei dieser Person stammt? Was weiß ich über die Eltern und andere wichtige Bezugspersonen? Waren die vielleicht auch verwöhnt und impulsiv? Oder wurde die Person als Kind zu wenig gefordert?
- Insbesondere bei ärgerlichen und wütenden Kindmodi: Habe ich eine Ahnung, woher der Zustand bei dieser Person stammt? Was weiß ich über die Eltern und andere wichtige Bezugspersonen? Waren die vielleicht auch ärgerlich und aggressiv? Oder hat der Betroffene möglicherweise oft schlechte Behandlung oder starke Ungerechtigkeit erleben müssen?

Anschließend hilft es Ihnen vielleicht, Ihre Gedanken und Ergebnisse niederzuschreiben:

Das impulsive/ärgerliche Kind in mir heißt

____

Woran erkenne ich, dass ich mich im Modus des ärgerlichen Kinds befinde?

- *Was sind die **Auslöser**?*

____

____

- *Welche **Gefühle** habe ich typischerweise in diesem Modus?*

____

____

- *Welche **Gedanken** habe ich typischerweise in diesem Modus?*

____

____

- *Welche **Erinnerungen** sind beteiligt/werden ausgelöst?*

____

____

- *Wie fühlt sich mein **Körper** in diesem Modus an?*

____

____

- *Wie **verhalte** ich mich typischerweise in diesem Modus?*

____

____

***Wechsele** ich häufig in einem anderen Modus (z. B. verletzliches Kind), wenn ich im Modus des wütenden Kindes bin? In welchen?*

____

____

*Was brauche ich, wenn ich im Modus des wütenden Kindes bin? Welches **Bedürfnis** habe ich?*

____

____

*Wird durch mein Verhalten mein eigentliches Bedürfnis **erfüllt** (z. B. nach Respekt)?*

____

____

Das glückliche Kind: »Zwei mal drei macht vier …«

Werfen wir noch mal einen Blick in den Kleiderschrank: Da hängen die schlichten Sachen, die irgendwie immer gehen, und die etwas unbequemen Sachen, in denen wir schwitzen und die kratzen, für besondere Anlässe wie Familienfeiern, Betriebsfeiern, Vorstellungsgespräche, dann die unauffälligen bis abgerissenen, bequemen Sachen für gemütliche Tage, und jene wundersamen Gewebe, deren bloßer Anblick uns in gute Laune versetzt. Vernünftig sind die bestimmt nicht, aber sie machen Spaß. Ihr Kauf war völlig unabhängig von Überlegungen, die sich auf Qualität, Preis und Praktikabilität richten.

Im Kleiderschrank unserer Seele hängen auch solche herrlichen Stücke. Die Schematherapie nennt sie den »glücklichen Kindmodus«, ein Zustand, in dem wir uns wunderbar unbeschwert, beschwingt und glücklich fühlen. Die Figur, die den glücklichen Kindmodus vielleicht am reinsten verkörpert hat, ist Astrid Lindgrens Pippi Langstrumpf. Völlig unangepasst, aber immer mit Blick auch auf die Bedürfnisse anderer folgt sie ihrem Spieltrieb und ihrer Kreativität. Sie ist mit der Welt im Reinen und kennt daher auch keine Eitelkeit und keine Missgunst. Freigiebig und empathisch verströmt sie reine Lebensfreude und macht sich die Welt, »wie sie ihr gefällt«.

Das sollten wir auch alle ab und zu tun. Wenn es draußen regnet, kann drinnen die Sonne scheinen. Wenn man mitten im Stress steckt, sollte man Zeit haben für einen kleinen Spaß zwischendurch. Denn wenn wir nicht alles ganz so ernst nehmen, ist der Nebel gleich nicht mehr so dicht und die Arbeit geht uns viel leichter von der Hand.

Jeder Mensch verbindet andere Erfahrungen mit diesem Modus: Die einen fühlen sich frei und unbeschwert, wenn sie mit ihren Freunden »Mensch ärgere dich nicht« spielen, die anderen, wenn sie mit ihren Enkeln Sandburgen bauen oder Arien aus Operetten singen. Das Schöne an diesem Modus ist, dass er gleich mehrere emotionale Grundbedürfnisse befriedigt: Zunächst das Bedürfnis nach Spaß, Spiel und Spontaneität. Dann auch das Bedürfnis nach Verbundenheit und Geborgenheit: Wenn wir uns gehen lassen, herumalbern und zum Clown machen können, dann weil wir uns sicher sind, dass unser Umfeld uns gewogen ist. Wir erleben uns als glücklich, zugehörig und gut aufgehoben, wenn wir dem glücklichen Kind in uns freie Bahn lassen, zu blödeln und Faxen zu machen. Was für ein angenehmer, entspannender und erholsamer Zustand!

Vor allem, da die Welt uns meist eher fordernd und kalt begegnet. Viele Menschen erleben in ihrem Alltag Stress und Überforderung, weil sie rund um die Uhr funktionieren sollen. Von ihnen wird erwartet, dass sie sich auf ein immer entgrenzteres Berufsleben mit vielen Überstunden einlassen, das sie mit ihrer Familie und manchmal auch der Pflege der Eltern unter einen Hut bringen müssen. Die Zeit zum Luftholen ist da eher knapp. Und selbst dabei setzt man sich oft unter Druck: Selbst die freie Zeit soll paradoxerweise optimal genutzt werden. Nur wie?

Genau hier wird der glückliche Kindmodus zum Lebensretter: Er ist ein guter Schutz gegen psychische Probleme, denn er setzt dem Funktionalitätsgebot den Unsinn entgegen, dem Unbehagen an den privaten und beruflichen Verhältnissen das Bewusstsein, dass die Welt im Großen und Ganzen gut läuft. »Die Welt, schon recht!«, schrieb der Dichter Peter Hacks in einem Gedicht und beschrieb damit ein Gefühl der Gelassenheit und Versöhntheit, das wir auch im Modus des glücklichen Kindes erleben.

Bei Menschen, die ihrem glücklichen Kind viel Raum geben, haben die schädlichen Kindmodi im Allgemeinen weniger Einfluss. Dasselbe gilt leider auch umgekehrt: Bei Menschen mit einem starken wütenden und impulsiven inneren Kind ist der glückliche Kindmodus meist nur schwach entwickelt. Es ist daher sinnvoll, das glückliche Kind in sich zu stärken und so aufzubauen, dass es die schädlichen Anteile mehr und mehr verdrängt.

Allerdings ist es nicht praktikabel und auch nicht wünschenswert, dass wir uns nur noch im glücklichen Kindmodus befinden. Es geht um eine gesunde Balance: Tatsächlich sind Menschen ohne größere psychische Probleme die meiste Zeit in ihrem gesunden Erwachsenenmodus. Aber auch für diese Menschen ist es wichtig, ihr glückliches inneres Kind zur Verfügung zu haben. Denn jeder ist mal erschöpft, gestresst, überlastet und spaß- und erholungsbedürftig, und dann ist es gut, wenn man auf Aktivitäten zurückgreifen kann, die einen in den glücklichen Kindmodus versetzen. So entsteht ein Gegengewicht zu jenen frustrierenden Situationen, die unser Berufs- und Privatleben eben auch auszeichnen.

Hanna ist Lehrerin an einer Sprachenschule und alleinerziehende Mutter von zwei Kindern im Kindergartenalter. Ihr Alltag ist ganz schön stressig. Sie steht früh auf, macht die Kinder bereit, bringt sie in die Kita und fährt dann so schnell wie möglich zur Arbeit. Die Arbeit wird schlecht bezahlt. Das Geld reicht gerade so. Manchmal merkt Hanna, dass ihre Kräfte nachlassen. Das Gute ist, dass die Arbeit in der Schule und auch die Zeit mit den Kindern ihr viel Energie zurückgeben. Beides ist auch anstrengend. Aber Hanna hat sowohl mit ihren Schülern als auch mit ihren Kindern immer wieder viel Spaß. Sie freut sich, dass sie dank der Kinder alberne Dinge unternehmen darf: Kissenschlachten, Zauberküche und »Musik« machen auf den eigenwilligen Tröten, die ihr Vater aus Kenia mitgebracht hat. Dann gibt die Kleinste den Einsatz und alle blasen munter drauflos. Und auch in der Schule gibt es genug Gelegenheit, Neues und Verrücktes auszuprobieren. Das macht allen Spaß, es wird viel gelacht und Hanna hat das gute Gefühl, bei ihren Schülern beliebt zu sein. Hätte Hanna diesen Ausgleich nicht, würde sie aufgrund der permanenten Überlastung Gefahr laufen, in eine psychische Abwärtsspirale zu geraten.

◯ *Und bei mir?*

Sicher kennen Sie Momente, in denen die Welt plötzlich in den schönsten Farben leuchtet, dann sind Sie mit allem versöhnt und albern hemmungslos herum. Sie fühlen sich rundum akzeptiert, verbunden und geschätzt, sind mit sich und der Welt im Reinen.

Dieser Zustand lässt sich dauerhaft nicht aufrechterhalten. Es gibt Sorgen, Schicksalsschläge, die persönliche Energie ist begrenzt und der Alltag größtenteils mit Pflichten gefüllt. Der glückliche Kindmodus verändert die Verhältnisse nicht. Die Zeit bleibt knapp, die Arbeit anstrengend, der Sachbearbeiter unfreundlich. Doch Menschen, die wie Hanna einen ausgeprägten glücklichen Kindmodus haben, können diesen Erfahrungen etwas Schönes, Heiteres und Freundliches entgegensetzen. Sie schaffen sich ihre Enklaven der Unbeschwertheit und damit einen Ausgleich, der sie für Niedergeschlagenheit und Erschöpfung weniger anfällig macht. Um Kontakt zu Ihrem glücklichen inneren Kind aufzunehmen, können Sie folgende Übung machen: In welchen Situationen treffen diese Aussagen irgendwie zu?

- Ich fühle mich geliebt und akzeptiert.
- Ich bin zufrieden und entspannt.
- Ich vertraue den meisten anderen Menschen.
- Ich bin spontan und verspielt.

> Machen Sie es sich bequem, schließen Sie die Augen und beobachten Sie zur Entspannung Ihren Atem. Dann versetzen Sie sich in eine unbeschwerte Situation.
> Was ist da passiert? Was war dabei? Was für Gefühle sind präsent? Warum gelingt es Ihnen, so heiter und leicht zu sein? Wie fühlt sich das körperlich an?
> Lassen Sie Ihre Vorstellung in die Kindheit schweifen.
> Gibt es da Erinnerungen und Menschen, die mit guten Gefühlen verbunden sind?
> Versuchen Sie, das warme Gefühl zu behalten, wenn Sie die Übung beenden.

Die meisten Menschen beklagen, sich nicht oft genug glücklich, unbeschwert und entspannt zu fühlen. Wenn Sie dieses Energiearsenal noch mehr ausschöpfen wollen, müssen Sie erst einmal herausfinden, was bei Ihnen persönlich den glücklichen Kindmodus auslöst. Was brauchen Sie, um sich zu entspannen und glücklich zu fühlen?

- Welche Aktivitäten, Situationen und Personen bringen mich in den glücklichen Kindmodus?
- Wann war ich das letzte Mal im glücklichen Kindmodus? Denken Sie über die letzten Wochen nach und forschen Sie, wann Sie sich besonders heiter, glücklich und leicht gefühlt haben.
- Was gehört zu meinem glücklichen Kindmodus? Was ist besonders wichtig? Sind es bestimmte Menschen, bestimmte Aktivitäten oder eher situative Voraussetzungen (zum Beispiel Wochenende oder gutes Wetter)?
- Gibt es Dinge, die es mir erleichtern, in meinen glücklichen Kindmodus zu finden? (Ausdauertraining, Trommeln …)

Wenn Sie das Gefühl haben, dass Sie sich niemals glücklich und unbeschwert fühlen und Ihr Leben ausschließlich aus Verpflichtungen und Verantwortung besteht, bedenken Sie, dass das Leben selten perfekt ist. Selbst wenn Sie sich nicht daran erinnern können, dass Sie jemals einen wirklich starken glücklichen Kindmodus erlebt haben, gab es bestimmt Momente, in denen Sie sich über einen schönen Herbsttag mit seinem bunten Laub und seinem goldenen Licht gefreut haben, über eine lustige Bemerkung Ihres Kindes lachen mussten oder Ihnen beim Brainstorming mit Kollegen eine absurde Idee gekommen ist. Es gibt also sicher Ansatzpunkte – Dinge und Situationen, die Sie Ihrem glücklichen inneren Kind näherbringen können. Und die gilt es zu stärken!

○ *Und bei dir?*

Hannas Schüler schätzen sie, weil ihre Fröhlichkeit und ihr Lachen so ansteckend sind, und ansteckend ist auch der glückliche Kindmodus. Menschen mit einem solchen ausgeprägten

Kindmodus bringen uns selbst diesem Zustand näher, in ihrer Umgebung fühlen auch wir uns glücklicher, unbeschwerter, akzeptierter. Sie verströmen positive Gefühle, deshalb suchen wir ihre Nähe.

Umgekehrt sind Personen mit starkem verletzlichem oder wütendem Kindmodus im Umgang eher anstrengend und belastend, weshalb wir ihre Nähe eher meiden. Das Fatale daran ist, dass Personen, die sich ohnehin schon akzeptiert und geborgen fühlen, zudem auch noch beliebt sind und leicht Freunde finden, während Personen, die sich verlassen und ungeliebt erleben, tatsächlich eher verlassen und gemieden werden.

Luisa ist Mitte vierzig, Pilotin und alleinstehend. Sie hat einen engen Freundeskreis – eine Art Ersatzfamilie, und in gewisser Weise ist Luisa die Sonne, um die alle anderen kreisen. Ihr Lachen, ihr Lächeln, ihr frech-charmanter Humor, ihre kindliche Neugier auf alles: andere Länder, fremdes Essen, neue Bücher, Musik, Veranstaltungen, Sportarten, ihre minutenlange schweigende Ehrfurcht beim Verzehr eines Spaghettieises – das alles zieht Menschen an. Alle laden sie ein. Sie wissen, dass eine Feier, auf der Luisa ist, nur gewinnen kann. Auch ihre Arbeitskollegen wünschen sich immer, dass sie mit Luisa zusammenarbeiten dürfen: Mit ihr ist die stressige Arbeit auf so beengtem Raum viel lustiger und geht leichter von der Hand.

Abschließend können Sie noch mal ganz genau überlegen, in welchen Situationen Ihr glückliches Kind aktiv wird, wie Sie sich in solchen Momenten fühlen und verhalten und welche Gedanken und Bilder Ihnen durch den Kopf gehen. Notieren Sie es, kritzeln Sie es, zeichnen Sie es …

Das glückliche Kind in mir heißt

- *Was sind die typischen Situationen, die mich in den glücklichen Kindmodus bringen?*
- *Welche Gefühle habe ich typischerweise in diesem Modus?*
- *Welche Gedanken habe ich typischerweise in diesem Modus?*
- *Welche Erinnerungen sind beteiligt/werden ausgelöst?*
- *Wie fühlt sich mein Körper typischerweise in diesem Modus an?*
- *Wie verhalte ich mich typischerweise in diesem Modus?*

Die fordernden Eltern in mir

Katrin erinnert sich noch genau: März 1963. Ein wunderbarer Frühlingstag. Die Luft war noch feucht, aber schon ein bisschen warm, die helle Sonne bahnte sich den Weg durch die ersten zarten Blätter. Sie, ihre Mutter und ihre Schwester stapften die kleine bewaldete Anhöhe zu der Kirche hinauf, in der gleich Katrins Konfirmation stattfinden sollte. Dabei konnte sie mit Kirche und Religion ebenso wenig anfangen wie ihre Mutter. Was sollte also der ganze Zirkus?, fragte sie, obwohl sie die Antwort wusste: Wie der exakt getrimmte Pudel, der Sportwagen und die teuren Lodenmäntel ging es auch bei der Konfirmation vor allem darum, nach außen ein gutes Bild abzugeben. Aber zu Hause stimmte gar nichts: Ihr Vater verschwand immer mal wieder für ein paar Wochen, die Mutter brachte ständig irgendwelche Männer mit nach Hause, beide tranken viel zu viel, bekriegten sich häufig bis aufs Blut und vertrugen sich dann doch wieder. Was nach außen wohlanständig und kultiviert aussah, war in Wirklichkeit das reinste Chaos.

»Anständig und angemessen« sollte auch die schreckliche Aufmachung sein, in die ihre Mutter sie gesteckt hatte: ein dunkelblaues Kleid mit einem Kragen aus einer völlig lächerlichen und kratzenden Spitze bis an die Ohren, das Ganze aus einem fürchterlich glänzenden Polyester, in dem man schwitzte wie verrückt, und viel zu hohe Schuhe, auf denen sie nicht laufen konnte. Sie fühlte sich so unwohl und fremd darin. Katrin erinnert sich noch genau, wie sie auf dem Weg zum Altar hingefallen ist. Das war ihrer Mutter furchtbar peinlich. Anstatt zu fragen, ob alles in Ordnung sei, und sich für die blöden Schuhe zu entschuldigen, kam der Satz: Musst du immer alles kaputt machen?

»Viele Kinder haben schwer erziehbare Eltern«, schrieb der französische Philosoph und Pädagoge Jean-Jacques Rousseau. Eltern benutzen ihre Kinder zur Befriedigung der eigenen Bedürfnisse, während sie deren Gefühle ignorieren und missachten. Dass das ab und zu passiert, ist nahezu unvermeidlich: Auch Eltern sind Menschen. Sie haben Stärken und Schwächen, Weitsicht und blinde Flecken. Viele Eltern haben vieles richtig, aber eben auch einiges falsch gemacht. Sie können liebevoll gewesen sein und zugleich übermäßig perfektionistisch bezüglich ihrer Anforderung an ihr Kind. Fürsorglich und besorgt, aber zugleich übergriffig und inkonsequent. Konsequent und wohlmeinend, aber letztlich kalt. Ursel etwa ist in vielerlei Hinsicht eine vorbildliche Mutter gewesen. Aber da sie selbst nie gelernt hat, Gefühle zu zeigen, hat sie das auch ihren Kindern nicht zugestehen können.

Selbst solche Eltern also, die sich wirklich die größte Mühe geben, alles richtig zu machen, machen Fehler. Manchmal, wie im Fall von überfürsorglichen Eltern, sogenannten Helikoptereltern, ist genau das das Problem: Dann schadet ein Zuviel des Guten, und Kinder lernen weder die eigenen Grenzen noch die eigenen Fähigkeiten kennen.

In diesem Kapitel geht es aber um die inneren Anteile, die uns stark unter Druck setzen, herabsetzen, in uns das Gefühl auslösen, abgelehnt oder sogar gehasst zu werden. Sie überzeugen uns, nicht klug und attraktiv, nicht liebenswert und gut genug zu sein. Niemand lehnt sich von Geburt an ab – das müssen wir lernen. Andere Menschen haben uns in unsrer Kindheit beigebracht, an uns selbst zu zweifeln, uns abzuwerten und übermäßig viel abzuverlangen. Und das haben wir bis heute nicht verlernt. Auch wenn wir längst erwachsen sind, melden sich immer wieder innere Stimmen zu Wort, die uns von unserer eigenen Unzulänglichkeit erzählen. Der Ursprung dieser Botschaften liegt in längst vergangener Zeit, aber wir werden sie, wenn wir nichts dagegen unternehmen, bis ins hohe Alter hören.

Die Schematherapie spricht in diesem Zusammenhang von dysfunktionalen Elternmodi, wobei dysfunktional bedeutet: Diese Denk- und Verhaltensmuster funktionieren nicht und sind sogar schädlich. Wären Sie ein Produkt, müsste sich auf der Verpackung ein Totenkopf befinden mit dem Vermerk: Von Kindern fernhalten! Ein dysfunktionaler Elternmodus wirkt, wenn eine Person dazu neigt, sich übermäßig unter Druck zu setzen, sich die eigenen Bedürfnisse nicht zu gestatten, die eigenen Gefühle lächerlich zu finden oder sich selbst immer wieder wegen belangloser Dinge abzuwerten. Der Begriff »Elternmodus« ist ein wenig irreführend. Zwar sind es meistens die Eltern, aber nicht immer: Geschwister, Verwandte, Lehrer und Mitschüler können ebenso verantwortlich sein für innere Stimmen, die uns abwerten und unter Druck setzen. Trotzdem spricht die Schematherapie von Elternmodi. Das hängt damit zusammen, dass der englische Begriff »parent« in der Regel mit »Elternteil« übersetzt wird, obwohl er sich ebenso auf andere Menschen beziehen kann, die, wie etwa Lehrer, eine elternähnliche Funktion hatten.

Elternmodi gehen oft mit ebenfalls dysfunktionalen Kindmodi, vor allem mit dem verletzlichen Kindmodus, Hand in Hand. Das muss nicht so sein, kommt aber relativ häufig vor.

Vielleicht kennen Sie solche Situationen: Ihr Chef gibt Ihnen Ihre Arbeit mit einem kleinen Feedback zurück. Das ist nicht nur ein ganz normaler Vorgang, es ist sogar aufmerksam. Sie könnten sich über dieses Interesse eigentlich auch freuen. Jemand hat sich die Mühe gemacht, Ihre Arbeit ganz genau zu lesen und Ihnen für die Zukunft Verbesserungsvorschläge zu machen. Wenn Sie jedoch einen stark ausgeprägten Elternmodus haben, sind Sie eher am Boden zerstört: Bin ich denn auch dazu zu dumm?, denken Sie. Kann ich gar nichts richtig machen? Vielleicht fürchten Sie sogar, entlassen zu werden.

Oder: Ihr Partner macht eine ansatzweise kritische Bemerkung, die vielleicht nur ein Witz war, und schon sind Sie tief verletzt, zweifeln an sich, fühlen sich ungeliebt, haben womöglich Angst, das Ende der Beziehung sei eingeleitet.

In Fällen wie diesen wird zunächst der Elternmodus geweckt. Oft artikuliert er sich in Kommentaren, die schon Ihre Kindheit immer wieder in eine private Hölle verwandelt haben, wie: »Du kannst auch gar nichts richtig machen!«, »Schlamperei, wie immer!« oder »Ist die Kleine mal wieder böse?«. Infolgedessen meldet sich auch gleich das verletzliche Kind in Ihnen, das sich unfähig und nicht liebenswert fühlt. Je nachdem, was Sie in Ihrer Kindheit erlebt haben, fühlen Sie sich schwach, hilflos oder beschämt.

Dysfunktionaler Elternmodus und verletzlicher Kindmodus bilden also gerne eine verhängnisvolle Allianz. Vieles haben sie gemeinsam: Beide sind schädlich und setzen uns zu. Trotzdem ist es wichtig, sie zu unterscheiden. Um ihnen etwas entgegenzusetzen, bedarf es eines differenzierten Vorgehens. Letztlich sollen beide Modi geschwächt werden: die Gefühle, die Sie zwingen, sich unsicher und kindisch zu verhalten, ebenso wie die Stimme, die Ihnen sagt, dass Sie nichts können und nichts sind. Doch während die elterlichen Stimmen zwar angeeignet, aber doch fremde Stimmen sind, die es gilt zum Verstummen zu bringen, ist das verletzliche Kind ein Teil von Ihnen, den es zu trösten und zu heilen gilt. Aus diesem Grund müssen diese Modi, auch wenn sie gern gemeinsam auftreten, auseinandergehalten werden. Einzeln lassen sie sich besser außer Gefecht setzen.

Negative Elternmodi sind immer schädlich. Sie verhindern, dass wir uns so sehen, wie wir sind, dass wir uns selbst akzeptieren, unser Potenzial erkennen und dann ausschöpfen können. Sie sind die Mühlsteine an unserem Hals, sie sind der defekte Motor, der dafür sorgt, dass wir mit einem vollen Tank nur einige Kilometer weit fahren können. Und es darf nicht sein, dass sie so viel Macht über uns haben! Es liegt in Ihrer Hand, diese Stimmen zum Verstummen zu bringen – dieses Buch hilft Ihnen dabei.

Der erste Schritt ist auch hier wieder: Studieren Sie Ihren Elternmodus genau! Elternmodi können ganz unterschiedliche Botschaften transportieren. Es handelt sich zwar fast immer um Forderungen oder Vorwürfe, aber ihr Inhalt differiert stark. Daher ist es zunächst wichtig, dass Sie Ihren Elternmodus gut kennenlernen: Woher kommt er? Was sind seine Botschaften? Gibt es konkrete Sätze, die sich Ihnen eingebrannt haben? Ist er fordernd oder strafend oder vielleicht beides? In welchen Situationen taucht er auf? Wie fühle ich mich dann? Wie reagiere ich?

Die drei Elternmodi

Die Schematherapie unterscheidet zwischen drei Formen: dem leistungsfordernden Elternmodus, der mit Gefühlen des Versagens einhergeht, dem emotional fordernden Elternmodus, der in den Betroffenen Schuldgefühle auslöst, und dem strafenden Elternmodus, der die betroffene Person vor allem demütigt.

Der leistungsfordernde Elternmodus

Leistungsfordernde Elternmodi setzen uns unter Druck, indem sie übertriebene Ansprüche an uns stellen. Niemand kann immer der Beste sein. Niemand wird in seinem Leben immer nur gewinnen. Und, noch wichtiger: Man kann nicht, aber man muss eben auch nicht immer der Beste sein. Für Kinder, vor allem solche, die sehr begabt sind, ist es sicher schwer, wenn zum ersten Mal etwas schiefgeht, wenn die erste Vier zurückkommt. Manche weinen dann. Erwachsene aber sollten gelernt haben, sich nicht gleich komlett infrage zu stellen, nur weil mal etwas nicht klappt wie geplant. Dann ist man nicht gleich ein Versager, und schon gar nicht, wenn unrealistische Ansprüche nicht erfüllbar sind. Erwachsene sollten Realitäten akzeptieren und wissen, wer sie sind und was sie können. Wenn Ihnen das schwerfällt, kann das ein Hinweis darauf sein, dass Sie sich im Denkmuster der leistungsfordernden Eltern befinden.

Erinnern Sie sich noch an Jonas, den ehrgeizigen Jurastudenten, dem es schwerfällt, auch mal locker zu sein und Spaß zu haben? Bei Jonas ist ein stark fordernder Elternmodus am Werk.

Jonas hat sehr liebevolle Eltern, die alles für ihn tun würden. Sie lieben ihren Sohn über alles und sind stolz auf ihn. Jonas ist der Erste in seiner Familie, der studiert hat. Sein Vater ist beruflich erfolgreich, er hat sich nach der Lehre in einem Unternehmen bis ganz nach oben hochgearbeitet. Trotzdem hat er sich seinen studierten Kollegen immer unterlegen gefühlt, konnte in ihrer Gegenwart nie wirklich sicher und selbstbewusst auftreten. Deshalb wollte er unbedingt, dass Jonas studiert, am besten Jura. Schon als kleines Kind weiß Jonas, dass er

Rechtsanwalt werden will – beziehungsweise werden soll. Vom ersten Schultag an ist er überzeugt, dass sein Vater unendlich enttäuscht sein wird, wenn er mal keine tollen Noten nach Hause bringt. In dieser Zeit beginnt Jonas unkontrolliert zu zucken. Bis heute kann er nicht genau sagen, ob er für seinen Vater Anwalt geworden ist. Noch immer setzt er sich unter enormen Druck, um immer und überall der Beste zu sein. Er glaubt, dass alles andere seinen Vater enttäuschen würde.

Der emotional fordernde Elternmodus

Dieser Modus stachelt uns nicht zu immer besseren Leistungen an, sondern verlangt, uns um andere und nicht um uns selbst zu kümmern. Es geht dabei nicht nur um angemessene Hilfsbereitschaft, sondern darum, sich für andere aufzuopfern und die eigenen Wünsche und Bedürfnisse zu ignorieren.

Kinder müssen erst lernen, dass andere Menschen auch Bedürfnisse haben. Sie sind egoistisch und egoman, ehe Eltern, Kindergärtner und Lehrer ihnen zeigen, dass Lukas, der neben ihnen sitzt, auch gern ein Eis will oder dass die kleine Schwester jetzt Ruhe braucht und sie deshalb leise sein müssen. Kinder, die diese Form der Empathie und Rücksichtnahme nicht lernen, werden später unerträgliche Rüpel.

Es ist also eine wichtige pädagogische Aufgabe, ihnen ein Gefühl der Rücksicht zu vermitteln. Darüber darf aber nicht vergessen werden, die Bedürfnisse und Gefühle des Kindes ernst zu nehmen und ihm zu zeigen, dass auch diese ihre Berechtigung haben. Sollten Sie einen starken emotional fordernden Elternmodus haben, haben Sie wahrscheinlich Probleme damit, in Beziehungen Grenzen zu setzen oder Ihre eigenen Wünsche einzubringen. Nicht »Du musst immer der Beste sein«, sondern »Du musst es immer allen recht machen« spricht dann die innere Stimme.

Carlos' Freundin Franzi ist Anfang zwanzig und studiert Sonderpädagogik. Sie ist eigentlich eine lebensfrohe junge Frau. Doch bald fällt

Carlos auf, dass etwas nicht stimmt: Franzi kannn nicht Nein sagen. Egal, wer sie um Hilfe bittet, sie hilft, auch wenn sie sich das eigentlich gar nicht erlauben kann. Und obwohl Franzi wenig Geld zur Verfügung hat, ist sie anderen gegenüber unerhört großzügig. Sie liebt es, Geschenke für andere zu kaufen, sich selbst gönnt sie hingegen nie etwas. Als Carlos sie einmal fragt, warum, bricht sie in Tränen aus: Dafür reiche ihr Geld nicht. Sie brauche auch gar nichts.
Carlos ist verwundert. Er kennt Franzis Eltern. Der Vater ist ein wenig cholerisch, aber generell sind die beiden sympathisch. Auch Franzi erzählt nichts anderes. Mit der Zeit fällt ihm aber auf, dass Franzis Mutter eigentlich immer krank ist. Mal hat sie Migräne, mal Rücken, Allergien oder Magenprobleme. Alle springen dann, um es ihr recht zu machen und sie zu versorgen. Ist das vielleicht der Hintergrund von Franzis Überfürsorge für andere?

Franzis Eltern haben bei aller Liebe versäumt, Franzi zu zeigen, dass sie genauso wichtig ist wie andere. Ein anderes Beispiel ist Anja, die Psychotherapeutin mit der depressiven Mutter. Auch sie hat nie erfahren, dass ihre Bedürfnisse wichtig sind. Statt dass ihre Mutter für sie gesorgt hätte, hat Anja für ihre Mutter gesorgt. Heute verfügt sie zwar über ein bemerkenswertes Einfühlungsvermögen, ist aber nicht in der Lage, sich ausreichend abzugrenzen oder Nein zu sagen, wenn sie nicht mehr kann oder nicht mehr will. Beide Fälle, Franzi und Anja, sind typisch für den emotional fordernden Elternmodus, auch weil bei ihnen große Schuldgefühle entstehen, wenn sie ihm nicht nachkommen.

Der strafende Elternmodus

Hier geht es nicht um Ansprüche oder Forderungen. Der strafende Elternmodus setzt die Betroffenen nicht wirklich unter Druck, diktiert ihnen kein Verhalten und gibt ihnen kein klares Ziel vor, er stachelt weder zu immer mehr Leistung an noch zur Selbstaufopferung. Seine Botschaften sind einfach nur abwertend, und das generell und absolut: »Du bist immer so ungeschickt«, »Bist du denn zu allem zu blöd?«, »Kannst du denn nichts einfach mal was richtig machen?«. Sie erklären dem Betroffenen, dass er »schon immer lahm«, »eine Niete« oder »leider nicht die Schönste« war. Erinnern Sie sich an Susanna, die junge Frau mit den extremen Selbstzweifeln und dem fatalen Beziehungsmuster?

Susanna leidet unter einem strafenden Elternmodus. Ihre Eltern haben ihr auf unterschiedliche Weise das Gefühl gegeben, nicht klug und schön genug zu sein. Für den Vater war es Susannas mangelndes Interesse an Naturwissenschaften, für die Mutter ihr Aussehen und Verhalten. Noch heute wird Susannas Selbstbild bestimmt von den abwertenden Urteilen ihrer Eltern. Aus diesem Grund kommt sie weder beruflich noch in Beziehungen zu anderen Menschen auf ihre Kosten. Es lässt sich nur mutmaßen, aber wäre Susannas Begabung erkannt und positiv verstärkt worden, hätte sie vermutlich mittlerweile ihren Weg gemacht, anstatt sich immer noch orientierungslos mit abgebrochenem Studium von einem schlecht bezahlten Job zum nächsten zu hangeln. Ähnliches gilt für ihr Beziehungsleben: Hätten ihre Eltern Susanna das Gefühl gegeben, liebenswert zu sein, hätte sie sich wohl kaum immer wieder mit Partnern abgefunden, die sie in jeder erdenklichen Hinsicht abwerten.

Die Botschaften unserer Eltern

Jeder Elternmodus hat typische Botschaften. Oft sind es sogar ganz konkrete Sätze, die sich uns eingeprägt haben, weil wir sie so oft oder in einer besonders prägenden Situation hören mussten. Die Beispiele, die ich Ihnen hier gebe, sind gewissermaßen repräsentativ. Sie helfen Ihnen hoffentlich dabei, Ihre eigenen Sätze zu identifizieren, die Sie verfolgen und unter Druck setzen oder abwerten.

Leistungsfordernder Elternmodus

- »Du musst immer der Beste sein.«
- »Wenn es nicht perfekt ist, ist es nichts wert.«
- »Wenn du nicht schlank bist, findest du nie einen Freund.«
- »Fehler passieren anderen, aber nicht dir.«

Emotional fordernder Elternmodus

- »Du musst für die anderen da sein.«
- »Stell deine Bedürfnisse nicht in den Vordergrund, das ist egoistisch.«
- »Sei die perfekte Mutter für deine Kinder.«
- »Dein Müssen und dein Mögen,/die stehn sich oft entgegen./ Du tust am besten, wenn du tust/ nicht was du willst, nein, was du musst!« (Eintrag einer Mutter ins Poesie-Album)

Strafender Elternmodus

- »Du bist einfach nur peinlich.«
- »Wenn dich jemand richtig kennenlernt, nimmt er Reißaus.«
- »Es wäre besser, du wärst gar nicht geboren.«

Bei den meisten Menschen melden sich die schädlichen Stimmen der Eltern in uns in ganz bestimmten Situationen – oft dieselben, in denen auch unsere schädlichen Kindmuster aktiv werden. Manche Menschen leiden aber auch unter stark »generalisierten« Elternmodi, die praktisch immer aktiv sind.

Fallbeispiel: Strafender Elternmodus, der in fast allen Situationen wirksam ist

Andrea ist bei Nonnen aufgewachsen. Von klein auf unterstand ihr Handeln strikten Regeln. Widerworte und geringfügige Fehler wurden rigoros bestraft: mit Strafarbeiten, Essensentzug und Bloßstellung. Auch jeder körperliche Genuss, nicht nur Sexualität, sondern auch einfache körperliche Nähe, sich hübsch zu machen, langes warmes Duschen wurden abgelehnt, verteufelt oder sogar bestraft.

Heute gelingt es Andrea in fast keinem Bereich, sich selbst wertzuschätzen und sich etwas zu gönnen. Neben dem Essen sind auch körperliche Genüsse wie Duschen, Sex, Massagen, ja sogar die Wärme der Sonne eigentlich »verboten«. Wenn sie einen kleinen Fehler macht, fühlt sie sich elend und hat das Gefühl, Strafe zu verdienen. Andrea, die durch ihre Geschichte chronisch depressiv und instabil ist, wird eine lange Therapie benötigen, in der sie lernt, diesen Elternmodus zu überwinden und sich selbst liebevoller und mit mehr Nachsicht zu begegnen.

Fallbeispiel: Emotional fordernder Elternmodus, der auf wenige Situationen beschränkt ist

Rosie ist Altenpflegerin und kann sich, im Gegensatz zu vielen ihrer Kollegen, in der Regel gut abgrenzen. Sie liebt ihren Job, ist einfühlsam, hört den Menschen zu. Aber sie weiß auch, dass man in diesem Job schnell Gefahr läuft, sich aufzureiben. Deshalb hat Rosie ganz klare Regeln: 1. Nach acht Stunden ist der Arbeitstag zu Ende. 2. Sie leiht allen ein Ohr, lässt sich aber nicht über Gebühr vereinnahmen. 3. Wenn es ihr zu viel wird, sagt sie es. Damit ist sie immer gut gefahren, auch weil die alten Leute dafür meist Verständnis haben.

Allerdings gibt es eine Ausnahme von der Regel: Alte Männer mit unheilbarem Krebs. Hier kann Rosie nicht Nein sagen. Manchmal sitzt sie noch lange nach Feierabend bei ihnen und hört ihnen zu oder sie macht Besorgungen und kümmert sich in ihrer Freizeit um wichtige Angelegenheiten. Sie verbringt viel Zeit damit, sich zu überlegen, wie sie diesen Menschen eine kleine Freude bereiten kann. Das alles ist eigentlich wunderbar und sehr ehrenhaft. Aber Rosie vergisst dabei immer wieder sich selbst. Der Job ist hart genug, eigentlich braucht sie ihre Wochenenden, um mal auszuspannen, etwas Schönes zu unternehmen, mit Freunden in die Natur zu fahren. Bloß: Wenn Rosie wieder einen ihrer speziellen »Fälle« hat, kommt all das zu kurz.

Anlässlich einer Fortbildung zum Thema Burnout-Prophylaxe denkt Rosie darüber nach, warum es ausgerechnet Männer mit Krebsleiden sind, bei denen ihre eigentlich gut ausgeprägte Fähigkeit, sich abzugrenzen, versagt. Überrascht stellt sie fest, dass es sich dabei um ein Verhaltensmuster aus ihrer Kindheit handelt. Rosies Vater hatte jahrelang mit unterschiedlichsten Krebsformen gekämpft, ehe er schließlich starb. Rosies Mutter, eine Krankenschwester, arbeitete damals im Schichtdienst, weshalb Rosie sich früh an der Pflege ihres geliebten Vaters beteiligen musste. Wenn sie sich genau mit den Gefühlen befasst, die die älteren Krebspatienten in ihr auslösen, fühlt sich dies ganz ähnlich an wie ihre frühere Verpflichtung als pflegende Tochter gegenüber ihrem Vater.

Im Folgenden wird jeder der drei Typen von dysfunktionalen Elternmodi genauer beschrieben.

Leistungsfordernde Eltern: »Erst die Arbeit, dann das Vergnügen!«

Kein Outfit entspricht dem leistungsfordernden Elternmodus so wie ein schwarzer Anzug und ein weißes, gebügeltes Hemd mit Krawatte. Das Hemd ist bis zum obersten Knopf zugeknöpft und gestärkt, die Krawatte nicht zu farbenfroh, aber dafür eng gebunden. Diese Kleidung mögen manche Menschen mit Erfolg und Leistungsbereitschaft assoziieren, andere aber mit Fantasielosigkeit und Unentspanntheit. Sicher: Ein schwarzer Anzug ist ein Klassiker, aber wie alle Klassiker ist auch er langweilig. Außerdem ist er weder besonders bequem noch praktisch.

Menschen, die bildlich gesprochen immer einen solchen Anzug tragen, haben einen stark ausgeprägten leistungsfordernden Elternmodus und haben verlernt, sich individuell auszudrücken und sich zu entspannen. Sie sehen keine Alternative zu dieser Uniform des Erfolgs. Ihre ganze Aufmerksamkeit und Energie verwenden sie auf ihr berufliches Weiterkommen. Im Tunnelblick der Betroffenen schrumpft das Leben auf Medaillengröße zusammen. Dabei verlieren sie alle anderen Dinge, die das Leben auch lebenswert machen, aus den Augen: Entspannung, Spaß, Spiel, Freunde, Liebe, Hobbys … Dadurch haben sie wenig Ausgleich, der ihnen helfen könnte, ihren meist sehr stressigen und arbeitsintensiven Alltag besser zu meistern.

Außerdem ist ihre Vorstellung von Erfolg völlig übertrieben: Sie müssen nicht nur gut, sie müssen der Beste sein, und zwar immer. Dass dieser Anspruch überzogen und unrealistisch ist, liegt auf der Hand. Es ist schlicht nicht möglich, immer Bestleistungen zu bringen und niemals Fehler zu machen. Daher verursacht dieses leistungsfordernde Denkmuster ständig das Gefühl, zu scheitern, auch wenn man objektiv gute Leistungen bringt. Nur wenn sich Erfolg einstellt, fühlen sie sich glücklich und liebenswert. Bei dessen Ausbleiben hingegen bricht für sie eine Welt zusammen: Sie zweifeln an sich, an den eigenen Fähigkeiten, am eigenen Selbstwert. Studenten etwa, die in der Schule konkurrenzlos immer die besten Noten hatten, haben plötzlich Angst, die Uni nicht zu schaffen, obwohl ihre Leistungen auch hier objektiv gut oder zumindest solide sind.

Der leistungsfordernde Elternmodus ist vor allem in solchen Bereichen aktiv, die von sich aus schon eng mit dem Leistungsgedanken verbunden sind: im Studium, bei der Arbeit, beim Sport. Am Arbeitsplatz kann die Folge ein Burnout sein, weil man sich keine Pausen gönnen kann und perfektionistisch viel zu hoch gesteckten Zielen hinterherjagt. Gleichzeitig vernachlässigen Menschen in diesem Zustand alle Bereiche, die nicht mit der Arbeit zu tun haben. Sie erlauben sich keine Erholung und stellen Erfolg, Arbeit und Disziplin über Spaß, Freude und Entspannung.

Vor allem Frauen spüren diesen Druck auch in Bezug auf ihr Äußeres und hadern häufig mit ihrer Figur, was für Außenstehende unverständlich ist. Sie fühlen sich unattraktiv und dick, obwohl sie ganz normal aussehen. Doch Kino und Werbung haben ein Schönheitsideal zur Norm erklärt, dem nicht mal drei Prozent aller Menschen entsprechen. Leider prägen diese Bilder schon die Selbstwahrnehmung vieler kleiner Mädchen, die so früh lernen, dass sie den gesellschaftlichen Ansprüchen nicht genügen, und deshalb ihr Aussehen ablehnen. Menschen mit einem stark fordernden Elternmodus in diesem Bereich verlangen von sich ständige Disziplin bei Ernährung und Bewegung. Nährwerttabellen werden angelegt, jedes Gummibärchen mit einer Viertelstunde mehr im Fitnessstudio vergolten. Während sich die einen nach den Schlemmereien der Weihnachtszeit und dem Schock beim Blick auf die Waage sagen: Was soll's, dann wird ab jetzt wieder ein bisschen weniger gegessen und sich mehr bewegt, geraten Menschen mit einem fordernden Elternmodus in solchen Momenten in Panik. Sie fühlen sich fett und hässlich, wollen sich am liebsten verstecken und bezweifeln, dass sie überhaupt noch liebenswert sind.

Trigger

Zuwendung bei guter Leistung

Entstanden sind leistungsfordernde Elternmodi meist, wenn Eltern, Lehrer oder andere Bezugspersonen ein Kind mit überzogenen Forderungen hoher Leistung unter Druck gesetzt haben.

> *Nina erzählt, dass sie völlig verzweifelt war, als sie in der Schule eines Tages nur den zweiten Preis bekommen hatte: Sie hatte Angst vor der Enttäuschung der Mutter. Dabei habe ihre Mutter es nur gut gemeint. Sie habe das Beste für sie gewollt und sich gewünscht, dass der Tochter einmal alle Türen offen stünden, dass sie eine glückliche und gute Zukunft hätte.*

An sich ist es gut, wenn Eltern ihren Kindern Zuwendung und Anerkennung auch in Form von Lob für Leistungen zukommen lassen, aber sie sollten Kinder auch für ihren Einsatz und die vielleicht erfolglose Mühe loben. Die alte Erziehungsmaxime »Nicht zu schimpfen ist schon Lob genug« kann böse Folgen haben. Ein Kind muss sich darüber hinaus nämlich auch wichtig und geliebt fühlen, wenn es keine Leistung bringt.

Liebesentzug bei mangelnder Leistung

Besonders dramatisch ist es, wenn dem Kind bei schlechten oder auch nur nicht exzellenten Leistungen Zuneigung und Zuwendung entzogen werden: wenn Ninas Mutter auf Ninas zweiten Platz mit Enttäuschung reagiert, sie ignoriert und nicht beachtet. Kinder, denen so übel mitgespielt wird, werden sich zwar mächtig ins Zeug legen, um ihre Eltern ja nicht wieder zu enttäuschen und nur die allerbesten Leistungen zu bringen, Freude an guter Leistung entwickeln sie auf diese Weise aber nicht. Sie fühlen sich nur furchtbar ungeliebt und wertlos, wenn sie mal kein gutes Ergebnis erzielen.

In Ninas Fall hat außerdem die Balance von Lob und Forderung nicht gestimmt. Auch ein zweiter Preis ist eine tolle Leistung. Wenn Eltern ihren Kindern das Lob für ihre Leistungen vorenthalten, kann das dazu führen, dass die Kinder verzweifelt immer noch besseren Leistungen hinterherjagen in der Hoffnung, dass es irgendwann einmal genug sein wird. Dabei können sie aufgrund ihrer kindlichen Perspektive noch nicht überblicken, dass es womöglich niemals »genug« sein wird.

Leistungsorientierte Systeme

Kinder, die Leistungssport betreiben oder intensiv Musikinstrumente lernen, haben oft besonders damit zu kämpfen. Vielleicht sind es gar nicht die Eltern, sondern ein übertrieben ehrgeiziger Tennis-, Schwimm- oder Geigenlehrer, der das Talent des Kindes erkannt hat und ihm das Leben zur Hölle macht. Dann geht es nicht mehr um den Spaß an der Bewegung oder der Musik, sondern um Erfolg. Und der stellt sich nie so richtig ein, denn es gibt kein Ende: Wurden die Kreismeisterschaften gewonnen, ist das nicht etwa Grund zum Feiern, sondern zum Trainieren für die Bezirksmeisterschaften. Je größer die Wettbewerbe werden, desto schwieriger wird es, zu gewinnen. Solche überambitionierten Sport- und Musiklehrer nehmen den Kindern oft nicht nur die Freude an Sport und Musik oder an ihrem Talent, sondern sind verantwortlich dafür, dass sie später als Erwachsene nie mit dem Geleisteten zufrieden sein können.

Magnus erinnert sich noch, dass er schon als kleiner Junge eine echte Wasserratte war. Er liebte alles am Schwimmen: die türkisfarbenen Fliesen im Schwimmbad, das Sonnenlicht, das durch das Wasser auf seine Hände fiel, die Schwerelosigkeit. Und als sein Freund Simon in den Schwimmverein ging, wollte er auch. Seine Trainerin war sehr nett, es machte großen Spaß, mit den anderen zu schwimmen und zu planschen. Irgendwann nahm die Trainerin ihn beiseite: »Magnus, du hast wirklich Talent. Ich hab mit Harry über dich gesprochen. Er würde dich gerne in seine Juniorengruppe nehmen.« Magnus war mächtig stolz. Am Anfang machte es auch Spaß. Bei Harry wurde zwar nicht mehr rumgealbert, aber er fühlte sich jetzt ernst genommen, wie ein Großer behandelt. Bald war er der Schnellste in

der Gruppe und es dauerte nicht mal ein Jahr, da schwamm er sein erstes Turnier – und gewann! Es folgten weitere Wettbewerbe, viele Medaillen und Pokale sammelten sich in seinem Kinderzimmer an.
Aber dann kamen die Regionalmeisterschaften. Magnus trainierte wie ein Verrückter. Harry verlangte ihm alles ab. Vor der Schule, nach der Schule, am Wochenende nichts als Training. Aber irgendwie war alles nicht genug: Bei den Meisterschaften machte er den achten Platz. Eine Katastrophe. Magnus erinnert sich noch genau an das enttäuschte Gesicht seines Trainers.
Heute hat Magnus keine Lust mehr zu schwimmen. Stattdessen macht er jetzt Yoga. Und er studiert BWL. Hier merkt er, dass er vor Klausuren einen riesengroßen Druck spürt und sich leicht als Versager fühlt, wenn er keine hervorragenden Noten bekommt. Dieses Gefühl erinnert ihn stark an Situationen früher beim Schwimmen.

Modelllernen

Schließlich gibt es auch solche Eltern, die von ihren Kindern zwar nicht ausdrücklich Leistung einfordern, aber selbst sehr leistungsorientiert leben. Psychologen sprechen in solchen Fällen von Modelllernen: Die Kinder beobachten, welche Werte für ihre Eltern gelten, was ihnen wichtig und was weniger wichtig ist. Wenn Eltern sich stark über ihren beruflichen Erfolg definieren, sich wenig Ruhe und Entspannung und auch wenig Spaß und Vergnügen gönnen, ist die Wahrscheinlichkeit hoch, dass Kinder sich ein ähnliches Verhalten und Denken aneignen.

Fordernder Elternmodus oder gesunder Ehrgeiz?

Wir leben in einer Welt, die immer höhere Anforderungen an uns stellt. Die Selbstoptimierungsliteratur boomt schließlich nicht grundlos: Jeder von uns muss sich auf dem freien Markt der Arbeitskräfte und der Partnerschaften so gut wie möglich vermarkten. Doch Leistungen im Beruf werden nicht nur finanziell entschädigt: Auch die Wertschätzung und der Respekt, die uns von anderen entgegengebracht werden, nehmen mit wachsendem Einkommen zu. Gleiches gilt für Erfolg im Sport und gutes Aussehen.

Wir leben also in einer anstrengenden Welt. Und manchmal ist es fast unmöglich, zu entscheiden, wessen Bedürfnisse und Wünsche wir eigentlich gerade erfüllen, wessen Zielen wir hinterherlaufen. Oft setzen wir uns so unter unnötigen Druck. Andererseits brauchen wir aber auch einen gewissen Ehrgeiz, nicht nur um in dieser Welt bestehen zu können, sondern auch um das zu erreichen, was uns wichtig ist. Und persönlicher Erfolg macht glücklich und stolz, stärkt unsere Autonomie und unser Selbstbewusstsein. Er gibt uns ein Gefühl dafür, was wir alles noch erreichen können, dass wir nicht hilflos und abhängig sind, sondern selbstständige, kompetente, erwachsene Menschen.

Was ist also der Unterschied zwischen gesundem Ehrgeiz, der uns weiterbringt, und dem fordernden Elternmodus, der uns behindert? Die Frage lässt sich am besten beantworten, indem man sich eine weitere stellt: Wie gut geht es mir mit diesem Ehrgeiz? In welchem Maße ist es mir möglich, auch noch andere Bedürfnisse als das Bedürfnis nach Erfolg zu befriedigen? Erfahre ich durch den Ehrgeiz Einschränkungen wie Schlafstörungen, Frustessen oder Burnout?

Sollte es Ihnen nicht mehr gelingen, angenehmen Aktivitäten nachzugehen, das Leben zu genießen, sich zu entspannen und ohne schlechtes Gewissen einfach mal nichts zu tun, wird Ihr Handeln wahrscheinlich von schädlichen elterlichen Stimmen geleitet. Wenn Sie hingegen einfach viel arbeiten, es Ihnen ansonsten aber gut geht und Sie sich das Leben schön und angenehm machen können, ist Ihr Ehrgeiz wahrscheinlich eher gesund.

Karl ist in der Werbung tätig. Die Leitung die Kreativabteilung ist sein Traumjob. Es stimmt einfach alles: Er reist viel, kann kreativ sein, arbeitet in einem prima Team, kann all seine Fähigkeiten einbringen, erhält viel Anerkennung und auch ein sehr ordentliches Gehalt. Manche seiner Freunde bezeichnen ihn im Scherz als Workaholic. Und tatsächlich definiert sich Karl auch über seinen beruflichen Erfolg und investiert viel Zeit und Energie in die Arbeit. Dafür ist ihm seine

Freizeit aber auch heilig. Egal, wie dringend es anderen erscheinen mag, Karl öffnet berufliche E-Mails nicht am Wochenende oder im Urlaub. Ganz bewusst genießt er dann die Natur, die Zeit mit seinem Mann, das Autofahren mit Musik, das Essen im Landgasthof.
Karl leidet wahrscheinlich nicht unter einem leistungsfordernden Elternmodus, sondern ist nur gesund ehrgeizig. Er führt auch außerhalb der Arbeit ein erfülltes und glückliches Leben.

◯ *Und bei mir?*

Anhand der folgenden Aussagen können Sie überprüfen, ob bei Ihnen möglicherweise ein leistungsfordernder Elternmodus vorliegt. Treffen sie zu, lassen Sie sich vermutlich von diesen schädlichen Denkmustern leiten.

- »Erst die Arbeit, dann das Vergnügen.« – Ich gebe mir selbst keine Gelegenheit, zu entspannen oder Spaß zu haben, bevor ich nicht alles erledigt habe, was ich tun muss.
- »Voll im Stress.« – Ich stehe dauernd unter Druck, Dinge zu leisten und zu erreichen.
- »Ich gebe immer 100%!« – Ich bin ein totaler Perfektionist und versuche, keine Fehler zu machen; wenn mir doch mal welche unterlaufen, kritisiere ich mich selbst heftig.

> Stellen Sie sich vor, Sie lassen etwas, das nicht besonders wichtig ist, liegen, machen einen Fehler, erledigen etwas nicht hundertprozentig. Stattdessen gehen Sie einen Cappuccino in der Sonne trinken, weil das Wetter gerade so herrlich ist.
> Wie fühlt sich das an? Können Sie den Cappuccino genießen? Schließlich kann die andere Sache warten. Oder fühlen Sie sich unruhig und unter Druck? Das wäre ein Hinweis auf einen fordernden Elternmodus.

◯ *Und bei dir?*

Kennen Sie diese Menschen, die schon total überlastet sind und sich noch zwei, drei Projekte zusätzlich aufladen? Die bereits unter einem stressigen Arbeitsalltag leiden, nebenbei noch einen Segelschein machen und am Wochenende noch ein Fotoprojekt aufziehen? Die bis nachts um elf an einer Präsentation sitzen, damit kein doppeltes Leerzeichen seinen Weg in den Text findet? Menschen, die unter starken leistungsfordernden Elternmodi leiden, sind eigentlich immer im Stress, zeigen oft einen übermäßigen Perfektionismus und bürden sich generell zu viel auf.

Die meisten von uns verfügen über ein gewisses Maß an Faulheit. Wir wissen, wann wir uns zu verkrümeln haben, um nicht zu irgendwelchen unangenehmen Aufgaben verpflichtet zu werden. Wenn es im Büro um unliebsame zusätzliche Arbeiten geht, ist es verlockend, mal schnell einen Kaffee holen. Aber es gibt sie, diese Kollegen, die sich nie drücken. Völlig überlastet übernehmen sie wieder und wieder die Arbeit, die sonst keiner machen will. Warum gelingt es diesen Kollegen nicht, sich zu drücken wie alle anderen? Wahrscheinlich deshalb, weil sie einen ausgeprägten leistungsfordernden Elternmodus haben. Das muss zwar nicht sein – vielleicht ist er einfach ungeschickt, wenn es darum geht, einer unliebsamen Arbeit auch mal aus dem Weg zu gehen. Wenn er aber auf Nachfragen erklärt, warum gerade er so viel mehr leisten muss als andere, ist das Vorliegen eines leistungsfordernden Elternmodus doch eher wahrscheinlich.

Emotional fordernde Eltern: »Jetzt nimm doch mal Rücksicht!«

Sicher kennen Sie die Geschichte vom heiligen Martin. Der kommt eines kalten Tages angeritten und sieht einen frierenden Bettler an der Stadtmauer kauern. Das geht doch nicht, dass der so friert, denkt Martin, und mit einem mutigen Hieb seines Schwertes zerteilt er seinen warmen Mantel: Die eine Hälfte behält er, die andere gibt er dem Bettler. Generationen von Kindern haben sich gefragt: War der Mantel so groß, dass auch die Hälfte locker reichte für die beiden? Oder war Martin zwar weichherzig, aber ein bisschen beschränkt, sodass jetzt beide frieren?

Martins Mantel ist das modische Accessoire, das dem emotional fordernden Elternmodus am ehesten entspricht. Allerdings haben die Betroffenen mehr Verstand als Martin: Sie geben dem Bettler den ganzen Mantel. So muss auch weiterhin nur einer frieren, nämlich sie.

Auch dieses Denkmuster stellt überzogene Forderungen an die Betroffenen. Doch statt Leistung, Noten, Geld, Aufstieg fordert es uneingeschränktes Mitgefühl und ein soziales Verhalten, das die Bedürfnisse anderer über die eigenen stellt. Menschen, die sich auf diese Weise emotional fordern, glauben für das Wohlergehen anderer verantwortlich zu sein, immer nett und unkompliziert sein zu müssen und nie Kritik äußern zu dürfen. Wenn sie sich daran nicht halten, drohen ihnen starke Schuldgefühle.

Die Betroffenen haben oft eine hohe Empathiefähigkeit und sind daher überproportional in sozialen Berufen tätig. Oft entscheiden sie sich für eine Laufbahn als Sozialarbeiter, Kindergärtner, Kranken- oder Altenpfleger, Arzt oder auch Therapeut.

Trigger

Umgekehrte Fürsorge

Erinnern Sie sich an Anja, die Psychologin mit der depressiven Mutter? Depressive, behinderte, alkoholkranke oder aus sonst einem Grund abhängige oder pflegebedürftige Eltern sind häufig die Ursache für einen emotional fordernden Elternmodus. In solchen Familien landet diese zusätzliche Last oft auf den schmalen Schultern der Kinder: Schon die kleine Anja fühlte sich dafür verantwortlich, die Mutter aufzuheitern. Viel zu früh machen Kinder wie Anja die Erfahrung, die eigenen Bedürfnisse hinter die aller anderen Familienmitglieder zu stellen.

Ähnliche Prozesse lassen sich beobachten bei Kindern, deren Eltern sich trennen und dabei eine emotionale Schlammschlacht veranstalten. Eine Trennung der Eltern ist für die Kinder immer schmerzhaft. Ihre kleine Welt gerät ins Wanken. Grundsätzliche, beunruhigende Fragen tun sich auf: Wenn du Mama nicht mehr liebhast, hast du mich dann irgendwann auch nicht mehr lieb? Was hat Papa denn so Schlimmes gemacht? Und: Bin ich schuld? Eltern, die verantwortungsvoll mit einer Trennung umgehen, haben all diese Befürchtungen zu entkräften und zudem dem Kind schnell ein neues, stabiles Umfeld zu bieten. Leider klappt das nicht immer. Zu groß sind die Verletzungen bei den Eltern, zu groß der eigene Schmerz, um angemessen auf den des Kindes einzugehen. Kommt es bei einer Trennung gar dazu, dass ein Elternteil das Kind als Mülleimer für die eigenen Sorgen und Gefühle benutzt oder das andere Elternteil schlechtmacht, gerät das Kind rasch in die Rolle des Beraters, Trösters oder Vermittlers. Eine Funktion, der es gar nicht gerecht werden kann, weil sie seinem Alter nicht entspricht. Das Kind ist völlig überfordert. Es versteht nicht, dass ihm hier etwas zugemutet wird, das es nicht leisten kann. Und so fühlt es sich schuldig und verantwortlich, wenn es keinen »Erfolg« hat und den Elternteil nicht glücklich macht. Diese Überzeugung, für das Wohlergehen der anderen verantwortlich zu sein, und das Gefühl von Schuld, wenn es nicht klappt, bleiben den Betroffenen auch als Erwachsenen erhalten.

In beiden Fällen, bei einer unschön verlaufenden Trennung ebenso wie bei einem pflegebedürftigen oder emotional unerreichbaren Elternteil, kann sich das Fürsorgeverhältnis umkehren. In der Fachsprache bezeichnet man diesen Prozess als »Parentifizierung«. Damit soll ausgedrückt werden, dass das Kind zu früh die Rolle eines sorgenden Erwachsenen übernimmt, insbesondere im sozialen und emotionalen Bereich.

Modelllernen

Das Phänomen des Modelllernens kennen Sie schon vom leistungsfordernden Elternmodus: Davon spricht man, wenn Menschen ohne ausdrückliche Instruktion allein durch die Beobachtung Verhaltensweisen eines anderen übernehmen. Auf diesen Prozess hofft beispielsweise, wer »mit gutem Beispiel vorangeht«

oder »Vorbildfunktion« übernimmt. Genauso können durch Modelllernen aber auch schädliche Verhaltensweisen übernommen werden. Beim emotional fordernden Elternmodus spielt Modelllernen eine besonders große Rolle. Die Betroffenen stammen oft aus Elternhäusern, in denen alle Familienmitglieder auf eine bestimmte Person Rücksicht genommen haben. Bei Anja ist es die depressive Mutter, genauso gut kann es ein behindertes Geschwisterkind sein, ein jähzorniger Vater oder auch ein Familienmitglied, dem man vormachen soll, man habe es gern – egal, wie man sich wirklich fühlt, man darf es nicht zeigen. Immer nett lächeln. Profis im Dienstleistungsgewerbe wissen, wie anstrengend das ist. Welche Anstrengung muss es erst für ein Kind bedeuten, wenn es die Rolle des Gutgelaunten und Zugeneigten nie verlassen darf! Jemand, der als Kind nur positive Gefühle – Zuneigung, Zuwendung, Freude – zeigen durfte, wird in späteren Beziehungen mit hoher Wahrscheinlichkeit Schwierigkeiten haben, zu zeigen, dass er etwas nicht mag. Wenn er sich doch für seine Bedürfnisse einsetzt oder Kritik am Partner äußert, wird er dabei vermutlich starke Schuldgefühle entwickeln.

Maria arbeitet in ihrem Traumberuf: Sie ist Krankenschwester. Sie ist sehr beliebt, denn sie hat immer gute Laune und ein offenes Lächeln für alle und jeden. Es erfüllt sie mit Stolz und Freude, wenn sie es schafft, ihre Patienten aufzuheitern – etwa der Frau mit der Lungenembolie ein kleines Lächeln abzugewinnen oder das Ekel aus Zimmer 8 dazu zu bringen, über sich selbst zu lachen.
Trotzdem merkt sie, dass sie manchmal an ihre Grenzen stößt und das Gefühl hat, gegen Windmühlen zu kämpfen. »Mir geht's doch auch nicht immer gut«, gesteht sie sich selbst kleinlaut. So etwas laut zu sagen oder anderen zu zeigen, dass sie heute mal überhaupt keine Lust hat, würde sie nie wagen.
Warum eigentlich nicht? Maria erinnert sich, dass ihre Mutter auch so ist, ganz anders als ihr Vater. Der hatte nie Probleme damit, seine generelle Grimmigkeit zu zeigen. Richtig entspannt war es zu Hause eigentlich nur, wenn er nicht da war. Sonst glich das Leben mitunter dem Lauf durch ein Minenfeld: Man musste ständig bemüht sein, ihn nicht unnötig zu reizen, keinen Krach zu machen, ihm nicht zu wi-

dersprechen, nicht die falschen Fragen zu stellen. Mit vereinten Kräften versuchten Mutter und Tochter, ihn bei Laune zu halten, damit er nicht in seinen gereizten und herrischen Ton verfiel. Niemand hat Maria explizit angewiesen, das zu tun. Sie hatte sich dieses Verhalten schon in früher Kindheit von ihrer Mutter abgeschaut.

Viele Menschen haben grantige, unbeherrschte Väter und vermittelnde, aber auch unterwürfige Mütter. Um Konflikte mit dem Vater zu vermeiden, orientieren die Kinder sich am Verhalten der Mutter. Auf diese Weise lernen sie leider auch, die eigenen Bedürfnisse und Gefühle denen einer anderen Person komplett unterzuordnen. In extremen Fällen erleben Kinder es nicht nur als unangenehm, sondern als gefährlich, wenn sie ihre unterwürfige Rolle nicht spielen. Immer wieder berichten beispielsweise die Söhne und Töchter von Alkoholikern, dass ihr Vater, insbesondere wenn er alkoholisiert war, unberechenbar, gereizt und auch gewalttätig sein konnte. Wenn die Mutter es nicht schaffte, sich zu trennen, reagierte sie meist devot, um den Vater nicht zu reizen. Die Kinder übernahmen dieses Verhalten und pflegen es auch als Erwachsene. Noch als Erwachsene spüren sie eine diffuse Bedrohung, wenn sie ihren Partner kritisieren oder ihre Bedürfnisse äußern, auch wenn objektiv kein Grund zur Sorge besteht.

◯ *Und bei mir?*

Haben Sie sich in einigen Punkten wiedererkannt? Gab es in Ihrer Familie jemanden, auf den alle Rücksicht genommen haben und der labil, bedrohlich oder gar gewalttätig reagierte, wenn Sie sich nicht »rücksichtsvoll« – was in diesem Fall eher heißt unterwürfig – verhalten haben?

Wenn Sie den Verdacht haben, bei Ihnen könnte ein emotional fordernder Elternmodus vorliegen, schaffen die folgenden Aussagen vielleicht Gewissheit:

- »Ich hab euch alle lieb!« – Ich gebe mir größte Mühe, es anderen recht zu machen. Ich versuche alles, um Konflikte, Auseinandersetzungen und Zurückweisungen zu vermeiden.
- »Immer nur lächeln!« – Ich bin ein schlechter Mensch, wenn ich auf andere wütend werde.
- »Das mach ich doch gern!« – Ich zwinge mich, verantwortungsbewusster zu sein als die meisten Menschen.

> Stellen Sie sich vor, Sie lehnen eine Bitte ab – z. B. Nein sagen zum Backen eines Kuchens fürs Kindergartenfest, zur Umzugshilfe oder zur Übernahme eines Elternamts.
> Wie fühlt sich das an? Können Sie gut zu dem stehen, was Sie machen wollen und was nicht? Oder werden Sie sofort von Schuldgefühlen befallen? Das spräche für einen fordernden Elternmodus.

Leistungsfordernder und emotional fordernder Elternmodus haben gemein, dass sie die Betroffenen stark unter Druck setzen. Beide verleiten dazu, es anderen recht zu machen. Die eigenen Bedürfnisse kommen dabei viel zu kurz. Wer unter einem leistungsfordernden Elternmodus leidet, der wird immer ferneren Zielen nachjagen, immer höhere Gipfel erklimmen wollen, weil er fürchtet, sonst nicht liebenswert zu sein. Wer unter einem emotional fordernden Elternmodus leidet, wird immer wieder versuchen, sich zu kümmern, zurückzunehmen, für andere aufzuopfern, weil sonst fürchterliche Schuldgefühle drohen. Wenn Sie sich also ständig unter Druck setzen oder schuldig fühlen, sobald Sie andere einmal nicht zufriedenstellen, ihnen nicht sofort helfen oder sich ausnahmsweise mal selbst etwas gönnen, ist bei Ihnen wahrscheinlich ein emotional fordernder Elternmodus aktiv.

◯ *Und bei dir?*

Bei anderen erkennen Sie diesen Modus, wenn Sie immer wieder sagen wollen: »Du musst es nicht immer allen recht machen!«, »Du musst auch mal Nein sagen« und »Denk auch mal an dich«.

Wahrscheinlich haben Sie das Gefühl, dass dieser Mensch sich von anderen selbstverständlich, ja geradezu willig ausnutzen lässt und nicht auf sich selbst achten kann. Wie gerne würden Sie ihm sagen: »Willst du das wirklich? Das musst du doch nicht machen!« Aber auch wenn der andere gern auf Sie hören möchte: Im emotional fordernden Elternmodus kann er Ihren Ratschlag nicht annehmen und sein Verhalten nicht ändern.

Strafende Eltern: »Muss ich erst wieder böse werden?!«

Elternmodi sind immer schädlich, aber der strafende Elternmodus ist extrem destruktiv. Menschen, die sich an den Botschaften ihrer strafenden Eltern orientieren, werten ihre gesamte Person ab oder hassen sich sogar selbst. Sie haben das Gefühl, hässlich, schlecht, dumm oder absolut wertlos zu sein. Letztlich lässt sich dieses Denkmuster auf die Aussage »Du bist nicht liebenswert!« herunterbrechen. Darüber hinaus können Scham und Ekel gegenüber der eigenen Person auftreten. Manche Betroffenen neigen dazu, sich selbst zu verletzen, wenn sie etwas tun, was früher bestraft wurde. Sie fühlen sich hassenswert und ekelhaft. Das Gefühl, ein Recht auf eigene Bedürfnisse oder überhaupt irgendeine Art Eigensinn zu haben, ist diesen Menschen oft vollkommen fremd.

Ursprung für diese zerstörerische Selbstwahrnehmung sind in den meisten Fällen Missbrauchserfahrungen. Dabei muss nicht immer sexueller Missbrauch vorliegen, es gibt noch viele andere Missbrauchsformen: Ein Mädchen, das in der Pubertät von den Jungs wegen ihrer großen Brüste gehänselt wurde, wird sich möglicherweise zeitlebens entsetzlich für ihre Brüste oder gar für ihren ganzen Körper schämen. Ein Junge, der aufgrund nichtiger Vergehen immer wieder brachialen Bestrafungen ausgesetzt war, wird auch später im Leben bei geringfügigen Fehlern sofort das Gefühl haben, Strafe zu verdienen. Aber auch schon einem Kind, dem früh das Gefühl gegeben wurde, nichts richtig zu machen und »böse« zu sein, wird es schwerfallen, sich jemals anders wahrzunehmen und zu glauben, dass es liebenswert ist.

Trigger

Schaut man ganz genau hin, ist eigentlich jede Form des »Gebrauchs« von Kindern ein Missbrauch. Kinder unterliegen ausschließlich unserer Fürsorgepflicht, sie sollten keine Funktion haben. Wir sind für sie da, nicht sie für uns. Trotzdem gibt es kaum einen Vater oder eine Mutter, die ihre Kinder nicht ab und zu instrumentalisieren. Das fängt ganz harmlos an, wenn man die Kinder vorschiebt, um einen unangenehmen Termin leichter absagen zu können. Noch kritischer ist es, wenn Kinder ihren Teil zur gesellschaftlichen Außenwirkung einer Familie beitragen sollen, wenn Eltern mit dem Verhalten, der Begabung oder dem schulischen Erfolg ihrer Kinder angeben oder den Kindern vermitteln, sie seien in irgendeiner Form für die Zufriedenheit der Eltern verantwortlich. All diese Handlungsweisen sind Formen von Missbrauch. Sie unterscheiden sich allerdings grundlegend von jenen, die zum strafenden Elternmodus führen und in vielen Fällen auch strafbar sind. Auch diese Missbrauchsformen sind vielfältig. Manchmal haben die Betroffenen nur eine Form erleben müssen, manchmal kamen gleich mehrere zusammen.

Sexueller Missbrauch

Wenn wir von Missbrauch sprechen, meinen wir fast immer sexuellen Missbrauch. Sexueller Missbrauch ist nicht nur schädlich, er ist ein krimineller Tatbestand. Nach Paragraf 176 des Strafgesetzbuches begeht sexuellen Missbrauch, »wer sexuelle Handlungen an einer Person unter vierzehn Jahren (Kind) vornimmt oder an sich von dem Kind vornehmen lässt«, sowie »wer ein Kind dazu bestimmt, dass es sexuelle Handlungen an einem Dritten vornimmt oder von einem Dritten an sich vornehmen lässt«. In besonders schweren Fällen ist eine Freiheitsstrafe von nicht unter einem Jahr vorgesehen. Auch wer sexuelle Handlungen vor einem Kind vornimmt, muss mit einer Freiheitsstrafe von drei Monaten bis zu fünf Jahren rechnen.

Die Täter stammen meist aus dem nahen Umfeld: Es sind Väter, Onkel, Großväter, aber auch Nachbarn, Jugendgruppenleiter, Sportlehrer oder Priester. Und manchmal sind es auch weibliche Vertrauenspersonen, die das in sie gesetzte Vertrauen missbrauchen und sich sexuell an Kindern vergehen.

Sexueller Missbrauch hat für die Betroffenen verheerende Folgen und führt zum strafenden Elternmodus, denn viele Kinder schämen sich sehr für die Übergriffe. Oft reden die Täter ihnen ein, dass sie selbst an ihrer Behandlung schuld seien, entweder weil man sie habe bestrafen müssen oder weil sie den Missbrauch provoziert hätten. In vielen Fällen sind missbrauchte Kinder überzeugt, schlechte Menschen zu sein, die eben keine bessere Behandlung verdienten.

Connie ist eine sehr scheue Frau Mitte zwanzig. Sie hat weder die Schule noch ihre Ausbildung abgeschlossen. Sie schlägt sich mit kleinen Jobs durch, die sie immer wieder verliert. Ab und zu prostituiert sie sich auch. Das gelingt ihr allerdings nur, wenn sie sich mit Medikamenten betäubt.
Connies Kindheit war ein Albtraum. Im Alter zwischen fünf und zwölf ist sie wiederholt sexuell missbraucht worden. Manchmal von ihrem Vater, manchmal von ihrem Onkel. Der Vater hatte gesagt, dass Connie ein schlechtes Kind und dies ihre Bestrafung sei. Connie schämte sich zu sehr, um der labilen Mutter, die vom Vater abhängig war, etwas zu sagen. Diese hatte zwar etwas geahnt, aber es nicht wahrhaben wollen.
Heute ist Connie extrem unsicher. Scham und die Angst, verlassen zu werden, beherrschen sie noch immer. Außerdem hat sie keine hohe Meinung von sich. Sie fühlt sich überhaupt nicht liebenswert oder kompetent. Sexualität ist für sie vor allem eine Form der Bestrafung. Sie schläft mit Männern, mit denen sie gar nicht schlafen will. Um diese sexuellen Kontakte überhaupt zu ertragen, greift sie immer wieder zu Medikamenten. Außerdem fügt sie sich immer dann selbst Verletzungen zu, wenn sie sich besonders wertlos fühlt.

Körperlicher Missbrauch

Auch diese Missbrauchsform ist mittlerweile ein kriminelles Delikt, aber noch nicht lange und vor allem noch nicht überall. Nach Paragraf 225 des Strafgesetzbuches macht sich strafbar, wer »eine Person unter achtzehn Jahren … quält oder roh misshandelt«. In diesen Fällen sieht das Deutsche Strafgesetzbuch eine Freiheitsstrafe von sechs Monaten bis zu zehn Jahren vor.

Trotzdem: Kinder zu schlagen gehört auch hierzulande für viele selbstverständlich noch zum pädagogischen Instrumentarium. Eine Ohrfeige hat noch keinem geschadet? Doch! Wer Kinder schlägt oder ihnen auf andere Weise Schmerzen zufügt, macht sich nicht nur strafbar, sondern ist auch verantwortlich für tiefe psychische Narben. Die Täter sind wiederum meist Eltern und Bezugspersonen. Manchmal handeln sie aus Affekt, weil sie leicht erregbar sind und schnell in Wut geraten. Manchmal haben ihre Handlungen aber auch eine sadistische Qualität: Solche Täter haben ein Vergnügen daran, Kinder zu quälen. Diese Form der Misshandlung hinterlässt in aller Regel besonders schwere Verletzungen der kindlichen Seele und führt zu starken strafenden Elternmodi. Auch die Gewalt, die unter Klassenkameraden vorkommt, ist keineswegs harmlos. Wurde Kindern von ihren Mitschülern aufgelauert und ist ihnen körperliche Misshandlung durch Gleichaltrige widerfahren, können furchtbare psychische Probleme die Folge sein.

Pauls Kindheit ist von Gewalt gezeichnet. Seine Mutter ist sehr dominant und jähzornig. Bei jedem Widerwort braust sie auf und schlägt Paul. Seinen zwei Brüdern geht es ebenso. Pauls Vater ist ein netter, aber zurückhaltender Mann, der sich seiner Frau nicht gewachsen fühlt und die Kinder mit der immer wieder gewalttätigen Mutter alleinlässt. Auch in der katholischen Schule, die Paul und seine Brüder besuchen, herrscht nichts als Strenge und Pflichteinforderung. In der Pubertät beginnen alle Brüder viel zu trinken und auch unterschiedliche Drogen zu nehmen. Sie vernachlässigen die Schule. Obwohl alle begabt sind, glauben sie nicht an die eigenen intellektuellen Fähigkeiten. Mit neunzehn und nach einer bereits beachtlichen Drogenkarri-

ere nimmt Pauls jüngerer Bruder sich das Leben. Die Mutter beginnt daraufhin einen noch engeren Kontakt zur Familie einzufordern. Als Paul sich dem widersetzt, wird sie erneut körperlich übergriffig gegen den mittlerweile 23-jährigen Sohn.
Heute ist Paul 39 und hat keinen Kontakt mehr zu seiner Mutter oder seinem Bruder. Er hat das Abitur nachgemacht, anschließend studiert und wohnt in einer anderen Stadt. Trotz dieser Erfolgsgeschichte hält er sich für dumm. Es fällt ihm schwer, an die eigenen Fähigkeiten zu glauben. Sein Verhältnis zum eigenen Körper ist schamhaft. Er meidet Orte und Situationen, in denen er sich vor anderen ausziehen soll. Er ist sozial sehr zurückhaltend. Obwohl er aufgrund seines freundlichen und interessierten Wesens überall beliebt ist, lässt er sich kaum auf Freundschaften ein. Dabei sehnt er sich eigentlich nach einem Menschen, dem er sich wirklich anvertrauen kann.

Emotionaler Missbrauch

Im Grunde weiß jeder, dass man seine Beziehungsprobleme ohne die Kinder zu klären hat. Ganz vermeiden lässt es sich kaum, dass die Kleinen etwas mitbekommen, wenn es zwischen Mama und Papa mal kracht. Und wenn sie mal eine Träne sehen oder den harscheren Ton einer Auseinandersetzung mitbekommen, werden sie das relativ unbeschadet überstehen. Von den Eltern als emotionale Mülleimer missbraucht oder für ihre Beziehungsprobleme verantwortlich gemacht zu werden ist aber etwas anderes. Es gibt Kinder, die tatsächlich überzeugt sind, schuld zu sein an der Trennung ihrer Eltern, daran, dass Mama sich heute wieder nicht gut fühlt und Kopfschmerzen hat oder dass Papa sich wieder wegen Geld Sorgen machen muss. Wenn sich Eltern ihren Kindern gegenüber über die sexuellen Probleme des Partners auslassen, wenn sie von ihrer Verzweiflung, ihren Ängsten oder gar ihren Selbstmordgedanken erzählen, bürden sie ihnen eine Last auf, die diese weder tragen können noch sollen.

Vernachlässigung

Menschen kommen völlig hilflos zur Welt, nackt, hungrig, durstig. Ein Säugling würde ohne die Sorge anderer Menschen nicht lange überleben. Diese völlige Abhängigkeit lässt mit der Zeit nach. Doch bis in die Pubertät brauchen Kinder Zuwendung und Anleitung, ein stabiles Zuhause und ein Bildungs- und Erziehungsangebot. Manche sind früher selbstständig, andere später. Kinder, die zu früh auf sich allein gestellt sind und in instabilen Verhältnissen leben, können sich nicht gut entwickeln. Elternteile, die verschwinden und dann irgendwann unvorhersehbar und ohne Begründung wieder auftauchen, schädigen ihre Kinder nachhaltig. Diese brauchen dann so viel Kraft für die Sorge darum, ob der neue Zustand dauerhaft ist, dass kaum noch etwas übrig bleibt für Schule, Spiel und Spaß – Dinge, die für eine erfolgreiche und glückliche kindliche Entwicklung notwendig sind.

Wenn Kinder nicht genug Nahrung, Kleidung, Wärme und Nähe bekommen, werden sie außerdem daraus den verheerenden Schluss ziehen: Ich bin es nicht wert, dass man sich gut um mich kümmert, ich bin nicht einmal gut genug, um auch nur Grundbedürfnisse erfüllt zu bekommen. Diese Vorstellung wird später aller Voraussicht nach ihr Verhalten prägen.

Als ihre Eltern sich trennten, waren Mark und sein Zwillingsbruder erst fünf. Der Vater war schon vorher meistens abwesend und nicht an seinen Kindern interessiert gewesen. Und auch die Mutter, eine erfolglose, sich selbst überschätzende Künstlerin, hatte sich kaum Zeit für sie genommen. Als der Vater sich wegen einer anderen Frau scheiden ließ, begannen die beiden eine regelrechte Schlammschlacht auf dem Rücken der Zwillinge auszutragen. Der Vater bezeichnete seine Exfrau in Anwesenheit der Kinder als arrogant, berechnend und unattraktiv. Die Mutter diffamierte vor allem die neue Frau, die nur hinter dem Geld des Vaters her sei. Die Kinder wohnten bei der Mutter. Der Vater kam alle paar Wochen vorbei und holte die Kinder übers Wochenende zu sich. Weil weder Vater noch Mutter besondere Lust hatte, sich um die Kinder zu kümmern, vereinbarten die Eltern stillschweigend, dass diese »schwierig« seien.
Bald waren die Jungs selbst davon überzeugt, unmöglich zu sein. In der Schule machten sie nur Ärger und malträtierten die anderen Kinder. Der neuen, anfangs sehr zugewandten und verständnisvol-

len Frau des Vaters gegenüber waren sie so unverschämt und gemein, dass diese nicht mehr dabei sein wollte, wenn der Vater die Kinder hatte. Daraufhin verlor auch er bald jedes Interesse. Er kam nur noch zu Weihnachten vorbei, um Geschenke abzuliefern. Für Mark war das besonders schlimm. Anders als sein Bruder, dem die künstlerische Begabung der Mutterfamilie bescheinigt wurde, galt er als typisches Vaterkind, Spross einer Händlerfamilie, der außer Zahlen nichts im Kopf hatte – und Zahlen galten der schöngeistigen Mutter nichts. Mark wuchs also auf, vom Vater völlig ignoriert, von der Mutter bei jeder sich bietenden Gelegenheit zur Tante abgeschoben, weil sie mit dem Kind nichts anfangen könne.

Marks Kindheit war sowohl durch emotionalen Missbrauch als auch durch Vernachlässigung geprägt. Dadurch hat er ein völlig verzerrtes Selbstbild, es bewegt sich zwischen Minderwertigkeit und Selbstüberschätzung. Mark ist nicht in der Lage, sich realistisch einzuschätzen oder darzustellen. Materiell ist nur das Beste gut genug für ihn, emotional gibt er sich mit den geringsten Zuwendungen zufrieden. Bis heute buhlt er um die Zuneigung seines Vaters, der aber immer noch völlig desinteressiert an seinen Söhnen ist. Auch sonst braucht Mark extrem viel Bestätigung: Er erträgt es nicht, einmal nicht im Mittelpunkt zu stehen. Zugleich ist er weitgehend unempathisch und nicht in der Lage, Gefühle für andere zu entwickeln, wodurch seine Beziehungen immer wieder in die Brüche gehen.

Heute ist Mark 51. Beruflich ist er sehr erfolgreich. Er arbeitet für eine amerikanische IT-Firma und verdient viel Geld. Sein größter Wunsch allerdings, ein harmonisches und liebevolles Zuhause mit Kindern, die es viel besser haben als er damals, ist nicht in Erfüllung gegangen. Obwohl er zweimal heiratete und auch beide Male Vater wurde, endeten die Ehen immer in einer Katastrophe und seine Kinder mussten genau das durchleben, was er verhindern wollte. Sie wurden Beteiligte seiner Rosenkriege, und danach stellte er den Kontakt zu den Kindern völlig ein. Mark fragt sich, warum es ihm nicht gelingt, die Fehler seines Vaters nicht zu wiederholen, obwohl das sein größter Wunsch ist.

Andere schwere Strafen

Erinnern Sie sich noch an Andrea, das Mädchen, das bei den Nonnen aufgewachsen ist und dort für die kleinsten Fehler übel bestraft wurde? Sie ist ein typisches Beispiel für einen strafenden Elternmodus, der auf schwere Bestrafung in der Kindheit zurückzuführen ist. Dabei ist nicht nur das Ausmaß der Bestrafung, sondern auch ihre Unverhältnismäßigkeit und überhaupt ihre Begründung relevant. Wenn in der Kindheit die natürlichen und eigentlich unproblematischen Bedürfnisse wie dic nach Sexualität, körperlicher Nähe, Wärme und wohlschmeckendem Essen bestraft werden, wird eine Person diese Bedürfnisse auch später nur mit großen Schuldgefühlen befriedigen können. Sie wird sich im Zweifel selbst nicht nur für die eigentliche Befriedigung, sondern auch schon für den Wunsch danach ablehnen und selbst bestrafen. Solche Personen hassen sich oft selbst, denn diese Bedürfnisse sind fundamental menschlich und lassen sich nicht völlig unterdrücken. Die ständige Selbstzensur führt außerdem zu einer chronischen Nichtbefriedigung der grundlegendsten Bedürfnisse und macht den Menschen sehr unglücklich und unsicher.

Mobbing

Mobbing ist eine ungemein leidvolle und verletzende Erfahrung. Tatorte sind meist Schulhof und Klassenzimmer, die Täter die Mitschüler. Oft berichten die Betroffenen, dass sie über eine sehr lange Zeit gemobbt wurden. Über Jahre mussten sie jeden Morgen wieder in die Höhle des Löwen. Am schlimmsten waren die Pausen und der Schulschluss: In den Pausen war es ratsam, sich in der Nähe der Aufsicht aufzuhalten, nach Schulschluss bot sich an, entweder so schnell wie möglich zu verschwinden oder sich so lange auf der Toilette zu verstecken, bis alle gegangen waren.

Es ist ungemein schwer, Mobbing aufzudecken. Die Täter wissen genau, wann sie sich zurückzuhalten haben und wie sie Gemeinheiten am Lehrer vorbei an den Adressaten schmuggeln können. Und die Betroffenen schämen sich meistens für die eigene Unbeliebtheit oder haben die oft berechtigte Angst, durch »Petzen« alles nur noch schlimmer zu machen. Zurück bleiben ein starkes Gefühl von Ausweglosigkeit und die Überzeugung, sich unterwerfen zu müssen. Menschen, die wie beispielsweise Nora während ihrer Schulzeit massiv gemobbt wurden, fühlen sich häufig nicht interessant und »cool« genug, um dazuzugehören.

So war es auch bei Brian, dem Jungen, der wegen seiner Homosexualität von Mitschülern und Lehrern gemobbt wurde. Diese Kombination ist besonders fatal, weil die Betroffenen das Gefühl haben, dass selbst die Personen, die eigentlich zu ihrem Schutz da sind, sich der negativen Meinung der Peiniger angeschlossen haben.

Obwohl Brian sehr attraktiv ist, schämt er sich für seinen Körper und sein Aussehen. Er trainiert täglich mehrere Stunden und hält einen strikten Ernährungsplan ein: Auf Kohlehydrate versucht er vollständig zu verzichten. Er isst ausschließlich fettreduzierte und zuckerfreie Produkte. Dafür pumpt er sich jeden Tag mit Proteinen voll. Tee und Kaffee trinkt er auch nicht, weil das angeblich die Zähne verfärbt. Wenn er mal nicht ins Fitnessstudio kann, fühlt er sich schwabbelig.

Wenn Brian zurückdenkt, stellt er fest, dass das schamhafte Gefühl gegenüber dem eigenen Körper bis in seine frühe Teenagerzeit zurückreicht: Mit 13 Jahren begann er jeden Morgen um sechs Uhr aufzustehen, um im elterlichen Wohnzimmer eine Fitness-DVD abzuspielen und mitzuturnen. Zu diesem Zeitpunkt begann auch sein Kampf, die harte Behauptung der eigenen sexuellen Identität, gegen seine Mitschüler und viele seiner Lehrer: die Sportlehrerin, die ihn mit der absurden Behauptung nicht zum Jazz-Dance zulassen wollte, Jungs hätten nur »eingeschränkte motorische Fähigkeiten«, oder die Chemielehrerin, die in seiner Anwesenheit seine Mutter fragte, ob Brian eigentlich »vom anderen Ufer« sei … Brian weigerte sich, sich für seine Homosexualität zu schämen. Dafür entwickelte er eine Scham gegenüber dem eigenen Körper. Mit 16 setzte eine Essstörung ein, die ihn zeitweise gefährlich abmagern ließ. Es fällt ihm noch heute schwer, sich Fotos aus dieser Zeit anzusehen. Nicht nur, weil ihn die Scham für sein damaliges Aussehen überkommt, sondern weil er den Schmerz fühlt, der diese Zeit geprägt hat.

○ *Und bei mir?*

Finden Sie sich oft ganz furchtbar? Haben Sie manchmal das starke Gefühl, dumm, hässlich, schlecht oder schlicht nicht liebenswert zu sein? Schämen oder ekeln Sie sich gar vor sich selbst? Fühlen Sie sich schuldig oder bestrafen Sie sich, wenn Sie schöne Dinge tun oder sich mal etwas gönnen? Waren diese Dinge in Ihrer Kindheit vielleicht verboten und wurden rigide bestraft? Glauben Sie, kein Recht auf eigene Bedürfnisse zu haben? Haben Sie oft das Gefühl, dass Sie sich anderen nicht zumuten können, weil Sie so schrecklich, so langweilig oder so ein Stimmungskiller sind? Können Sie schwer Komplimente annehmen? Haben Sie Schwierigkeiten, einem anderen zu glauben, wenn er sagt, dass er Sie mag oder dass Sie ihm wichtig sind? All das können Indizien dafür sein, dass bei Ihnen ein strafender Elternmodus vorliegt. Um ganz sicher zu sein, schauen Sie, ob Sie den folgenden Aussagen zustimmen können.

- Weil ich schlecht bin, gestehe ich mir nicht zu, angenehme Dinge zu tun, wie andere Menschen auch.
- Ich verdiene es, bestraft zu werden.
- Ich habe den Drang, mich selbst zu bestrafen, indem ich mir wehtue (z. B. mich schneide).
- Ich kann mir selbst nicht vergeben.

Der strafende Elternmodus kann so überwältigend und schädlich sein, dass ich Ihnen ausnahmsweise nicht vorschlagen möchte, ihm mit einer Imaginationsübung auf die Spur zu kommen. Das könnte einfach zu schmerzhaft sein. Den strafenden Elternmodus sollten Sie besser mit therapeutischer Begleitung anschauen.

○ *Und bei dir?*

Stellen Sie sich vor, Sie seien Andreas Freundin. Woran könnten Sie erkennen, dass bei Andrea ein strafender Elternmodus vorliegt? Wahrscheinlich würde Ihnen die extreme Bedürfnislosigkeit von Andrea auffallen: Sie genießen draußen die ersten warmen Strahlen der Frühlingssonne, während Ihre Freundin sich schlecht fühlt und so bald wie möglich wieder rein will. Oder Sie haben ein extra leckeres Essen gekocht, und Andrea kann das überhaupt nicht genießen. Sie schenken ihr einen Freundinnentag im Spa, und Andrea sucht nach einem Vorwand, nicht mitkommen zu müssen. Überhaupt sind ganze Lebensbereiche tabu: Sexualität und Liebe etwa lösen bei Andrea nur Scham aus.

Außerdem werden Sie wahrscheinlich immer wieder Bemerkungen hören, mit denen Andrea sich selbst abwertet: »Das schaff ich doch nicht«, »Dafür bin ich nicht klug genug« und ein ständiges ungläubiges Rückversichern, ob Sie wirklich ihre Gesellschaft wollen: »Ich muss wirklich nicht vorbeikommen, wenn dir das lieber ist«, »Ich will dich aber nicht stören«, »Bist du sicher, dass ich dir nicht zu viel werde? Wir haben uns doch schon letztes Wochenende gesehen. Nur keine Umstände.«

Das kann einem mit der Zeit ganz schön auf die Nerven gehen. Es dauert eine Weile, bis man verstanden hat, dass hier nicht jemand auf der Suche nach Komplimenten ist, sondern tatsächlich gar nichts von sich selbst hält. Ihre normale und wohlmeinende Reaktion ist vermutlich, Ihre Freundin mit Komplimenten zu päppeln, sie immer wieder zu verstehen zu geben, dass Sie ihn ganz anders sehen, dass sie eigentlich klug und liebenswert ist. Das Problem ist nur: Diese positiven Botschaften kommen gar nicht an, Sie können sich noch so ins Zeug legen. Durch die Mauer der Selbstabwertung dringt kein liebevolles und zugeneigtes Wort zu Andrea hindurch. Und in krassen Fällen kann es sogar dazu kommen, dass Menschen wie Andrea sich von jenen Freunden abwenden, die es gut mit ihnen meinen. Sie werten sie ab, weil sie sich für sie interessieren!

Fatale Strategien

»Sind wir nicht alle ein bisschen bluna«?, warb jahrelang eine Limonadenfirma. Und sind wir nicht wirklich alle ein bisschen verrückt? Jeder stolpert immer mal wieder über die eigenen Gefühle und Befindlichkeiten, über merkwürdige Verhaltensweisen, die er bisher nicht ganz nachvollziehen konnte – deren Ursprünge Ihnen jetzt aber vielleicht bekannter sind, weil Sie sie im Laufe der Lektüre identifizieren konnten. Erinnerungen aus Kindheit und Jugend, prägende emotionale Erfahrungen, Situationen, in denen unsere Eltern uns nicht gehört und sich nicht so gekümmert haben, wie es angemessen gewesen wäre, Momente, in denen unsere Gefühle durch unsere Mitschüler oder Lehrer grob verletzt wurden, Sätze, die unsere Eltern vielleicht nur so dahingesagt haben: Die Stolpersteine, die uns die Kindheit in den Weg gelegt hat, unterscheiden sich. Manche von uns stolpern nur ab und zu und verletzen sich dabei kaum. Andere brechen sich regelmäßig die Knochen. Sie sind schon sichtlich gezeichnet und stehen dadurch wackeliger auf ihren Beinen.

Ob leicht oder schwer, häufig oder selten: Es gibt verschiedene Strategien, mit emotional schwierigen Erfahrungen umzugehen. Die Psychologie spricht hier von »Bewältigung«. Welche Bewältigungsform zur Anwendung kommt, hängt von der Person, aber auch von der Kindheitserfahrung ab, die eine Situation erst emotional problematisch macht. Auch die Intensität der Bewältigungsform steht meist in direktem Verhältnis zur Intensität der Emotionen, die Kind- und Elternmodi auslösen.

Die drei Bewältigungsstile

Grundsätzlich unterscheidet die Schematherapie drei Formen der Bewältigung, die allerdings nur selten als Solisten auftreten: Unterwerfung – die Orientierung an den Bedürfnissen der anderen –, Vermeidung – der Versuch, Gefühlen und Problemen aus dem Weg zu gehen – und Überkompensation – ein Muster, das so tut, als wäre genau das Gegenteil dessen wahr, was die schädlichen inneren Botschaften der Eltern uns suggerieren.

Das ist zunächst sehr abstrakt. Im Folgenden will ich versuchen, diese Begriffe mit mehr Leben zu füllen. Denn es ist wahrscheinlich, dass auch Sie hin und wieder zu der einen oder anderen dieser Bewältigungsformen neigen.

Unterwerfung

Menschen im Zustand der Unterwerfung handeln so, wie sie glauben, dass andere Menschen es gerne hätten. Sie fühlen sich dann stabil und einigermaßen sicher, wenn sie es anderen recht machen. Das Gefühl, für andere da zu sein, gibt ihnen sozusagen ihre Existenzberechtigung. Bei ausgeprägter Unterwerfung wirken die negativen Gefühle und Botschaften der schädlichen Denkmuster aus der Kindheit besonders stark. Die Betroffenen haben meist einen geringen Selbstwert, trauen sich selbst wenig zu und nehmen die eigenen Bedürfnisse kaum mehr wahr. Das passende Kleidungsstück wäre die Dienstbotenuniform oder die Schwesterntracht.

Vermeidung

Ein passendes Bild für dieses Verhalten ist die Jogginghose, am besten ausgebeult, von unbestimmbarer Farbe und Form. Sie ist bequem und warm, man fühlt sich darin pudelwohl, kann aber das Haus nicht verlassen. Die Jogginghose ist, wie es in einer Fernsehserie heißt, die Bekleidung dessen, der aufgegeben hat, der sagt: Job, Beziehung – das lasse ich lieber, heute Nachmittag sitze ich lieber vor dem Fernseher und schaue meine Lieblingssoap. Man kann seine Zeit sicher schlechter verbringen, aber das Fernsehprogramm sollte nicht der Verwirklichung unserer Ziele im Weg stehen. Genau so ist das aber bei Menschen im vermeidenden Bewältigungsmodus: Sie ziehen sich zurück, vermeiden alle Situationen, in denen negative Gefühle auftauchen könnten, oder verwenden Substanzen, die sie diese Gefühle weniger intensiv spüren lassen. Wenn gar nichts mehr geht, geht Alkohol. Betäubende Substanzen wie Alkohol, Beruhigungs- oder Rauschmittel können negative Gefühle vielleicht dämpfen, uns eine kurze relativ angstfreie und unbeschwerte Zeit bescheren, aber nur um den Preis von Kopfschmerzen und Problemen, die wenn nicht am nächsten Morgen, so doch in den nächsten Wochen und Monaten immer größer werden. Von Vermeidung spricht man also immer dann, wenn wir Dinge vor allem machen, um die negativen Gefühle der Eltern- und Kindmodi nicht zu spüren. Das Glas Wein zum festlichen Essen zählt nicht dazu, wohl aber der Wodka, mit dem Sie sich vor einem Meeting Mut antrinken, und erst recht der weitgehende soziale Rückzug, das Nicht-arbeiten-Gehen und Keine-Arbeit-Suchen sowie Tätigkeiten, die uns von negativen Gefühlen ablenken, wie übermäßiges Fernsehen oder Computerspielen.

Diese Bewältigungsstrategie hält sich oft sehr hartnäckig, weil sie sich zunächst sehr viel besser anfühlt als die abwertenden und negativen Gefühle, die sie vermeidet. Langfristig aber steht sie sowohl der Verwirklichung unserer Träume im Wege als auch der Erfüllung unseres Bedürfnisses nach Autonomie, Verbundenheit und Kompetenz. Außerdem spüren die meisten Menschen sehr deutlich, dass etwas nicht gut läuft, wenn sie in der Vermeidung feststecken. Und auch unsere Umwelt spiegelt uns das wider – »Hast du dein Studium immer noch nicht abgeschlossen?!«.

Überkompensation

Wer zum Bewältigungsmodus der Überkompensation neigt, verhält sich so wie jene Mädchen, die bei Nacht und klirrender Kälte nicht nur viel zu kurze und dünne Sachen anziehen, sondern auch solche, die ein paar Nummern zu klein sind. Das ist sicher mutig, aber auch äußerst unbequem und nicht sehr kleidsam. Trotzdem: Diesem Outfit ist der Triumph mitgegeben, sich weder dem Wetter noch der Figur unterworfen zu haben.

Ähnlich funktioniert auch die Strategie der Überkompensation: Wir tun so, als wäre das Gegenteil dessen wahr, was der Elternmodus uns glauben machen will. Sagen die Stimmen der Vergangenheit: Du bist doch zu allem viel zu dumm, dann verhalten wir uns, als könnte uns intellektuell niemand das Wasser reichen. Sagen sie: Du bist doch viel zu unattraktiv, als dass dich jemals jemand begehren oder lieben könnte, dann machen wir auf Frauenheld oder Diva. Das fühlt sich auf jeden Fall besser an, als das Bewusstsein, man sei dumm und hässlich. Diesem Verhalten wohnt wie der engen Kleidung der Triumph inne, sich den schädlichen Stimmen nicht gebeugt zu haben – auch wenn es sehr viel Kraft braucht, uns davon zu überzeugen, tatsächlich begehrenswert und schlau zu sein. Ein Zweifel bleibt, und der macht uns unsicher und verwundbar. Überkompensation bricht nicht selten wie ein Kartenhaus zusammen – und dann kann man sich extra schlecht fühlen.

Überkompensation bedeutet also, dass wir Defizite im Übermaß ausgleichen. Wenn wir uns eigentlich minderwertig fühlen, verhalten wir uns betont souverän bis arrogant. Wenn wir uns unattraktiv fühlen, geben wir den großen Verführer. Überkompensation hat viele Gesichter. Aber stets geht es darum, eine Situation, in der man sich eigentlich unsicher und klein fühlt, zu kontrollieren und zu beherrschen. Es ist oft gar nicht so leicht, sich gegen Personen mit einem solchen Verhalten durchzusetzen. Erinnern Sie sich noch an Holger, den kleinen, dicken Mann aus der wohlhabenden Familie? Er ist so ein Fall: Er fühlt sich seiner Familie und vor allem auch Frauen gegenüber unterlegen. Er findet sich selbst fett und unattraktiv. Dieses Gefühl kompensiert er, indem er Frauen zu reinen Objekten abwertet und schlecht und herablassend behandelt.

Nützliches vs. schädliches Bewältigungsverhalten

Damit es nicht zu Missverständnissen kommt: All diese Bewältigungsstile haben auch ihre Berechtigung. Sie können uns helfen, mit unseren Gefühlen besser klarzukommen und schwierige Situationen durchzustehen. So lohnt es sich zum Beispiel nicht, in jeden Konflikt zu gehen, vor allem wenn unsere Chancen, unsere Interessen durchzusetzen, eher schlecht stehen. Manchmal ist es durchaus die gesündeste und auch vernünftigste Strategie, Ja zu sagen und sich seinen Teil zu denken – auch wenn man damit streng genommen etwas vermeidet.

Und ebenso gibt es Situationen, die man überstehen muss, ohne sich seine Ängste und Unsicherheit anmerken zu lassen: Heulend im Büro sitzen bringt nichts, und ein Vortrag, den vor lauter Stottern keiner versteht, verliert an Gewicht. Auch Überkompensation und etwas gespieltes Selbstbewusstsein haben also ihre Berechtigung.

Es ist grundsätzlich erst mal gut, wenn wir über Strategien verfügen, mit deren Hilfe wir im Zweifel negative Emotionen bewältigen können. Also machen Sie sich keine Sorgen, wenn Sie ab und an zu Vermeidung und Überkompensation neigen. Wahrscheinlich spüren Sie selbst, wann Sie die Grenze überschritten haben und diese Bewältigungsmodi zum Problem werden: wenn sie Sie nämlich daran hindern, Ihre Bedürfnisse zu befriedigen. Es ist völlig in Ordnung, die Kollegin im Büro, die einen immer so genervt anschaut, wenn man sich nur mal schnäuzt, zu ignorieren oder den unangenehmen Blicken des Glotzers im Café dadurch zu entgehen, dass man sich an einen anderen Tisch setzt. Es sollte nur nicht so sein, dass Sie grundsätzlich den Kontakt zu Menschen meiden, mit denen Sie Konflikte haben. Wenn Sie etwa eine eigentlich sehr gute Freundin nicht mehr anrufen, um ein schwieriges Gespräch nicht führen zu müssen, ist das ein Problem. Die vermeidende Bewältigung sorgt zwar dafür, dass Sie im Moment weniger negative Gefühle erleben; sie schadet jedoch langfristig Ihren wichtigen Freundschaften und Beziehungen.

Ähnlich verhält es sich, wenn wir aus Angst davor, zu versagen oder eine Absage zu erhalten, gar nichts mehr wagen: weder die Frau bzw. den Mann anzusprechen, die oder der uns so wunderbar und begehrenswert erscheint, noch für den Job vorzusprechen, den wir uns immer gewünscht haben. Sicher, erst mal fällt eine Last von uns ab, wenn wir uns entschieden haben, statt zum Vorstellungsgespräch ins Kino zu gehen. Doch letztlich enden wir allein und unglücklich und bleiben weit hinter unseren Möglichkeiten zurück.

Trigger

Manche Menschen neigen eher zu einer ganz bestimmten Bewältigungsstrategie, andere verfügen über mehrere. Frido (S. 122) hat zum Beispiel einen stark leistungsfordernden Elternmodus, dem er sich zunächst unterwirft: Als es an der Uni mit den Leistungen nicht klappen will, setzt er sich hin und lernt wie besessen. Erst als das auch nichts bringt, wird der Vermeidungsmodus aktiv, und Frido spielt lieber Videospiele, statt zur Uni zu gehen oder zu lernen. Es ist gut vorstellbar, dass irgendwann bei höherem Druck auch noch der Überkompensationsmodus einsetzt, sodass Frido andere anschnauzt, wenn sie nur ein kleines Anliegen haben. Welche Bewältigungsmodi aktiv werden, hängt also sowohl von der Situation als auch vom jeweiligen Betroffenen ab.

Es gibt verschiedene Gründe, weshalb eine Person ein bestimmtes Bewältigungsmuster entwickelt hat. Oft stammen diese Muster aus der Kindheit. Sie erwiesen sich für das Kind als beste Möglichkeit, schwierige Situationen zu »überleben«, sich vor Bedrohung oder Ablehnung zu schützen. So war es für ein Kind tatsächlich notwendig, auf den jähzornigen Vater Rücksicht zu nehmen, um dessen Wut und Schlägen zu entgehen. Erst im späteren Leben wird diese Unterwerfung, die völlige Zurücknahme und Unterdrückung der eigenen Bedürfnisse, dysfunktional, dann schadet sie dem Betroffenen mehr, als sie ihm nützt.

Möglich ist auch, dass das Kind den Bewältigungsmodus der Unterwerfung von einer Bezugsperson übernommen hat, die sich ebenfalls stark an anderen orientierte, also durch Modelllernen. Weil zum Beispiel die Mutter dem Vater alles recht machte und keine gesunden Grenzen aufzeigen konnte, wird später auch das Kind vermutlich Schwierigkeiten mit der eigenen Abgrenzung haben.

Unterwerfung: »Hauptsache, dir geht es gut …«

Kennen Sie das? Immer wieder tun Sie Dinge, zu denen Sie keine Lust haben, zu denen Sie aber auch keiner zwingt. Sie hätten »Nein, danke« sagen können oder »Dazu hab ich keine Lust«, aber irgendwie konnten Sie das nicht. Und jetzt gehen Sie schon wieder mit Ihrer Freundin durch den todlangweiligen Botanischen Garten oder helfen Ihrer Nachbarin beim Umzug, obwohl Sie eigentlich arbeiten müssten. Und manchmal geht es nicht nur um solche Lappalien: Auch im Bett tun Sie Dinge, die Ihnen keine Freude machen, weil Sie Ihren Partner befriedigen wollen. Oder schlimmer: Sie denken überhaupt nicht an sich. Sie stellen entscheidende berufliche und private Wünsche hinter die Ihres Partners, damit der andere sich verwirklichen kann.

Haben Sie eine Ahnung, warum Sie das tun? Woher dieses unterwürfige Verhalten kommt? Keine Angst, Sie sind nicht allein. Fast jeder stellt die eigenen Bedürfnisse mal hinter die anderer, und das ist auch gut so. Wir sind nun mal nicht allein auf der Welt und müssen Rücksicht nehmen. Aber manchmal gehen wir weiter, als wir müssten, und vor allem, als uns guttut.

Wer die Bewältigungsstrategie der Unterwerfung benutzt, lässt zu, dass andere ihn schlecht behandeln, und tut Dinge, die er nicht machen will und auch nicht machen müsste. Er gibt den Forderungen und Wünschen anderer nach und stellt deren Bedürfnisse über die eigenen. In vielen Situationen haben wir das Recht, abzulehnen, Nein zu sagen. Wir tun viel zu viele Dinge, die wir eigentlich nicht tun müssen. Wir wollen andere glücklich machen und vergessen uns dabei völlig, oder wir verausgaben uns bis zum Burnout, um den (vermeintlichen) Wünschen anderer nachzukommen.

Dabei stellt sich langfristig oft gar nicht der erhoffte Effekt ein. Psychisch gesunde, liebevolle Freunde oder Partner schätzen es nämlich meist gar nicht, wenn ihr Gegenüber keine eigenen Bedürfnisse äußert. Und diejenigen Menschen, die so etwas ausnutzen, denken umgekehrt nicht daran, es einem zu danken.

Wie ist das bei Anja, der netten Psychologin? Sie neigt gerade in privaten Beziehungen stark dazu, es anderen recht machen zu wollen. Wenn sie und ihr Partner einen gemeinsamen Abend verbringen möchten, wartet sie zum Beispiel immer auf seine Wünsche oder versucht sich etwas auszudenken, was ihm gefallen könnte. Ihr Partner ist davon manchmal richtig genervt. Er würde wirklich gerne mal mitbekommen, auf welche Musik und welche Filme Anja eigentlich steht! Sie bleibt für ihn nicht richtig greifbar, wenn sie es immer nur ihm recht machen will.

Und Connie, die junge Frau mit einer Kindheitsgeschichte mit sexuellem Missbrauch? Sie neigt auch sehr dazu, sich zu unterwerfen, insbesondere in sexuellen Beziehungen. Tief in sich trägt sie die Hoffnung, dass sie so vielleicht irgendwann einen Mann dazu bringen könnte, sie richtig zu lieben. Leider gerät sie so aber immer wieder an Männer, die sie sexuell ausnutzen und gar nicht daran denken, Connies eigene Bedürftigkeit ernst zu nehmen. Im Gegenteil, einer hat sie sogar schon dazu gebracht, für sie anschaffen zu gehen – zum Glück ist es ihr gelungen, diese Beziehung zu beenden.

Manchmal geht Unterwerfung einher mit Vermeidung – so wie bei Connie, die manche Sexpraktiken ihrer Partner nur mit Betäubung durch Alkohol oder Drogen aushält. In anderen Fällen kann Unterwerfung aber auch überkompensatorisch werden, auch wenn das vielleicht widersprüchlich klingt. Damit sind solche Menschen gemeint, die dauernd darüber sprechen, wie sehr sie für andere da sind, oder die sich so demonstrativ aufopfern, dass sie damit ganz viel Aufmerksamkeit bekommen. Das ist dann oft für alle anstrengend: für die Betroffenen selbst, weil es ihnen damit nicht sonderlich gut geht, und für ihr Umfeld, weil dieses Lamentieren irgendwann allen auf die Nerven geht, was sich in der Regel niemand anzusprechen traut.

Schlimme Mischung: Unterwerfung und Überkompensation

Kerstin arbeitet als Krankenschwester in Vollzeit, hat zwei Kinder und neigt zu Migräneanfällen. Sie ist im Haushalt und in ihrer Rolle als Mutter perfektionistisch und will alles möglichst gut machen. Sie macht ihren Kindern Pausenbrote, obwohl die gar keine mehr wollen, und putzt nach einem langen Arbeitstag noch alle Fenster. Wenn eine Freundin einlädt und darum bittet, etwas zum Buffet mitzubringen, bringt Kerstin garantiert vier volle Platten mit. Gleichzeitig klagt sie viel darüber, wie überlastet sie sei, und wie viel Energie sie das alles koste. Wenn ihre Kinder oder ihr Mann sie genervt darauf hinweisen, dass niemand das alles von ihr verlange, scheint sie das überhaupt nicht wahrzunehmen und jammert und schuftet weiter. Ihr Mann verdreht dann manchmal die Augen und nennt sie innerlich »die ewige Märtyrerin«.

○ *Und bei mir?*

Haben Sie das Gefühl, dass Sie viel zu oft Dinge tun, die Sie nicht tun wollen? Sich den Wünschen anderer unterordnen? Dass Sie sich verändern, damit andere Sie mögen? Die eigenen Bedürfnisse vernachlässigen? Die folgende Checkliste soll Ihnen Klarheit bringen:

- »Mir macht das nichts.« – Ich gebe mir große Mühe, es anderen recht zu machen, um Konflikte, Auseinandersetzungen oder Zurückweisungen zu vermeiden.
- »Ich bin so, wie du mich haben willst.« – Ich verändere mich in Abhängigkeit von Leuten, mit denen ich zusammen bin, damit sie mich mögen oder anerkennen.
- »Mit mir kann man's ja machen.« – Ich lasse zu, dass andere mich kritisieren und herabsetzen.
- »Mir egal. Entscheide du.« – Ich lasse anderen Leuten ihren Willen, anstatt meine eigenen Bedürfnisse auszudrücken.

»Das Leben ist kein Wunschkonzert!«, sagte meine Oma gerne, als klassische Vertreterin einer Generation, die nicht viel zu lachen hatte, aber auch eigentlich gar nicht wusste, wie oder warum man lacht. Teilweise hat sie recht: Es gibt Dinge, die keinen Spaß machen, aber unvermeidlich sind. Das fängt Montag mit dem frühen Aufstehen an und geht weiter mit der Fahrt durch nasse, graue, oft noch dunkle Straßen, dem Stress mit dem Chef, dem schlechten Kantinenessen und findet seinen Abschluss im anstrengenden Fitnesstraining nach Feierabend.

Wenn wir die Wahl hätten, würden wir sicher gern auf das eine oder andere verzichten. Aber die haben wir leider nicht. Da hilft nichts als Augen zu und durch. Aber wir tun es trotzdem, weil wir erwachsene und mehr oder weniger verantwortungsvolle Menschen sind. Dazu gehört auch, sich öfter zu Pflichten zu überwinden. Ein unterwerfendes Bewältigungsmuster liegt aber mit hoher Wahrscheinlichkeit dann vor, wenn wir die Wahl haben und trotzdem unangenehme Dinge tun, wenn wir uns freiwillig immer viel zu viele zusätzliche Pflichten aufbürden. Wenn Sie also in Partnerschaften, Vereinen oder im Kindergarten immer wieder Aufgaben übernehmen, die eigentlich auf mehrere Schultern gehören, aber irgendwie immer bei Ihnen landen, oder wenn Sie sich auf sexuelle Praktiken einlassen, an denen Sie überhaupt keinen Spaß haben, ist wahrscheinlich Unterwerfung im Spiel.

Aber Vorsicht: Wenn Sie jetzt das Gefühl haben, sich immer für andere aufzuopfern, bedenken Sie bitte, dass der Mensch dazu neigt, die eigenen Beiträge und Einsätze zu überschätzen. Schnell stellt sich bei jedem von uns das Gefühl ein, dass wir einen größeren Beitrag als alle anderen leisten.

Um sicherzugehen, stellen Sie sich bitte vor, wie Sie sich fühlen würden, wenn Sie anders handelten und Nein sagten. Hätten Sie dann Angst oder ein schlechtes Gewissen? Diese Gefühle wären auf jeden Fall ein Indiz für Unterwerfung. Vielleicht fällt es Ihnen schwer, einzuschätzen, ob Sie eigentlich das Recht hätten, etwas abzulehnen. Wenn Sie sich nicht sicher sind, überlegen Sie, ob Sie einem Freund oder einer Freundin raten würden, sich diese Bürde aufzuladen. Wenn Sie denken: »Warum, um Himmels willen, kann er nicht einfach mal Nein sagen!«, dann sollten Sie sich fragen: Warum ist es für ihn okay, abzulehnen, für Sie selbst aber nicht? Da kann doch was nicht stimmen.

Vielleicht helfen Ihnen die folgenden Situationen, zu entscheiden, wann ein Unterwerfungsmodus vorliegt. Es gibt Momente, in denen es notwendig ist, an die Grenzen der eigenen Belastbarkeit zu gehen – auch dauerhaft und so, dass man das Gefühl hat, über lange Zeit gar nicht mehr zur Ruhe zu kommen.

»Ich kann langsam nicht mehr!«, denkt Elke oft, wenn sie nach ihrem Halbtagsjob schnell noch eingekauft und dann ihre drei Kinder von der Schule abgeholt hat. »Mama, ich hab Hunger«, quengeln die Kleinen schon im Auto, bevor sie sich streiten und das Überraschungsei auf der Rückbank verteilen. Tür auf: Mein Gott, was für ein Chaos! Aber jetzt wird erst mal Essen gemacht. Und dann Hausaufgaben. »Lukas, gib deiner Schwester endlich die Barbie.« Und nicht vergessen, die Wäsche aus der Reinigung abzuholen. Elke hat das Gefühl, permanent zu rotieren. Als wäre der Alltag nicht schon stressig genug, holen die Kinder sich ständig irgendwelche Infektionen in der Schule, brauchen Unterstützung bei den Hausaufgaben, Fahrdienst zum Sport usw. Ihr Freund kann sie kaum unterstützen: Er arbeitet oft bis spät und meist auch an den Wochenenden. Alles bleibt irgendwie an ihr hängen. Zwar hat sie schon eine Haushaltshilfe gesucht, die zweimal die Woche putzt und aufräumt, aber trotzdem bleibt noch so viel liegen, dass sie sich manchmal wie Sisyphos fühlt.

Was glauben Sie? Ein Fall von Unterwerfung? Überlegen Sie, was Elke anders machen könnte, und was passieren würde, wenn sie bestimmte Aufgaben nicht übernähme. Fragen Sie sich außerdem, ob Elke vielleicht schon versucht hat, ihre Situation zu verändern.

Tatsache ist leider: Berufstätige Mütter haben viel zu tun. Elke tut nichts, was nicht sein muss: Sie plant weder zusätzlich einen Klassenausflug, noch ist sie Elternvertreterin oder engagiert sich freiwillig im Tennisklub ihres Sohnes. Wenn sie nicht täte, was sie tut, würde sie ihre Kinder vernachlässigen: Sie kann nicht aufhören, einzukaufen, den Kindern Essen zu machen oder ihnen bei den Hausaufgaben zu helfen. Außerdem hat Elke sich bereits Hilfe geholt, nämlich eine Person, die zweimal wöchentlich putzt. Manchmal kann man noch an den Umständen feilen und Kleinigkeiten verbessern. Insgesamt ist es aber so, dass Berufstätigkeit und drei Kinder eine hohe Belastung sind, die auch in unserer Gesellschaft noch immer überwiegend von Frauen getragen wird. Elkes lange, nie abreißende Liste der Aufgaben ist leider normal. Um das zu überprüfen, muss sie nur andere berufstätige Frauen fragen, die mehrfache Mütter sind. Das Urteil lautet hier also: Es spricht wenig dafür, dass bei Elke das Bewältigungsmuster der Unterwerfung wirksam ist.

Auch Katja ist eine halbtags berufstätige Mutter und hat dementsprechend viel zu tun. Aber sie macht mehr als die anderen Mütter. Sie weiß auch nicht wie, aber irgendwie landen zusätzliche Aufgaben immer bei ihr. Einiges macht sie gern: Eier bemalen zu Ostern oder die Kinder am Musikabend schminken. Anderes aber nicht: Sie war Elternbeirat im Kindergarten und in der Grundschule und hat sich jetzt auch auf dem Gymnasium überreden lassen. Warum tu ich mir das an, warum macht das nicht endlich mal jemand anderes?, fragt sie sich. Wieder ein Jahr mit diesem langweiligen und nervigen Quatsch: Blumen kaufen für die Lehrkräfte, vermitteln zwischen Lehrern und Helikoptereltern …
Und als hätte sie nicht schon genug um die Ohren, hilft sie jetzt auch noch ihrer pflegebedürftigen Mutter im Haushalt und beim Einkaufen. Die Arme hat Parkinson und alles fällt ihr immer schwerer. Die Frage ist, warum ihre Schwester, die ganz in der Nähe wohnt, sich nicht an der Pflege beteiligen kann. Die hat viel mehr Zeit, keine Kinder und einen entspannten Job. Sie müsste eigentlich mal mit ihr sprechen. Aber irgendwie kommt es nie zu diesem Gespräch.

Was meinen Sie? Neigt Katja zu Unterwerfung? Könnte sie Dinge anders machen oder nicht machen, ohne dass irgendetwas Schlimmes passierte? Hat sie Alternativen?

Dass Katja viel zu tun hat, liegt wie bei Elke zu einem Großteil daran, dass sie eine berufstätige Mutter ist. Aber im Gegensatz zu Elke übernimmt Katja Aufgaben, die sie nicht übernehmen muss. Das ist völlig unbedenklich, solange sie Freude daran hat: Katja macht kreative Arbeiten mit Kindern, weil es ihr Freude bereitet. Anders sieht es mit ihrer Beteiligung am Elternbeirat aus: Da hätte sie sich berechtigterweise – wie alle anderen – drücken können, wenn ihre Unterwerfung nicht zugeschlagen hätte. Auch die Unterstützung der Mutter ist eine zusätzliche Aufgabe, die zwar jemand übernehmen muss – nur: Katja muss das nicht alleine machen. Es gibt keinen Grund, warum ihre Schwester ihr nicht dabei helfen sollte. Aber Katja schafft es nicht, diese Hilfe zu aktivieren, und von alleine kommt die Schwester anscheinend nicht darauf.

Es liegt also nahe, dass Katja teilweise aus Angst vor negativen Gefühlen handelt und es ihr zu selten gelingt, Nein zu sagen. Sie sollte Dinge, die sie nicht tun muss und nicht tun will, ablehnen.

Nadine fragt sich manchmal, warum sie sich immer Typen aussucht, die genauso sind wie ihr Vater: Alkoholiker mit Hang zum Zuschlagen. Und warum sie ebenso wie ihre Mutter nicht die Kraft hat, sich zu trennen.
Marko, ihr derzeitiger Freund, ist natürlich auch wieder süchtig und war sogar schon wegen Körperverletzung im Gefängnis. Obwohl es ihr eigentlich widerstrebt, tut sie alles, was er verlangt. »Hol mir ein Bier!« – und Nadine steht mit der Dose bereit. »Wo sind meine Socken?!« – Nadine kramt in seinem Gerümpel, bis sie ein Paar gefunden hat. »Ist wohl wieder nichts zum Essen da …« – Nadine »zaubert« eine Kleinigkeit. Auch im Bett macht sie alles mit, dabei ekelt sie sich regelrecht vor ihm. Aber sie hat Angst, dass er sie sonst wieder schlägt. Oder sie verlässt.

Nadine ist ein schwieriger Fall. Ganz sicher übernimmt sie Aufgaben, die sie weder machen will noch muss: Niemand muss einem anderen Erwachsenen sklavisch dienen. Sie hat jedes Recht, Nein zu sagen. Die Frage ist, ob Nadine auch die Wahl hat. Ihre Partnerschaft ist gefährlich. Ich würde es mir auch zweimal überlegen, ehe ich einem Mann wie Marko etwas abschlage. Hat

Nadine also eine Alternative? Wenn sie ihre Situation wirklich ändern will, sollte sie zunächst einen sicheren Ort aufsuchen, ein Frauenhaus zum Beispiel.

Handelt Nadine im Bewältigungsmuster der Unterwerfung? Das ist mehr als wahrscheinlich. Schon die Tatsache, dass sie sich anscheinend immer wieder für Männer wie Marko entscheidet und so weit auf eine Beziehung einlässt, dass sie sich irgendwann selbst in Gefahr bringt, spricht dafür.

○ *Und bei dir?*

Wenn Sie einen Partner haben, der keinerlei eigene Wünsche und Bedürfnisse artikuliert und Ihnen jeden Wunsch von den Augen abliest, ist er wahrscheinlich unterwürfig. Das klingt erst mal gut. Wer lässt sich nicht gerne verwöhnen? Aber irgendwann kann das auch nerven. Liebe macht keinen Spaß, wenn der andere so gar keine Bedürfnisse und Wünsche hat. Man will dem anderen doch auch mal eine Freude machen und auf seine Bedürfnisse eingehen.

Bei anderen Paaren fallen uns unterwürfige Verhaltensmuster meist schnell auf. Dann denken wir: »Ich kann nicht verstehen, warum sie das alles mitmacht. Wenn mein Mann mich so behandeln würde, wäre ich schon längst weg.« Oder: »Kann er ihr nicht mal was abnehmen? Er lässt sie doch völlig allein mit den Kindern und der Pflege seiner Mutter.« Wenn man etwas mehr über die Geschichte der Betroffenen weiß, wird in der Regel verständlicher, warum sie sich so unterwürfig und in Widerspruch zu den eigenen Interessen verhalten.

Allerdings ziehen Personen, die unterwürfig sind, oft Menschen an, die das auch genießen. Nadine zum Beispiel landet immer wieder bei Männern, die sich gern von vorn bis hinten bedienen lassen. Diese Beziehungssysteme sind oft sehr störungsresistent und viel langlebiger, als es den Betroffenen guttut, weil zwei oder mehr schädliche Muster ineinandergreifen und sich aufs Schrecklichste ergänzen.

Vermeidung: »Vielleicht lieber doch nicht …«

Vermeidung an sich ist nichts Schlechtes. Es hängt davon ab, was man vermeidet. Im Allgemeinen ist es nicht gut, wenn man etwa schwierigen Dingen wie Leistungsanforderungen, Konflikten, Menschen im Allgemeinen grundsätzlich aus dem Weg geht. Aber nicht mit allem Schwierigen muss man sich konfrontieren. Es ist zum Beispiel gut, wenn Suchtgefährdete den Kontakt mit Süchtigen meiden oder Stalker den Kontakt zu ihren Opfern. Es ist gut, wenn ein Mensch, den die Dunkelheit psychisch niederschlägt, das Licht sucht, und wer allergisch auf Nüsse reagiert, sollte keine essen. Problematisch wird Vermeidung erst, wenn sie uns daran hindert, unsere beruflichen und privaten Ziele zu verwirklichen, oder wenn sie uns isoliert und einsam macht.

Auch mit diesem Bewältigungsstil können die Botschaften aller Elternmodi bewältigt werden. So können wir die Gefühle der Unzulänglichkeit (fordernder Elternmodus), der Schuld (emotional fordernder Elternmodus) und des Selbsthasses (strafender Elternmodus) vermeiden.

Fallbeispiel: fordernder Elternmodus

Frido ist lange alles leichtgefallen: In der Schule hatte er nie lernen oder auch nur Hausaufgaben machen müssen, um die besten Noten zu bekommen. Für ihn, aber auch für seine Eltern war es selbstverständlich: Frido galt als Überflieger. Genau wie sein Vater, ein Professor für neuzeitliche Geschichte. Die Eltern waren sehr nett, aber beide sehr leistungsorientiert. Den Druck hat Frido nicht gespürt, solange er auf der Schule war. Als er aber nach einem sehr guten Abitur auf die Uni wechselte, änderte sich das: Plötzlich war er einer unter vielen. Seine ersten Klausuren bestand er zwar, wirklich gut waren sie aber nicht. Den Eltern getraute er sich nicht zu sagen, dass andere Studenten bessere Leistungen erzielt hatten. Frido setzte sich hin und lernte wie besessen für die nächsten Prüfungen. Aber die Ergebnisse entsprachen immer noch nicht dem, was seine Eltern von ihm gewohnt waren. Danach verbrachte er immer weniger Zeit an der Uni und vertat seine Zeit lieber mit Computerspielen.

Fallbeispiel: emotional fordernder Elternmodus

Mathilda hat einen starken emotional fordernden Elternmodus, der ihr vermittelt, sie müsse immer gut gelaunt, freundlich und hilfsbereit sein. Das geht so weit, dass sie sich schuldig fühlt, dass sie den Obdachlosen vor dem Supermarkt bei ihr um die Ecke nicht anbietet, bei ihr einzuziehen. Dafür gibt sie ihnen immer eine Spende und fühlt sich danach wiederum schlecht, weil sie ihnen das Gefühl von Überheblichkeit vermittelt haben könnte. Als sie einmal kein Bargeld dabeihat, traut sie sich nicht, ihnen unter die Augen zu treten, und geht stattdessen zu einem anderen, sehr viel weiter entfernten Supermarkt.

Fallbeispiel: strafender Elternmodus

Robert, den Sie oben schon kennengelernt haben, hat einen stark ausgeprägten strafenden Elternmodus, der behauptet, er sei völlig unattraktiv und niemand könne ihn ausstehen. Er wurde von klein auf wegen seines hektischen und impulsiven Verhaltens und später auch wegen seiner stressbedingten Hautrötungen gehänselt. Die Eltern haben Robert überdies immer mit seiner hübschen Schwester verglichen. So kommt es, dass Robert sich schämt, wenn er sich in Gesellschaft anderer Menschen befindet, und sich sozial zurückzieht oder gar nicht unter Menschen geht. Vor allem meidet er Zusammenhänge, in denen sein geringer »Marktwert« deutlich werden könnte: Partys, Klubs und Ähnliches.

Vermeidung tritt in sehr unterschiedlichen Erscheinungsformen auf – hier die häufigsten Strategien:

Aus dem Weg gehen

»Ich komme doch nicht.« – Zunächst gibt es das schlichte Vermeiden von Dingen, Situationen und Themen, die einem unangenehm sind. Haben Sie beispielsweise eher Angst vor Menschen und denken Sie, dass andere Sie nicht mögen und nicht akzeptieren, dann sagen Sie Einladungen zu Partys oder anderen Geselligkeiten ab. Haben Sie Angst, zu versagen, abgelehnt zu werden oder Leistungsanforderungen nicht zu entsprechen, dann versäumen Sie Prüfungen und Vorstellungsgespräche, oder Sie begeben sich gar nicht erst in romantische Situationen, in denen Sie eine Abfuhr erleben könnten. Sind Sie konfliktscheu, weil Sie glauben, dass man Sie nur akzeptieren kann, wenn Sie immer zustimmen und auf Harmonie achten? Dann werden Sie wahrscheinlich all die Themen unter den Teppich kehren, die Sie für problematisch halten.

Ablenkung

»Nur noch eine Folge.« – Statt zu tun, was eigentlich ansteht und nur noch dringender und problematischer wird, wenn es nicht erledigt wird, lenken viele Menschen ihre Aufmerksamkeit anderen Dingen zu: Sie sehen fern, spielen Computer, surfen im Internet, arbeiten zu viel oder verbringen die halbe Woche im Fitnessstudio.

Selbststimulierung

»Ich schieß mich erst mal weg!« – Einige Menschen bekämpfen negative Gefühle wie Traurigkeit, Verlassenheit, Einsamkeit, Hilflosigkeit, Leere oder Angst, indem sie sich etwas »Gutes« tun: Sie naschen Süßigkeiten, shoppen ausgiebig, flirten exzessiv oder lieben Extremsportarten. In Maßen sind all diese Dinge völlig unbedenklich und normal. Die meisten merken, wenn es dann doch etwas zu viel des Guten ist, und sagen dann Sätze wie: »Ich trinke momentan ein bisschen viel« oder »Das Frustessen muss ich wieder einstellen«. Oft wissen die Betroffenen auch, woher es kommt: »Der Tag war so schrecklich, da musste ich mir einfach was gönnen!«, oder: »Ich vögele gerade mal wieder gegen meine innere Leere an.«

Betäubung

»War da was?« –Viele von uns ersäufen hin und wieder ihren Schmerz im Alkohol. Wenn es gerade mal nicht so läuft, wie wir uns das wünschen, steigen Bier- wie Weinkonsum. Das ist durchaus normal. Wer nur trinkt, wenn es ihm gut geht, gehört einer Minderheit an. Wer aber dauerhaft negative Gedanken und Gefühle betäubt, ob mit Alkohol, Drogen oder Medikamenten, wird nicht nur seinen negativen Emotionen ausgeliefert bleiben, sondern auch ein Suchtverhalten entwickeln.

Jammern und Schimpfen
»Und dann kam er schon wieder mit dieser alten Geschichte …« – Kennen Sie diese Menschen, die immerzu motzen? Sie können sich über alles beschweren. Es ist ein gewohnheitsmäßiges und monotones Gejammer und Gezeter, in dem sich keine größeren Emotionen wie Wut oder tatsächliche Empörung erahnen lassen. Sie scheinen weder zu leiden noch sich besonders aufzuregen. Originell oder witzig sind sie auch nicht. Das Gemeckere ist für sie nur eine Möglichkeit, negative Gefühle für einen Moment nicht zu spüren.

Nichts von sich erwarten
»Ich lass es einfach auf mich zukommen.« – Wer keine Ziele hat, kann auch nicht enttäuscht werden. Es ist sicher gut, im Moment zu leben, nicht ständig völlig überzogene Erwartungen zu haben, keinen albernen Träumen hinterherzujagen. Auf viele Sachen haben wir keinen oder nur wenig Einfluss, und manchmal müssen wir eben auch unsere inneren und äußeren Beschränkungen akzeptieren und einsehen, dass man auch anders glücklich werden kann. Aber wer überhaupt keine Ziele hat, wird nie das Gefühl haben, dass er sein Leben und sein Glück eben doch bis zu einem gewissen Maß selbst in der Hand hat.

Mal allein, mal paarweise
Die beschriebenen Vermeidungsformen treten mal allein, mal in Kombination auf. Bei Robert beispielsweise, dem scheuen Mann mit den Hautrötungen, sind drei Vermeidungsmuster aktiv: »Aus dem Weg gehen« – er geht gezielt nicht an Orte, an

denen er Ablehnung erfahren könnte, »Ablenkung/Selbststimulation« – Robert flüchtet sich in die sexuellen Angebote des Netzes, und »Nichts von sich erwarten« – Robert gibt vor, gar keine Beziehung zu wollen, weil er Angst hat, enttäuscht zu werden.

Ein anderes Beispiel ist Frido, der Akademiker-Sohn, der an der Uni zum ersten Mal nicht den leistungsfordernden Erwartungen seiner Eltern gerecht werden kann. Nachdem er zunächst noch härter gepaukt hatte, bleibt er danach den Vorlesungen und Klausuren fern. Er vermeidet also Situationen, in denen er scheitern und mit dem Gefühl des Versagens konfrontiert werden könnte (aus dem Weg gehen). Zu Hause stimuliert er sich dann mit dem Internet und Computerspielen (Ablenkung).

Auch Paul, der Mann mit der jähzornigen Mutter, die schon beim kleinsten Widerwort zuschlug, der sich heute für seinen Körper schämt, meidet Orte und Situationen, in denen er sich ausziehen muss. Oder Brian, den Lehrer und Mitschüler wegen seiner Homosexualität gequält haben: Er meidet seine Heimatstadt und lenkt sich, seit er Teenager ist, durch übermäßige sportliche Betätigung von negativen Gefühlen der Scham und Einsamkeit ab. Und schließlich Connie, die Frau, die in ihrer Kindheit missbraucht wurde. Sie unterwirft sich, indem sie sich prostituiert, und vermeidet die dadurch ausgelösten Gefühle der Hilf- und Machtlosigkeit, indem sie sich medikamentös betäubt. Ein ähnlicher Fall ist Leonie.

Leonie hat große Angst vor Menschen. Ihr Vater war alkoholabhängig und hat sie und ihre Mutter immer wieder geschlagen. Heute braucht es nicht viel, und Leonie fühlt sich von anderen Menschen bedroht. Es reicht, dass ein Busfahrer mal unfreundlich wird oder ein Obdachloser herumschreit. Dann fährt Leonie zusammen und möchte am liebsten nach Hause und sich verkriechen. Außerdem hat sie das Gefühl, nicht zu genügen. Sie arbeitet als Verkäuferin in einer Spielzeugboutique. Manche Kunden sind sehr anspruchsvoll, und Leonie fühlt sich schnell unter Druck gesetzt und überfordert.
Vor einigen Jahren hat Leonie entdeckt, dass Alkohol ihre Ängste weitgehend vertreibt. Sie hat immer einen Piccolo, oft sogar eine Weinfla-

sche dabei. Mit einem Viertel Liter intus übersteht sie den Vormittag gut. Ihre Ängste melden sich dann kaum und sie kann entspannt arbeiten. Sie ahnt aber auch, dass sie bereits ein Alkoholproblem haben könnte – so wie ihr Vater.

◯ *Und bei mir?*

Es gibt kaum jemanden, der niemals etwas aus dem Weg geht, der nicht bei Liebeskummer mal ein Glas Wein mehr trinkt oder sich eine Tafel Schokolade gönnt, sich mal krank meldet, wenn ihn die Arbeit überfordert. Die Frage ist nicht, ob man hin und wieder Vermeidung praktiziert, sondern in welchem Ausmaß. Die folgende Liste kann Ihnen helfen, Klarheit zu schaffen:

- »Einsamkeit ward mir zum Lose.« – Ich fühle mich abgekoppelt, nicht in Kontakt mit mir selbst, meinen Gefühlen oder anderen Menschen.
- »Lass mich doch einfach in Ruhe.« – Ich möchte mich nicht auf andere Menschen einlassen.
- »Ich muss arbeiten und dann noch zum Sport.« – Ich arbeite viel und treibe intensiv Sport, um nicht über unangenehme Dinge nachdenken zu müssen.
- »Leg die Sorgen in ein Gläschen Wein.« – Ich mache gern etwas Aufregendes oder Beruhigendes, um meine Gefühle zu vermeiden (Essen, Sex, Ausgehen, Fernsehen, Shoppen …).

Vermeidung liegt vor, wenn wir wissen, dass wir eigentlich gerade etwas anderes tun sollten: Frido weiß vermutlich, dass er, statt am Computer zu spielen, lernen sollte; Robert, dass er, wenn er nicht offen ist, kaum jemanden finden wird, mit dem er sein Leben teilen kann. Und Sie wissen vielleicht, dass Sie, statt den Abend wieder mit fünf Folgen *Breaking Bad* auf dem Sofa zu verbringen, heute gut mal zum Sport gehen könnten. Ab und zu drückt jeder sich vor Unangenehmem. Zum Problem wird das erst, wenn übermäßiges Spielen, Naschen oder auch Trinken verhindert, dass wir unsere Ziele verwirklichen, und wir in wichtigen Bereichen des Lebens eindeutig nicht das erreichen, was wir erreichen könnten.

Es kann unangenehm sein, sich vermeidende Verhaltensweisen einzugestehen. Niemand gibt gern zu, dass er Angst hat vor Versagen, Ablehnung oder Überforderung. Es ist sehr unangenehm, vor sich selbst und anderen zuzugeben, zu viel zu trinken. Deshalb erfinden wir lieber kreative Ausreden, als ehrlich zu sein. Kaum einer sagt: »Ich konnte leider nicht zur Party kommen, weil ich Angst hatte, dass keiner mit mir spricht, und hab stattdessen den ganzen Abend mit Facebook verbracht.« Oder: »Ich kann leider nicht zum Vorstellungsgespräch kommen, weil Sie mich sowieso nicht wollen.« Die meisten von uns schützen vor, von der Woche »total erledigt« zu sein oder sich irgendwie nicht gut fühlt.

Wenn Sie herausfinden wollen, ob Sie zur Vermeidung von wichtigen, aber unangenehmen Dingen neigen, fragen Sie sich selbst: Wann greife ich zum Alkohol? Warum arbeite ich so viel? Warum gehe ich sechsmal die Woche zum Sport? Warum schaue ich so viel fern? Kann es sein, dass Sie trinken, um – ähnlich wie Connie und Leonie – negative Gefühle und Ängste zu betäuben? Kann es sein, dass Sie andauernd trainieren, weil Sie sich von Problemen ablenken wollen? Dass Sie so viel Zeit vorm Computer verbringen, weil Sie Angst vor Einsamkeit haben?

○ *Und bei dir?*

Vermeidung ist allgegenwärtig: Denken Sie mal darüber nach, wo Sie allein in der letzten Woche die unterschiedlichen Vermeidungsformen beobachtet haben. Da wird Ihnen sicherlich eine Menge einfallen, denn wir vermeiden andauernd: das Essen mit den blöden Freunden des Partners, den Wettkampf, für den wir nicht trainiert haben, das Meeting, auf das wir uns nicht vorbereitet haben, die Aussprache, die im Büro aussteht, weil wir ein Problem ignoriert haben.

Kennen Sie Menschen, die regelmäßig vermeiden? Gibt es da einen Freund, der alle Termine absagt, bei denen außer Ihnen noch jemand anwesend ist, oder eine Bekannte, die immer erst kommt, wenn alles bereits erledigt ist? Einen Mitbewohner, der schon seit sechs Jahren an seiner Masterarbeit schreibt, oder eine Freundin, die sich auf Partys immer betrinkt, um ihre Menschenscheu zu überwinden?

Stellen Sie sich vor, Sie wären mit Robert oder Frido befreundet. Würden Sie erkennen, dass beide Vermeiden als Bewältigungsstrategie benutzen? Und wenn ja, woran? Vielleicht fiele Ihnen auf, dass Robert sehr viele sexuelle Kontakte hat, aber emotionale Bindungen vermeidet und das mit einem oberflächlichen Gefasel über die Spießigkeit von Beziehungen begründet. Bei Frido würden Sie sich vielleicht irgendwann darüber wundern, dass er nur selten zur Uni geht und so schlechte Ergebnisse erzielt, obwohl er Ihnen eigentlich intelligent erscheint. Irgendwann würde Ihnen vielleicht auch sein übermäßiger Medienkonsum auffallen.

Vermeidung kann außerdem dazu führen, dass Freunde und Bekannte auf Dauer verärgert reagieren, und vielleicht würden auch Sie sich von solchen Bekannten zurückziehen. Das ungünstige Bewältigungsmuster verstärkt dann bei den Betroffenen letztlich die negativen Gefühle, die es eigentlich vermeiden sollte.

Überkompensation: »Alles Idioten außer ich!«

Die meisten von uns sind nicht so cool, wie sie sich geben, so klug, wie sie daherreden, oder so attraktiv, wie angesagtes Styling, Jacketkronen und Make-up sie erscheinen lassen. Wir alle legen uns immer wieder ziemlich ins Zeug, um den Anschein von etwas zu erwecken, was wir nicht sind.

Menschen, die gar nicht mehr anders können und fast schon vergessen haben, wie sie ungeschminkt aussehen, neigen zu Überkompensation. Von Überkompensation spricht man, wenn eine Person sich verhält, als wäre das Gegenteil dessen wahr, was Eltern- und Kindmodus ihr einflüstern, was also ihre Denk- und Verhaltensmuster seit Kindestagen bestimmt. Fühlt sich diese Person unsicher, tritt sie betont selbstbewusst auf, fühlt sie sich hilflos, verhält sie sich extrem dominant, fühlt sie sich bedroht, reagiert sie schnell aggressiv.

Romy ist ein klassischer »Angstbeißer«: Das ständige Gefühl von Bedrohung und Hilflosigkeit kompensiert sie durch ein extrem aggressives Verhalten. Wenn jemand auch nur eine andere Meinung hat, geht sie sofort auf ihr Gegenüber los und wird laut. Wenn sie das Gefühl hat, jemand entscheidet über ihren Kopf hinweg, schreit sie ihn an und versucht ihn einzuschüchtern. In privaten Beziehungen wird sie sogar manchmal tätlich. Dabei ist Romy eigentlich extrem verletzlich und ängstlich. Sie hat ein großes Bedürfnis nach Zuneigung, Anerkennung und Harmonie, das aufgrund ihres überkompensatorischen Bewältigungsstils aber vermutlich nie befriedigt werden wird.

Es gibt eine ganze Reihe unterschiedlicher Formen, in denen Überkompensation auftritt:

Narzisstische Überheblichkeit

Das Besondere an narzisstischem Verhalten ist, dass der Betroffene nicht nur einen verzerrten Blick auf sich selbst und seine Umwelt hat, sondern dass er diese Verzerrung selbst kaum sieht. Meist weiß er nicht, dass er sich selbst überschätzt, und hält seine Überschätzung für eine realistische Einschätzung. Er verhält sich nicht so, als wäre er Mister Perfect, er ist Mister Perfect. In anderen Momenten kann diese Selbstwahrnehmung aber implodieren und sich stattdessen eine regelrechte Depression ausbreiten. Narzissmus kann dazu führen, dass eine Person berechtigter Kritik überhaupt nicht mehr zugänglich ist, alternative Vorschläge nicht ernst nimmt und keinerlei Zweifel kennt. Auf die Umwelt wirkt dieses Verhalten fast immer arrogant und herablassend.

Mark ist eigentlich ein sehr unsicherer Mensch. Seine Eltern haben ihm nie Wertschätzung entgegengebracht oder ihm das Gefühl von Zugehörigkeit und einer sicheren Bindung vermittelt. Heute lässt Mark andere kaum zu Wort kommen. Er hat eine große Sehnsucht nach Wärme und Nähe, kann aber niemanden neben sich bestehen lassen oder auch nur wahrnehmen. In seinen Erzählungen geht es nur um ihn, um seinen Erfolg, um seine Intelligenz, um seinen Durchblick. Dabei lässt er sein Gegenüber kaum zu Wort kommen, und wenn, dann hört er nicht zu. Andere Menschen haben auf diese Unterhaltungen bald keine Lust mehr und ziehen sich zurück. Marks Überkompensation hat also nicht den beabsichtigten Effekt, andere zu beeindrucken, vielmehr führt sie eher zum Gegenteil: Statt vor Einsamkeit und Ablehnung zu schützen, verstärkt sie diese.

Paranoide Kontrolle

Kennen Sie die Menschen, die alles anzweifeln? Die immer denken, dass man ihnen Böses will und man habe sich hinter ihrem Rücken gegen sie verschworen? Das kann zu einem regelrechten Wahn werden, insbesondere bei sehr eifersüchtigen Menschen.

Der Kontakt mit diesen Menschen ist ungemein anstrengend. Es fällt ihnen immens schwer, zu vertrauen. Das kann regelrecht beleidigend sein – wenn Sie zum Beispiel ein Treffen absagen müssen, weil Sie mit Fieber im Bett liegen, und Ihr Freund sagt nur: »Du lügst. Du bist doch gar nicht krank.« Es ist sehr mühsam, den anderen ständig zu beschwichtigen und um sein Vertrauen zu ringen. Monikas Freundin Sarah ist so ein Fall: Sie wurde in ihrer Kindheit immer wieder verlassen. Heute unterstehen all ihre privaten Kontakte einer paranoiden Kontrolle. Damit erreicht Sarah leider das Gegenteil dessen, was sie beabsichtigt hatte: Eine Person nach der anderen löst die Beziehung zu ihr auf.

Zwanghafte Kontrolle

In ihrer Überkompensation bestehen manche Menschen, die innerlich sehr unsicher sind, darauf, anderen alles ganz genau zu erklären und auch zu kontrollieren, ob sie alles »richtig« machen. Dabei kann es um absolute Kleinigkeiten gehen – wie die Zwiebeln geschnitten gehören oder dass nur der billigste Kaffee gekauft werden darf. Von außen wird das als stur und eigensinnig wahrgenommen.

Katrin ist Studentin der Literaturwissenschaft. Sie ist äußerst perfektionistisch und definiert sich vor allem über ihre akademischen Erfolge. Oft braucht sie unendlich lange, um Hausarbeiten einzureichen, weil sie alles hundertprozentig machen will und sich extrem unter Druck setzt. Gruppenarbeiten sind für sie eine Tortur. Dann wird sie zum Kontrollfreak: Sie muss genau wissen, was die anderen machen, alles noch mal inspizieren und so ändern können, dass es absolut ihren Vorstellungen entspricht. Wenn ihre Mitstudenten sagen, dass der Zeilenabstand nun wirklich nicht so wichtig ist, verliert sie die Fassung und straft sie mit Verachtung. Schließlich macht sie die Arbeit weitgehend allein und hat die Sympathien ihrer Kommilitonen zum Großteil verloren.

Aufmerksamkeitsheischendes Verhalten

Es gibt »Rampensäue« und es gibt »Dramaqueens«. Die einen haben ihre Geltungssucht zum Beruf gemacht, die anderen müssen sich auf der häuslichen Bühne austoben. Beides kann von hohem Unterhaltungswert sein – zeitweise. Wer täglich Zeuge von Geltungssucht und exzessiver Selbstinszenierung werden muss, fühlt sich irgendwann strapaziert.

Aggressivität

Erinnern Sie sich noch an Romy? Sie hat sich ein aggressives Verhalten angeeignet, um der Bedrohung und Hilflosigkeit, die sie so oft fühlt, zu begegnen. Ihr Credo: Angriff ist die beste Verteidigung. Sie will lieber zuschlagen, ehe sie geschlagen wird. Dabei hat niemand die Absicht, sie zu schlagen. Aber das kann Romy aufgrund ihrer Geschichte leider nicht mehr objektiv einschätzen.

Viele Menschen, die so wie Romy in ihrer Kindheit viel Gewalt und Bedrohung erlebt haben, neigen später selbst zu aggressivem Verhalten. Typisch ist dann ein kalkulierender, gezielter Einsatz körperlicher oder verbaler Gewalt, um andere einzuschüchtern und auf diese Weise die Kontrolle über die Situation zu bekommen.

Falschheit und Verschlagenheit
Es gibt Menschen, die dazu neigen, andere zu übervorteilen und zu betrügen. Meistens sind sie in einem unsicheren Umfeld aufgewachsen, in dem es überlebenswichtig schien, zu lügen und zu manipulieren. Leider werden diese Verhaltensweisen später nicht unbedingt abgelegt – auch weil das Gefühl der Unsicherheit bleibt, selbst nachdem die Verhältnisse sicherer geworden sind.

○ *Und bei mir?*
Es ist gar nicht so einfach, zu erkennen, ob man zu Überkompensation neigt: Im Gegensatz zu den anderen Bewältigungsformen fühlt man sich beim Überkompensieren gar nicht so schlecht. Man glaubt, man habe die Kontrolle über die Situation, oder fühlt sich klüger und cooler als die anderen. Diese Strategie scheint also zu funktionieren.

Auf den ersten Blick zumindest. Viele Betroffene berichten, dass sie sich im Grunde doch nicht mögen, wenn sie im Zustand der Überkompensation sind. Sie sind sich selbst fremd, finden sich eher lächerlich und aufgeblasen. Bin ich das wirklich? Und will ich das wirklich? Überkompensation ist eine Form der Verstellung und deshalb sehr energieaufwendig. Entspannt und gelassen fühlt man sich dabei normalerweise nicht, eher angespannt und immer auf der Hut.

Außerdem sind zur Identifikation der eigenen Überkompensation die Aussagen anderer Menschen sehr hilfreich. Haben Sie schon öfter – und von verschiedenen Menschen – gesagt bekommen, dass Sie immer nur an sich dächten oder dass Sie sehr stur seien? Dann lohnt es sich, darüber nachzudenken, was da dran ist …

Wenn Sie den Verdacht haben, dass auch Sie – wie die meisten Menschen hin und wieder – zu Überkompensation neigen, helfen Ihnen vielleicht die folgenden Aussagen, die verschiedene Facetten der Überkompensation zusammenfassen:

- »He, schau mal her!« – Ich tue Dinge, um im Mittelpunkt der Aufmerksamkeit zu stehen.
- »So doch nicht.« – Ich reagiere gereizt, wenn andere nicht tun, was ich von ihnen erwarte.
- »Ich bin die Schönste, die Beste, die Tollste.« – Es ist wichtig für mich, die Nummer eins zu sein.
- »Pass bloß auf, sonst gibt's Ärger.« – Indem ich anderen zeige, dass mit mir nicht zu spaßen ist, verschaffe ich mir Respekt.

Eine andere Möglichkeit, zu überprüfen, ob Sie zu Überkompensation neigen, ist der Stresstest: Wie alle Bewältigungsstile intensiviert sich auch die Überkompensation bei Stress und Belastung. Stellen Sie sich also eine typische Stresssituation vor: etwa einen Prüfungstermin oder die Kinder sind krank und Sie müssen zur Arbeit. Überlegen Sie dann, welche Reaktionsmuster bei Ihnen normalerweise ablaufen und welche Gefühle dabei eine Rolle spielen.

Sie können aber auch einfach mal Ihr Umfeld fragen. Vielleicht haben Sie schon diesbezügliche Rückmeldungen bekommen: Ein Freund hat Sie gefragt, warum Sie immer gleich so aggressiv werden müssen, oder eine Person am Nebentisch meinte: »Junger Mann, schalten Sie mal einen Gang zurück. Ich kann Sie bis hierher hören.« Vielleicht hat sich Ihre Tochter beschwert, dass Sie ihr immer alles aus der Hand nehmen und sie nichts allein machen lassen. Wenn Ihnen schon öfter vorgeworfen wurde, egoistisch, dominant, herrisch oder zu laut zu sein, könnte Überkompensation im Spiel sein. Können Sie sich sogar noch an die Gelegenheit erinnern, bei der Ihnen dieser Vorwurf gemacht wurde, dann versetzen Sie sich in diese Situation und hören Sie ganz genau in sich hinein. Melden sich da verletzte Gefühle? Zeigt Ihre Fassade Risse?

○ *Und bei dir?*

So schwer es ist, Überkompensation bei sich selbst zu erkennen, so einfach ist es, dieses Verhalten bei anderen zu identifizieren, insbesondere in seiner narzisstischen Form. Von außen betrachtet, wirken die Betroffenen oft unecht, übertrieben, lächerlich. Peinlich wirkt das Ganze, weil für Außenstehende klar ist, dass sich hier jemand größer macht, als er ist, und man ihm nicht wirklich etwas zutraut. »Hunde, die bellen, beißen nicht«, sagt ein Sprichwort und ein anderes: »Große Klappe, nichts dahinter.«

Um den Kontakt mit diesen Menschen reißt man sich normalerweise nicht. Erstens, weil es schwerfällt, sie ernst zu nehmen, und sie uns mit ihren ständigen Prahlereien oder Kontrollen auf die Nerven gehen. Zweitens, weil sie uns so wenig Raum geben. Man kommt selbst nur selten zu Wort, und was man sagt, interessiert den anderen nicht; mit Widerspruch können solche Menschen schon gar nicht umgehen.

Das erwachsene Ich

Wann waren Sie das letzte Mal auf einer Hochzeit? Ist Ihnen schon mal aufgefallen, dass die meisten Hochzeitsgäste sich offenbar in ihren Kleidern äußerst unwohl fühlen? Das ist eigentlich auch kein Wunder. Viele Menschen tragen Sachen, die überhaupt nicht zu ihnen passen. Schade: Gerade bei einer Hochzeit könnte man seiner Fantasie freien Lauf lassen und das tolle Teil anziehen, das man schon immer mal tragen wollte. Aber das machen die wenigsten. Der Grund ist so ernüchternd wie einfach: Oft wissen wir nicht, was uns steht, was zu uns passt, weil wir uns gar nicht sicher sind, wer wir sind. Schuld sind die schädlichen Denkmuster! Wir sind so beherrscht von unseren unterschiedlichen Verhaltensstrategien und Ängsten, dass wir den Überblick über unsere Persönlichkeit verloren haben. Das Bild, das wir von uns selbst haben, ist völlig verzerrt, und deshalb wählen wir immer wieder die falschen Schuhe, Kleider und Accessoires.

Das ist im Modus des gesunden Erwachsenen anders. In diesem Zustand ist es uns in der Regel möglich, unser Seelenleben einigermaßen zu überblicken, uns ein weitgehend unverzerrtes Bild von unserem psychischen Geschehen zu machen. Dieser Modus passt zu uns und zur aktuellen Situation wie eine wunderbare, maßgeschneiderte Robe: wie angegossen.

Im gesunden Erwachsenenmodus sind wir entspannt und gelassen. Wir haben den Überblick über die Situation. Wir haben das Gefühl, die Abläufe zu kennen und Eventualitäten mehr oder weniger gut einschätzen zu können. Unvorhergesehene Vorkommnisse werfen uns nicht aus der Bahn. Das wird uns dadurch ermöglicht, dass unser Handeln und Fühlen nicht von schädlichen Modi gesteuert werden, sondern dass wir einen kühlen Kopf behalten, die Prozesse steuern und eigene Impulse geben.

Wenn wir uns im gesunden Erwachsenenmodus befinden und über ein starkes und funktionierendes Ich verfügen, können wir die Realität gut einschätzen und unangenehme Erfahrungen, wenn sie nicht zu erschreckend und grausam sind, gut verarbeiten. Anders als unter dem Einfluss schädlicher, hinderlicher Denkmuster und Strategien können wir in diesem Zustand Situationen, Konflikte oder Beziehungen als das wahrnehmen, was sie sind. Wir reagieren auf die aktuelle Situation und nicht auf eine längst vergangene, die nur aktuell reaktiviert wird. Wir können also emotional auf Gegenwärtiges reagieren und sind gefühlsmäßig nicht in der Vergangenheit gefangen. Die Folge ist, dass wir mit beängstigenden Situationen jetzt als Erwachsene umgehen können und nicht mehr mit der Hilflosigkeit eines Kindes. Auch schwierige Situationen verlieren dadurch viel von ihrem Schrecken und schrumpfen quasi auf Normalgröße zusammen, sodass uns die meisten unangenehmen Erlebnisse und negativen Erfahrungen nicht in Krisen stürzen. Ich spreche jetzt nicht von traumatischen Erfahrungen, vor denen kaum ein Mensch gewappnet ist, sondern von alltäglichen Missverständnissen, Stresssituationen und Gemeinheiten. Die werfen eine Person im gesunden Erwachsenenmodus nicht gleich um. Jeder hat mal bessere, mal schlechtere Tage, aber im Allgemeinen können wir im gesunden Erwachsenenmodus den alltäglichen Müll wegstecken und uns dann wieder auf die schönen und angenehmen Seiten des Lebens konzentrieren.

Weil wir im gesunden Erwachsenenmodus in der Regel nicht von unseren Gefühlen überwältigt werden, gelingt es uns, die Bedürfnisse unseres Gegenübers wahrzunehmen, einzuschätzen und gegen die eigenen abzuwägen. Dabei geht es weder darum, sich den Bedürfnissen anderer zu unterwerfen (emotional fordernder Elternmodus), noch darum, auf die einseitige Durchsetzung der eigenen Interessen zu pochen (verwöhnter Kindmodus). Der gesunde Erwachsenmodus versetzt uns in die Lage, einen Kompromiss zu finden, eine Lösung, mit der beide Seite möglichst gut leben können.

Außerdem sind wir in diesem Zustand in der Lage, zu erkennen, was jetzt getan und erledigt werden muss, und es dann auch zu tun, statt es aufzuschieben. So erspart man sich unnötigen Stress und Ärger.

Und schließlich haben Menschen mit einem gesunden Erwachsenenmodus auch erwachsene Interessen und Vergnügungen. Sie wissen nicht, was Sie sich darunter vorzustellen haben? Erwachsene Interessen und Vergnügen zielen auf eine Erfüllung eigener Bedürfnisse, ohne die Bedürfnisse anderer zu sehr zu verletzen, also auf eine vernünftige Balance von eigenen und fremden Bedürfnissen. Es geht darum, Spaß zu haben, ohne völlig über die Stränge zu schlagen, sich etwas zu gönnen, ohne sich finanziell oder sonst wie zu übernehmen. Also: Lassen Sie es sich in gesundem Maß gut gehen!

Niemand ist immer im gesunden Erwachsenenmodus. Aber fast jeder ist immer mal wieder oder sogar die meiste Zeit in diesem Zustand. Wie Sasha:

Sasha ist eine in vielen Bereichen erfolgreiche, erwachsene Frau. Sie arbeitet als Eventmanagerin in Berlin, London und New York und hat alles im Griff. Mit ihren Mitarbeitern versteht sie sich blendend. Es gibt so viele Dinge, die sie problemlos, man könnte fast sagen grandios erledigt. Sie verfügt über eine Menge Strategien, mit denen sie ihren Alltag meistert. Nur mit der Liebe, da klappt es nicht. Immer wieder landet sie bei Männern, die sie ausnutzen. Die Krönung war vielleicht der letzte: Philippe, ein leidenschaftlicher Südamerikaner. Ein großartiger Fotograf mit Blick fürs Detail, und so sensibel, zumindest am Anfang. Doch dann: schmerzhafte Griffe in ihre Fettpolster, boshafte Bemerkungen über ihre Lachfältchen, Desinteresse an ihrer Person und vor allem an ihren Gefühlen. Bösartige Persönlichkeitsanalysen, sadistische Vergleiche mit anderen Frauen … Und sie? Statt sich von ihm zu trennen, fing sie an, mehr Sport zu machen, noch teurere Kosmetik zu kaufen, ihm hinterherzuräumen und sich klein und unattraktiv zu fühlen. Sie tat alles, um ihn zu halten. Dabei wusste sie eigentlich, dass es ihr schlecht ging mit ihm. Und dann ließ er sie sitzen, per SMS: »Komm erst mal mit dir selbst klar. Das ist zu viel für mich.« – Was für ein Mistkerl!

Sasha hat verschiedene Verhaltensmuster, die immer mal wieder und in unterschiedlichen Lebensbereichen und -phasen zum Vorschein kommen. Meist ist sie im gesunden Erwachsenenmodus. Sie kann sowohl ihr berufliches als auch ihr privates Leben weitgehend realistisch einschätzen. Sie ist erfolgreich in ihrem Job und vermutlich auch im Umgang mit ihren Freunden. Erst wenn es zu Liebesbeziehungen kommt, werden die schädlichen Muster plötzlich dominant.

Es bietet sich also an, den gesunden Erwachsenen in sich zu stärken, zu überlegen, was einem hilft, in diesen Modus zu gelangen, und zu versuchen, schädliche Denk- und Verhaltensmuster nach und nach durch diesen Modus zu ersetzen. Denn wer sich meist in einem gesunden Erwachsenenmodus befindet, erspart sich viel Stress und negative Gefühle. Dann gelingt es einem in der Regel, entspannt auf Dinge zu reagieren, Situationen richtig einzuschätzen, sein Gegenüber und seine Bedürfnisse wahrzunehmen und zu berücksichtigen.

Das führt dann auch dazu, dass Personen mit einem starken gesunden Erwachsenenmodus im Allgemeinen angenehme Zeitgenossen sind, deren Nähe man sucht. Und so setzt sich ein positiver Kreislauf in Gang: Je gelassener und umsichtiger ein Mensch auftritt, desto beliebter ist er, je beliebter er ist, desto sicherer fühlt er sich, je sicherer er sich fühlt, desto mehr Menschen suchen seine Nähe … Der gesunde Erwachsenenmodus verstärkt sich also selbst. Dasselbe gilt leider, wie wir gesehen haben, für viele schädliche Modi und Bewältigungsmuster, die von anderen als eher anstrengend wahrgenommen werden und oft zu einer zunehmenden Vereinsamung führen.

Ein gesunder Erwachsenenmodus ist also erstrebenswert, macht Probleme kleiner, negative Gefühle weniger mächtig und führt zu einem Seelenzustand, in dem wir unsere Bedürfnisse und die unserer Umwelt weitgehend befriedigen können. Was sind also die Voraussetzungen dafür, dass wir überhaupt einen starken gesunden Erwachsenenmodus entwickeln können?

Zentral für diese Entwicklung ist zunächst einmal, dass in unserer Kindheit und Jugend elementare Bedürfnisse erfüllt wurden, die emotionalen Grundbedürfnisse, die jeder Mensch hat: das Bedürfnis nach Verbundenheit, nach Autonomie und Kompetenz, danach, seine Gefühle und Bedürfnisse frei äußern zu dürfen, nach Spaß und Spiel und danach, realistische Grenzen kennenzulernen. Wenn Kinder erfahren haben, dass ihre Bedürfnisse nicht wichtig oder sogar schlecht sind, werden sie es schwer haben, einen starken gesunden Erwachsenenmodus zu entwickeln. Dafür werden Kinder, die eine weitgehende Befriedigung dieser Bedürfnisse erlebt haben – die aus einem stabilen und liebevollen Elternhaus kommen, die Wertschätzung erfahren haben, denen aber auch Grenzen gesetzt wurden und die albern sein und spielen durften –, später vermutlich auf einen gut ausgeprägten gesunden Erwachsenmodus zurückgreifen können. Zuspitzen lässt es sich auf diese Ungerechtigkeit: Wer eine glückliche Kindheit hatte, wird es auch als Erwachsener leichter haben; wer als Kind schon nicht das große Los gezogen hat, wird auch später eher psychische Probleme haben.

Dasselbe gilt für den anderen positiven Modus, den des glücklichen Kindes. Wer als Kind schon Spiel und Spaß erlebt hat, wird aller Wahrscheinlichkeit nach auch als Erwachsener einen leichteren Zugriff darauf haben. Und Menschen mit einem ausgeprägten Erwachsenenmodus haben oft auch einen starken glücklichen Kindmodus, während Menschen mit stark ausgeprägten schädlichen Kind- und Elternmodi meist sowohl einen schwach ausgeprägten glücklichen Kindmodus als auch einen schlecht entwickelten gesunden Erwachsenenmodus haben. Das heißt: Wenn Sie über einen gut ausgeprägten gesunden Erwachsenenmodus verfügen, haben Sie in der Regel einen guten Zugriff auf Ihren glücklichen Kindmodus und aller Wahrscheinlichkeit nach kaum psychische Probleme.

Denken Sie zum Beispiel an Hanna, die alleinerziehende Mutter, die in einer Sprachenschule arbeitet: Ihr hilft ein starker glücklicher Kindmodus dabei, ihren eigentlich stressigen und aufreibenden Alltag zu meistern. Aber Hanna verfügt zudem über einen gut ausgeprägten gesunden Erwachsenenmodus.

Hanna arbeitet viel und hat zudem einen Haushalt zu führen und sich um zwei kleine Kinder zu kümmern. Ihr Job macht ihr Spaß, ist aber aufgrund der Freiberuflichkeit unsicher. Wenn die Kinder mal krank sind und nicht zur Kita können, haben die Schulen zwar Verständnis, aber das ist begrenzt. Selber krank zu werden kann Hanna sich nicht erlauben. Daher achtet sie darauf, ihre Abwehrkräfte durch eine gute Ernährung und regelmäßigen Sport zu stärken. Zweimal die Woche gehen die Kinder zu einer Freundin, und Hanna geht zum Yoga. Außerdem hat sie gelernt, zusätzlichen Stress zu vermeiden: Sie kann Prioritäten setzen und im Zweifel geht Erholung vor.

Auch Inge, die Sozialarbeiterin, hat außer einem gut ausgeprägten glücklichen Kindmodus, der ihr den nötigen Ausgleich zu ihrem stressigen Berufsalltag gewährt, auch einen starken gesunden Erwachsenenmodus. Sie plant ganz bewusst Erholungsphasen ein, die verhindern, dass ihr Job sie aufreibt. Sie treibt regelmäßig Sport: Sie und ihre beste Freundin sind seit einigen Jahren Mitglied bei den Freizeitschwimmern, die zweimal in der Woche trainieren. Danach gehen sie in die Sauna. Das muss sein, finden beide. Und schließlich hat sie den Kontakt zu zwei Freunden abgebrochen, die einfach zu viel von ihr verlangt und wenig zurückgegeben haben.

○ *Und bei mir?*

Woran erkennen Sie den gesunden Erwachsenenmodus? Vielleicht kann man es so sagen: daran, dass Sic sich insgesamt gut fühlen. In diesem Modus sind wir nicht übermäßig glücklich, aber wir haben das Gefühl, alles einigermaßen im Griff zu haben. Wir leben in der Gewissheit, mit unseren Gefühlen und Bedürfnissen in Kontakt zu sein. Wir sind weitgehend entspannt. Im gesunden Erwachsenenmodus wird weder vermieden noch unterworfen oder überkompensiert. Konflikte scheinen auch anders lösbar. Wir entscheiden bewusst und rational, sehen uns und unser Umfeld und können zwischen unseren und den Interessen der anderen weitgehend objektiv vermitteln.

Hier noch einmal zusammenfassend die Merkmale des gesunden Erwachsenenmodus. Wenn Sie sich im Großen und Ganzen damit identifizieren, können Sie sich glücklich schätzen.

- »Läuft!« – Ich finde, dass ich genügend Stabilität und Sicherheit in meinem Leben habe.
- »Das ist machbar.« – Ich kann Situationen, Konflikte, Beziehungen und Ähnliches realistisch einschätzen.
- »Davon geht die Welt nicht unter.« – Ich werde bei kleinen Problemen nicht von negativen Gefühlen überwältigt.
- »Du hast mich verletzt.« – Ich kann aktuelle Gefühle spüren.
- »Das ist deine Sache, das ist meine.« – Ich kann eigene und fremde Bedürfnisse wahrnehmen und eine Balance finden.
- »Wird gemacht, Boss.« – Ich übernehme Verantwortung, erledige Pflichten und Aufgaben.
- »Alles zu seiner Zeit, an seinem Ort.« – Ich weiß, wann ich meine Gefühle äußern sollte und wann nicht.
- »Entschuldigung, aber das sehe ich anders.« – Ich kann für mich selbst einstehen, wenn ich das Gefühl habe, zu Unrecht kritisiert zu werden.
- »Candlelight-Dinner, Pilates oder Ikebana?« – Ich gehe erwachsenen Vergnügungen und Interessen nach.

Vielleicht haben Sie jetzt das Gefühl, dass Ihr gesunder Erwachsenenmodus noch ein bisschen Verstärkung gebrauchen könnte – das kann eigentlich nie schaden. Dann denken Sie darüber nach, wie Sie normalerweise diesen Modus aktivieren können und wie Sie sich dann fühlen. Stellen Sie sich folgende Fragen:

- Bei welchen Aktivitäten, in welchen Situationen bin ich meistens im gesunden Erwachsenenmodus?
- Gibt es bestimmte Personen, mit denen es mir leichter fällt, im gesunden Erwachsenenmodus zu sein?
- Wie kann ich die Stimmung, das »Grundgefühl« beschreiben, das zum gesunden Erwachsenenmodus gehört?

Wenn Sie sich dazu entschlossen haben, Ihren gesunden Erwachsenenmodus zu stärken, dann seien Sie bitte realistisch. Niemand ist nur in diesem Modus. Es geht lediglich darum, Ihre schädlichen Verhaltensmuster zugunsten eines Zustandes zurückzudrängen, in dem Sie sich im Großen und Ganzen gut fühlen.

○ *Und bei dir?*

Wenn uns Menschen im gesunden Erwachsenenmodus begegnen, erscheinen sie uns tatsächlich »erwachsen«, das bedeutet, sie reagieren angemessen auf Situationen, Kommentare und Konflikte. Ihr Handeln und Fühlen wirken vorhersehbar und moderat. Sie beurteilen Dinge weitgehend objektiv und unverzerrt und neigen weder zu übermäßiger Selbstkritik (strafender Elternmodus) noch zu extremer Verletzlichkeit (verletzlicher Kindmodus). Es ist möglich, auch emotional Kontakt zu ihnen aufzunehmen oder Kritik anzubringen, ohne damit rechnen zu müssen, dass der andere entweder gar nicht reagiert, sich komplett unterwirft oder aggressiv wird.

Während schädliche Modi Beziehungen belasten und sogar zerstören können, gewährleisten der glückliche Kindmodus und der gesunde Erwachsenenmodus gute, belastbare Beziehungen, kooperative und produktive Zusammenarbeit. Sind sie aktiv, ist es auch möglich, Konflikte so zu lösen, dass der Beziehung kein Abbruch droht.

Menschen mit einem gesunden Erwachsenenmodus sind außerdem resilienter. Sie können Schicksalsschläge und Stresssituationen oft besser meistern und haben außerdem einen größeren sozialen Rückhalt, der ihnen hilft, kritische Situationen abzufedern. In der Regel sind sie sehr beliebt, und es fällt ihnen leicht, ein selbstbestimmtes soziales Leben zu führen. Das führt zu einer positiven Rückkopplung: Gesunder Erwachsenenmodus und Beliebtheit bzw. selbstbestimmtes soziales Leben verstärken sich gegenseitig.

Was unterscheidet den gesunden Erwachsenenmodus von den anderen Verhaltensmustern?

Wahrscheinlich ist es Ihnen schon aufgefallen: Manchmal ist es gar nicht leicht, die verschiedenen Modi auseinanderzuhalten. Das gilt in besonderem Maße für den gesunden Erwachsenenmodus. Viele seiner typischen Verhaltensweisen kennzeichnen auch schädliche Verhaltensmuster: Woran erkennt man beispielsweise, ob jemand erwachsen diszipliniert seine Aufgaben erledigt oder sich aufgrund des fordernden Elternmodus überfordert? Ob der Ehrgeiz gesund oder ungesund ist? Was unterscheidet berechtigte Selbstkritik von einer Selbstkritik, die auf den strafenden Elternmodus zurückgeht? Wer entscheidet, ob ich gerade chic und teuer essen gehe, weil es wichtig ist, zu genießen, oder weil ich undiszipliniert und verwöhnt bin? Das ist oft gar nicht so einfach zu trennen, vor allem weil der gesunde Erwachsenenmodus selten ausschließlich wirkt. So fühle ich mich vielleicht verletzt und zurückgewiesen (verletzlicher Kindmodus), obwohl ich »vom Kopf her« weiß, dass der andere mich mag und nicht zurückweisen möchte (gesunder Erwachsenenmodus).

Wenn ich meine eigenen Bedürfnisse und die des anderen wahrnehmen und befriedigen kann, ist mit großer Wahrscheinlichkeit der gesunde Erwachsenenmodus beteiligt. Dazu muss ich sowohl meine Gefühle als auch die des anderen spüren können. Es braucht also eine gute Gefühlswahrnehmung! Wenn hingegen die Bedürfnisbefriedigung einseitig ausfällt, also entweder nur die eigenen oder nur die Bedürfnisse des anderen berücksichtigt werden, sind eher schädliche Modi beteiligt: Dann werden nur bestimmte Gefühle wahrgenommen oder gar keine.

Die folgende Tabelle gibt eine Zusammenfassung der wichtigsten Unterscheidungsmerkmale zwischen dem gesunden Erwachsenenmodus und den dysfunktionalen Modi.

	Gesunder Erwachsenenmodus	Dysfunktionale Modi
Pflichterfüllung, Disziplin	*erfüllt Aufgaben und ist diszipliniert, aber beachtet die eigenen Grenzen und Bedürfnisse*	***Fordernder Elternmodus:** überfordert und verlangt zu viel Disziplin und Pflichterfüllung*
Selbstkritik	*kann Selbstkritik üben, ohne sich deshalb zu hassen*	***Strafender Elternmodus:** übertreibt Selbstkritik, hasst sich selbst, legt sich durch Verbote selbst lahm*
Genuss, über die Stränge schlagen	*weiß, dass es auch wichtig ist, zu genießen und nicht immer diszipliniert zu sein, bleibt aber im sozial verträglichen Rahmen*	***Undisziplinierter, impulsiver, verwöhnter Kindmodus:** erfüllt eigene Bedürfnisse ohne Rücksicht auf andere oder langfristige negative Konsequenzen*
Ausdruck von Ärger	*drückt Ärger aus, allerdings auf sozial verträgliche Weise, nimmt beispielsweise eine Freundin zur Seite, um ihr möglichst sachlich mitzuteilen, was sie stört*	***Ärgerlicher Kindmodus:** explodiert unkontrolliert und produziert dabei u. U. »teure Scherben«*
Vermeidung von Gefühlen	*kann Vermeidung als Strategie einsetzen, wird aber nicht durch extreme Vermeidung an wichtigen Dingen gehindert*	***Vermeidender Bewältigungsmodus:** vermeidet jede Art von Emotion und verhindert damit wichtige Beziehungen, Erfahrungen und Entwicklungen*
Übernahme von Kontrolle	*schreckt nicht vor Kontrolle zurück, bleibt aber flexibel und berücksichtigt auch die Interessen der anderen*	***Überkompensationsmodus:** beharrt auf Kontrolle, bevormundet andere, ist unflexibel*
Selbstbewusstsein	*kennt eigene Stärken, kann stolz auf sich sein, sieht aber auch Schwächen*	***Narzisstische Überkompensation:** findet sich grandios und wichtiger als andere*
Fürsorge für andere	*kümmert sich um andere, verliert aber eigene Bedürfnisse und Grenzen nicht aus dem Blick*	***Unterwerfung:** fokussiert nur auf das Kümmern um andere, nimmt eigene Bedürfnisse nicht mehr wahr*

»Ganz allein auf der Welt …«
Verletzliches Kind

»Alles Idioten außer ich!«
Überkompensation

»Läuft!«
Erwachsenes Ich

»Zwei mal drei macht vier …«
Glückliches Kind

»Erst die Arbeit, dann das Vergnügen!«
Leistungsfordernde Eltern

»Muss ich erst wieder böse werden?!«
Strafende Eltern

»Jetzt nimm doch mal Rücksicht!«
Emotional fordernde Eltern

»Hauptsache, dir geht es gut …«
Unterwerfung

»Vielleicht lieber doch nicht …«
Vermeidung

»Dafür räche ich mich!«
Impulsives Kind

Meine persönliche Landkarte der Seele

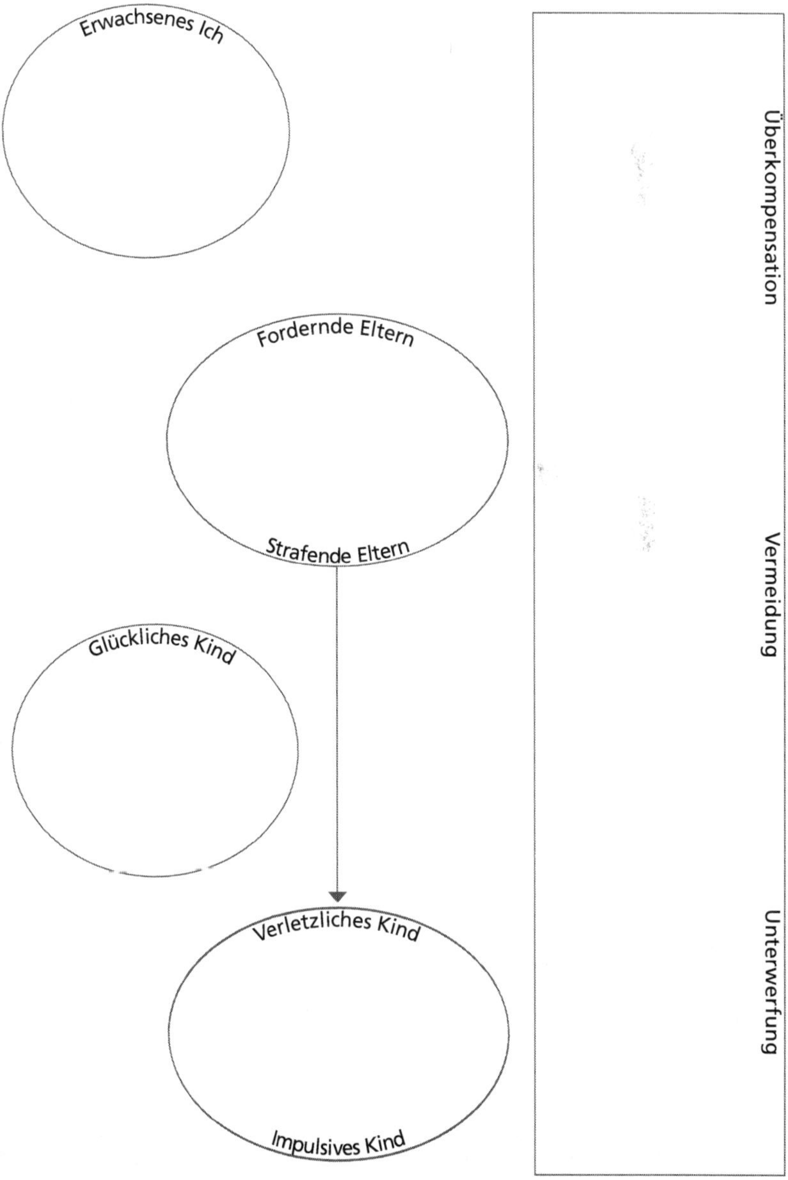

Extreme Persönlichkeiten

Das Besondere am Schemamodell ist, dass es dabei zunächst einmal gar nicht um psychische Störungen geht. Das bedeutet, es geht nicht von den anerkannten prototypischen Störungsbildern wie Narzisst oder Borderliner aus, sondern identifiziert individuelle Verhaltensmuster. Als Orientierungsgrößen für Ihr individuelles Schema sind extreme Persönlichkeiten aber hilfreich, denn auch sie lassen sich meist auf eine bestimmte Kombination von Modi zurückführen.

Der Borderliner

Erika Kohut, die Hauptfigur in Elfriede Jelineks Roman *Die Klavierspielerin,* ist eine begabte Pianistin, die mit dreißig noch immer mit ihrer herrischen Mutter zusammenlebt. Die Mutter hat Erika von klein auf zur Pianistin gedrillt.

Zu Hause kann Erika in der engen Umklammerung der Mutter kaum atmen. Das selbstbestimmte Leben einer Erwachsenen bleibt ihr versagt: Ihr Zimmer lässt sich nicht abschließen. Die Mutter kontrolliert, was Erika tut, isst und welche Kleidung sie anzieht. So bleibt Erika nicht nur innerlich infantil, sie ist auch zu großen Grausamkeiten anderen Menschen gegenüber fähig und handelt dabei impulsiv wie ein Kind.

Außerdem erzieht die Mutter sie zu weitgehendem sozialem Rückzug und Leibfeindlichkeit. Jedes normale Bedürfnis nach Sexualität oder Hübschmachen zeichnet sie als primitiv und schlecht. Das führt dazu, dass Erika sich für diese Bedürfnisse sowohl bestraft als auch Lust an der Übertretung findet. Zu ihren eigenen Gefühlen und ihrem Körper hat sie jeden Kontakt verloren: »Ihr Körper ist ein einziger großer Kühlschrank«, schreibt Jelinek. Um diese Dissoziation zu durchbrechen, verletzt und erniedrigt sie sich immer wieder selbst und verlangt von ihrem Sexualpartner, sie zu demütigen. Diese Handlungen dienen vor allem dem Bedürfnis, sich zu spüren.

Typische Merkmale

Borderliner werden von extrem negativen Gefühlen beherrscht. Sie erleben kaum Augenblicke der Unbeschwertheit und des Glücks. Die Welt ist für sie nur selten auch nur ansatzweise »in Ordnung«. Wenn Sie jetzt vermuten, dass Sie Züge dieser Störung aufweisen, überlegen Sie, ob Sie den folgenden Aussagen zustimmen würden. Wenn das der Fall ist, sollten Sie daran nur mit therapeutischer Hilfe arbeiten.

- »Ich finde mich schrecklich.« – Die meiste Zeit kann ich mich nicht leiden. Ich mag kaum etwas an mir. Manchmal empfinde ich mir gegenüber regelrecht Ekel.
- »Ich spür mich nicht!« – Ich habe oft gar keinen Kontakt zu meinen Gefühlen oder meinem Körper.
- »Ohne ertrage ich mich einfach nicht.« – Ich brauche regelmäßig Alkohol oder Beruhigungsmittel, um mich selbst und mein Leben einigermaßen auszuhalten.
- »Gib mir die Peitsche. Ich mach das selbst.« – Ich habe das Bedürfnis, mich selbst zu bestrafen, wenn ich mir bestimmte Dinge (gutes Essen, Sex, Wärme …) gegönnt habe.

Leistungsfordernder Elternmodus

- *fordernde, dominante Mutter: »Du musst die Beste sein«*

Strafender Elternmodus

- *prüde, snobistische Mutter: »Du bist primitiv«*
- *gegen Hübschmachen und Sexualität*
- *lässt keine geschlossenen Türen zu*
- *bestraft sich durch Selbstverletzung*
- *fordert Demütigung von Sexualpartnern*

Verletzlicher Kindmodus

- *fühlt sich minderwertig, verlassen, eingeengt, ist unselbstständig*
- *Schuldgefühle wegen ihrer Bedürfnisse*

Impulsiver/wütender Kindmodus

- *verhält sich grausam und unbeherrscht*
- *steckt Glasscherben in die Manteltasche einer »Konkurrentin«*

Überkompensation

- *empfindet Lust an Demütigung und Strafe*
- *verstößt bewusst gegen Regeln und Tabus, um sich zu spüren und zu rebellieren*

Vermeidung

- *betäubt eigene Gefühle und Empfindungen*
- *spürt sich selbst nicht mehr*
- *vermeidet zwischenmenschliche Nähe*

Unterwerfung

- *lebt bei der Mutter und unterwirft sich ihren Forderungen*

Erika Kohut (Borderlinerin)

Der Narzisst

Kaum ein Gangsterfilm kommt ohne einen Narzissten aus. Auch die Börse scheint von koksenden Größenwahnsinnigen beherrscht zu sein und in den Krankenhäusern tummeln sich die »Götter in Weiß«.

Der wahrscheinlich berühmteste Leinwand-Narzisst ist eine Schöpfung von Orson Welles. In seinem legendären Film *Citizen Kane* von 1941 rekonstruiert er das Leben von Charles Foster Kane, der völlig vereinsamt auf seinem gigantischen Anwesen stirbt. Im Laufe des Films setzt sich seine Geschichte zusammen: Kanes Eltern kommen durch eine Goldmine zu großem Reichtum, der vor allem der Ausbildung des Sohnes zugutekommt. Kane wächst bei einem Vormund auf – die Trennung von den Eltern verarbeitet er bis zu seinem Tode nicht. Vater und Mutter scheinen die einzige emotionale Beziehung gewesen zu sein, die er in seinem Leben hatte. Allen anderen Menschen gegenüber blieb Kane distanziert und letztlich kalt. Er glaubt an nichts als an sich selbst. Seine Energie verwendet er vor allem auf immer mehr Erfolg, Einfluss und Macht. Kane baut ein regelrechtes Imperium auf, das aus 37 Zeitungen sowie zahlreichen Verlagen, Firmen und Immobilien besteht. Auch in der Politik versucht er sich.

Kanes Verhalten ist typisch für einen Narzissten. Er hat den Kontakt zu sich, zum eigenen Innenleben und zu anderen Menschen komplett verloren und lebt in einem Paralleluniversum, in dem es nur noch darum geht, dem eigenen größenwahnsinnigen Anspruch hinterherzulaufen.

Typische Merkmale

Falls Sie jetzt befürchten, narzisstische Muster zu haben, hilft Ihnen vielleicht die folgende Liste. Können Sie diesen Aussagen zustimmen oder nicht?

- »Wer ist nur dieser lächerliche Gockel?« – Ich neige manchmal dazu, mich aufzuspielen, und bin dabei manchmal auch nicht authentisch.
- »Wer sind Sie überhaupt?« – Ich bin von meinen Freunden schon darauf hingewiesen worden, dass ich andere Menschen nur selten gelten lasse.
- »Ach, Sie wollten auch was?« – Ich wirke auf meine Umwelt mitunter übermäßig dominant und fühle mich nur wohl, wenn ich die völlige Kontrolle über eine Situation habe.
- »Du sollst keine Götter haben neben mir.« – Ich reagiere auf Kritik herablassend und verletzend.

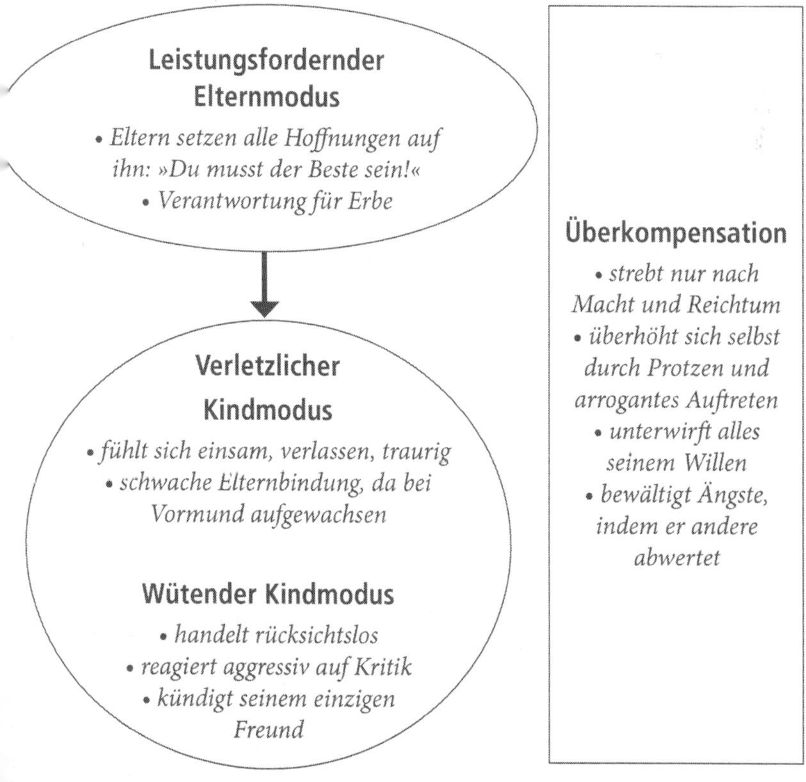

Charles Foster Kane (Narzisst)

Der Hysteriker

In Blanche Dubois hat Tennessee Williams allen Hysterikern ein Denkmal gesetzt. Wer jemals sein Drama *Endstation Sehnsucht* gelesen oder gesehen hat, wird diese Figur nicht mehr vergessen können. Die Gefühle, die man ihr entgegenbringt sind gemischt: Blanche geht einem unglaublich auf die Nerven, zugleich tut sie einem schrecklich leid.

Auf ihre Umgebung wirkt Blanche unbegreiflich. Mal scheint sie extrem verletzlich, dann plötzlich aggressiv, mal gibt sie sich übermäßig kultiviert, um im nächsten Moment unangemessen kokett zu sein. Blanche lebt in einer Fantasiewelt und erfindet immer wieder neue Leidensgeschichten, die Selbstmitleid bei ihr auslösen. Immer weniger gelingt es ihr, Wirklichkeit und Fantasie auseinanderzuhalten.

Selbst wenn man ihre Übertreibungen weglässt, bleibt noch eine schwere Lebensgeschichte stehen: Blanche heiratete einen homosexuellen Mann, der sich das Leben nahm. Dieser Selbstmord scheint sie in eine Krise gestürzt zu haben, die sie immer noch nicht überwunden hat. Anschließend suchte sie Trost, indem sie sich mit verschiedenen Männern in zwielichtigen Hotels traf. Ihren Job als Lehrerin verlor sie wegen einer Affäre mit einem minderjährigen Schüler.

Das Verhalten von Blanche ist typisch für Hysteriker. Sie brauchen unglaublich viel Anerkennung und Aufmerksamkeit. Sie flirten schamlos mit jedem, setzen sich ständig in Szene, sind laut und aufmerksamkeitsheischend, dramatisch und sentimental. Ihre Affekte haben häufig etwas Unechtes. Doch dieses zum Teil penetrante und peinliche Verhalten dient vor allem dazu, Gefühle der Wertlosigkeit und Einsamkeit zu vertreiben.

Typische Merkmale

Es ist gar nicht so einfach, zuzugeben, dass man zu hysterischem Verhalten neigt. Anderen gegenüber, aber auch schon sich selbst gegenüber. Falls Sie den Verdacht haben, bringen diese Aussagen vielleicht ein bisschen Licht ins Dunkel. Überlegen Sie: Würden Sie dem zustimmen oder eher nicht?

- »Hört mich denn keiner?« – Ich fühle mich schlecht, wenn ich nicht im Mittelpunkt stehe.
- »Münchhausen und ich« – Ich schmücke Dinge, die mir passiert sind, aus, um mehr Aufmerksamkeit zu bekommen.
- »Ich werde nie wieder hungern!« – Ich neige dazu, Gefühle dramatischer darzustellen, als ich sie empfinde.
- »Ich bin dumm.« – Ich halte mich für minderwertig und weniger begabt als andere.

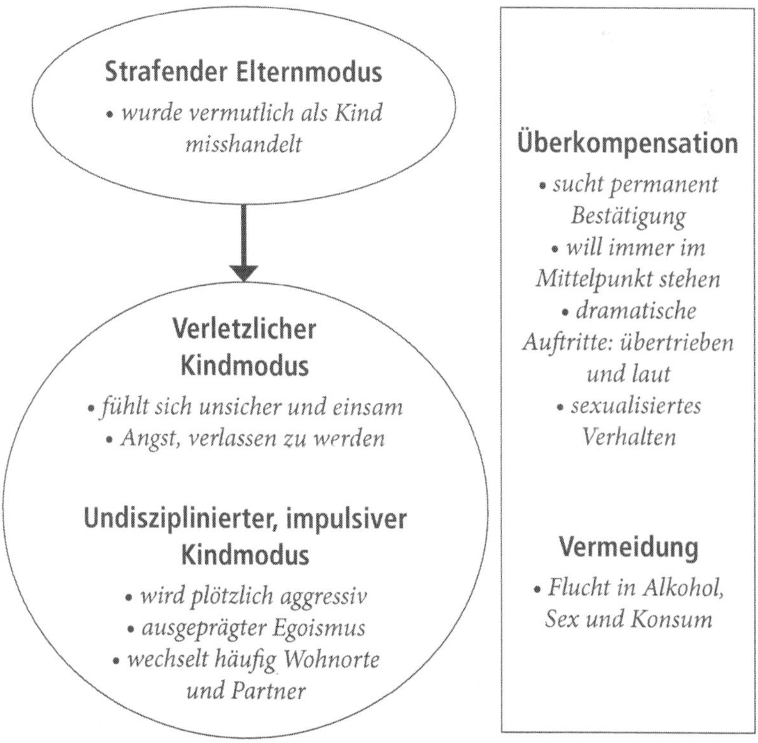

Blanche Dubois (Hysterikerin)

Der Selbstunsichere

Selbstunsichere Personen sind wenig glamourös. Trotzdem haben sie in der Kunst ihren Platz. Viele Figuren bei Franz Kafka kann man als selbstunsichere Persönlichkeiten bezeichnen.

Ein typisches Bespiel ist seine Erzählung *Der Fahrgast*, in der uns Kafka in den Kopf eines Mannes blicken lässt, der mit der Straßenbahn unterwegs ist. In dieser eigentlich harmlosen Situation drängt sich dem Ich-Erzähler die Einsicht auf, dass er sich in keiner Hinsicht sicher ist, sondern »vollständig unsicher in Rücksicht meiner Stellung in dieser Welt, in dieser Stadt, in meiner Familie«. Er hat das Gefühl, keinerlei legitime Bedürfnisse zu haben: »Auch nicht beiläufig könnte ich angeben, welche Ansprüche ich in irgendeine Richtung mit Recht vorbringen könnte.« Das geht so weit, dass sich der Fahrgast fragt, ob er eigentlich das Recht hat, hier zu stehen, und wie er diese Tatsache anderen gegenüber verteidigen könnte. – Obwohl: »Niemand verlangt es ja von mir, aber das ist gleichgültig.«

Dann fällt sein Blick auf ein Mädchen. Es steht direkt vor ihm: »Sie erscheint mir so deutlich, als ob ich sie betastet hätte«, und es scheint ihm ebenso lebendig und menschlich wie er zu sein: »Ihr kleines Ohr liegt eng an, doch sehe ich, da ich nahe stehe, den ganzen Rücken der rechten Ohrmuschel und den Schatten an der Wurzel.« Warum aber, fragt er sich, hat sie nicht die gleichen Zweifel: »Wieso kommt es, dass sie nicht über sich verwundert ist, dass sie den Mund geschlossen hält und nichts dergleichen sagt?«

Menschen mit einer selbstunsicheren Persönlichkeit kennen vor allem zwei Bewältigungsmuster: Sie vermeiden die Artikulation der eigenen Bedürfnisse und Gefühle und unterwerfen sich den Vorstellungen anderer. Das tun sie, weil sie an den eigenen Fähigkeiten und der Berechtigung der eigenen Gedanken und Gefühle zweifeln. Doch diese Verhaltensweise verstärkt leider noch ihr Gefühl der Einsamkeit und Ausgeschlossenheit.

Typische Merkmale

Haben Sie selbstunsichere Anteile? Oder wird sogar Ihr gesamtes Handeln und Fühlen von Selbstunsicherheit bestimmt? Wenn Sie den folgenden Aussagen zustimmen können, dann liegen bei Ihnen vermutlich selbstunsichere Muster vor:

- »Das kannst du gern haben.« – Ich überlasse anderen Dinge, die ich eigentlich behalten möchte, und stelle meine Bedürfnisse hinter die anderer, weil ich das Gefühl habe, dass meine Wünsche eigentlich keine Berechtigung haben.
- »Da hast du bestimmt recht.« – Ich zweifle schnell an meinen Vorstellungen und Gedanken, wenn man mir widerspricht.
- »Der mag mich bestimmt nicht.« – Ich ziehe mich schnell zurück und meide auch den Kontakt zu Menschen, weil ich überzeugt bin, dass man mich nicht mögen kann.

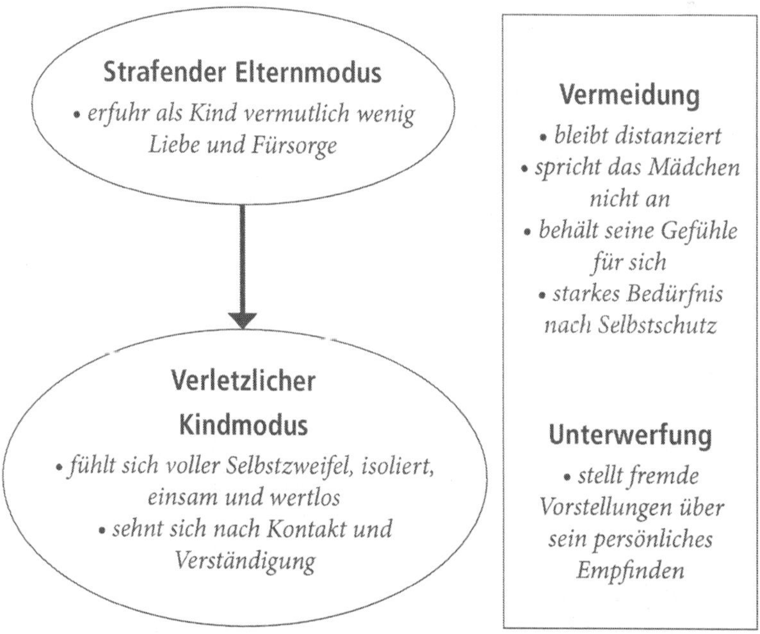

Kafkas »Fahrgast« (Selbstunsichere Persönlichkeit)

Der Dependente

Dependentes Verhalten zeichnet sich dadurch aus, dass Menschen sich vor allem in Partnerschaften, aber auch in Freundschaften und im Verhältnis zu »Helfern«, also zum Beispiel Ärzten, Therapeuten, Kollegen, völlig abhängig machen. Für ihr eigenes Leben übernehmen sie kaum Verantwortung. Um Entscheidungen zu treffen, brauchen sie unbedingt andere. Dependente Menschen haben oft das Gefühl, nicht allein leben zu können, und nehmen dafür auch Dinge auf sich, die ihnen eigentlich nicht recht sind.

In dem Roman *Das böse Mädchen* des peruanischen Literatur-Nobelpreisträgers Mario Vargas Llosa verliebt sich Ricardo Somocurcio als Jugendlicher in ein Mädchen, das sich als Schwindlerin entpuppt und verschwindet. Im Laufe seines Lebens trifft er sie mehrere Male, und jedes Mal legt er ihr alles zu Füßen, aber immer belügt sie ihn und verschwindet wieder. Seine Abhängigkeit von ihr, seine Bereitschaft, ihre Lügen nicht zu hinterfragen, und sein Festhalten an dieser Beziehung, die ihm gar nicht das bietet, was er eigentlich braucht, nämlich Sicherheit, Verlässlichkeit und Gegenseitigkeit, sind typisch für die dependente Persönlichkeit.

Typische Merkmale

- »Was meinst du denn dazu?« – Ich brauche auch bei alltäglichen Entscheidungen häufig Ratschläge oder Bestätigung von anderen.
- »Kannst du mir mal helfen?« – Ich bin bei der Organisation wichtiger Lebensbereiche wie Geldangelegenheiten, Kindererziehung oder der Planung des Alltags von anderen Personen abhängig.
- »Du hast ja recht.« – Es fällt mir schwer, anderen zu widersprechen, auch wenn ich eine andere Meinung habe und glaube, der andere sei im Unrecht.

- »Allein schaff ich das nicht.« – Ich habe Probleme, Aufgaben anzugehen und weiterzuverfolgen, wenn mir niemand hilft.
- »Das kann ich doch machen.« – Ich übernehme oft freiwillig unangenehme Aufgaben, um die Versorgung und Zuwendung anderer Personen aufrechtzuerhalten.
- »Ich bin so ungern allein.« – Ich fühle mich im Allgemeinen unwohl, wenn ich allein bin.
- »An der nächsten Ecke steht ja schon ein anderer.« – Wenn eine Beziehung endet, brauche ich schnell einen neuen Menschen, auf den ich mich verlassen kann.
- »Verlass mich nicht!« – Ich denke oft darüber nach, alleingelassen zu werden und niemanden zu haben, der sich um mich kümmert.

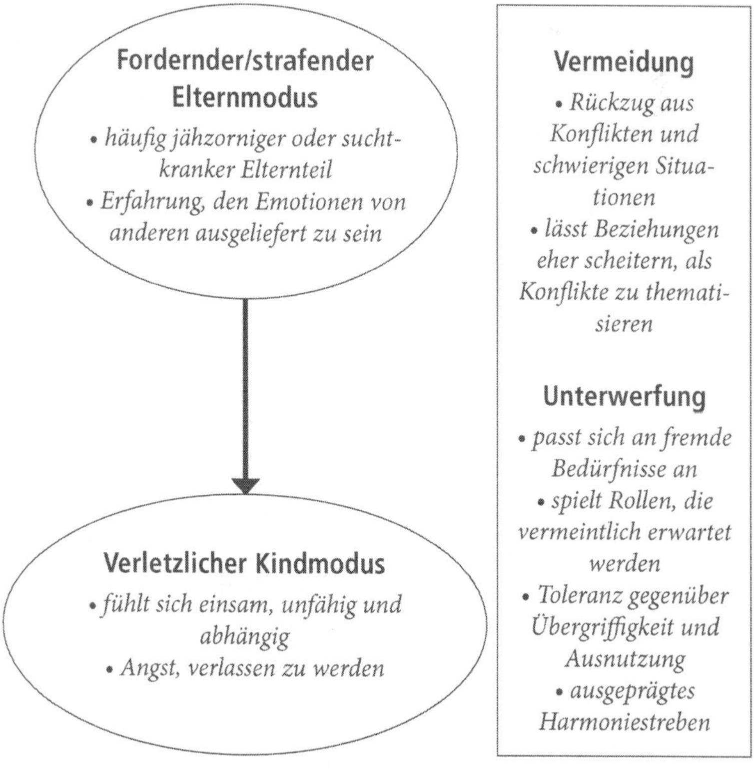

Ricardo Somocurcio (Dependente Persönlichkeit)

Der Zwanghafte

»It's a jungle out there!« – heißt es im Eingangssong der US-Serie *Monk*. Monk ist ein Privatdetektiv mit starkem Waschzwang – seine Argumentation ist klassisch für einen Zwangsneurotiker. Auf einen meist paranoiden Gedanken (»Das Wasser ist verseucht«) folgt eine Bewertung (»Das ist gefährlich«), dann ein negatives Gefühl (»Ich habe Angst, mich zu vergiften«) und schließlich die zwanghafte Handlung (»Ich trinke nur noch Mineralwasser«).

Ein anderer Fall ist Melvin, der misanthropische Schriftsteller aus dem Film *Besser geht's nicht*, gespielt von Jack Nicholson. Es gibt eine Vielzahl von Dingen, die Melvin unmöglich sind: Er bringt sein eigenes Plastikbesteck ins Restaurant mit, benutzt beim Händewaschen jedes Mal ein neues Stück Seife und betritt partout keine Pflasterfugen.

Kein Wunder, dass er nicht der verträglichste Zeitgenosse ist. Auch ohne soziale Ansprüche, die andere Menschen an ihn stellen könnten, fällt es ihm schwer genug, durch den Tag zu kommen. Und wie alle Menschen mit einer zwanghaften Persönlichkeitsstörung ist sich Melvin der Unsinnigkeit und Peinlichkeit seiner Handlungen sehr wohl bewusst. Auch aus Selbstschutz behandelt er seine Mitmenschen arrogant, verletzend und herablassend.

Zwanghafte Menschen zeichnen sich vor allem durch ein extremes Kontrollverhalten und ein großes Misstrauen gegenüber der Zuverlässigkeit und den Fähigkeiten anderer aus. Dabei müssen keine Zwangssymptome wie dauerndes Händewaschen oder Kontrollieren vorliegen, meist jedoch übermäßige Gründlichkeit und Penibilität, hohe Sparsamkeit und rigide Vorstellungen darüber, wie die Dinge zu laufen haben.

Typische Merkmale

Wenn Sie befürchten, selbst zur zwanghaften Persönlichkeit zu neigen, können vielleicht die folgenden Punkte Klarheit bringen. Wenn Sie sich in diesen Aussagen wiederfinden, könnte das ein Indiz dafür sein, dass Sie unter einer Zwangsstörung leiden:

- »So geht das nicht.« – Ich habe sehr genaue Vorstellungen, wie alltägliche Dinge erledigt werden müssen. Wenn jemand das falsch macht, werde ich sauer.
- »Ich und stur?!« – Von anderen habe ich schon oft gehört, dass ich für ausgesprochen eigensinnig gehalten werde.
- »Das kann man noch brauchen.« – Es fällt mir schwer, mich von wertlosen Dingen zu trennen. Schließlich bin ich sparsam und sorge für alle Eventualitäten vor.

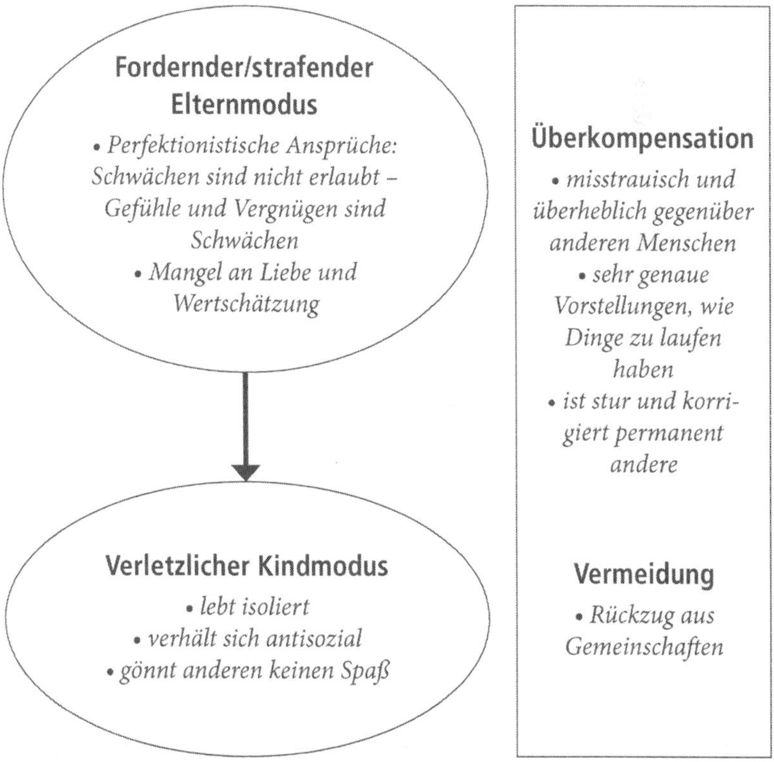

Melvin (Zwangsneurotiker)

Der Paranoide

Wussten Sie, dass Michael Caine seinen Nachnamen nicht von seinen Eltern hat? Der Schauspieler war so begeistert von *Die Caine war ihr Schicksal*, der Verfilmung des gleichnamigen Romans von Herman Wouk, dass er sich den Namen des Schiffes lieh.

Wouk erzählt darin folgende Geschichte: 1943 übernimmt Lieutenant Commander Philip F. Queeg das Kommando des amerikanischen Minensuchzerstörers *U. S. S. Caine*. Queegs Regiment ist nicht nur hart, sondern auch inkompetent, und bringt nach und nach die gesamte Mannschaft gegen sich auf. Selbst der Erste Offizier, Lt. Steve Maryk, der das irrationale Verhalten des Kommandanten anfangs verteidigt, stellt bald fest, dass Queeg in paranoider Weise auf Vorschriften herumreitet und die Offiziere ebenso wie die Mannschaft drangsaliert. Queeg vermutet überall Verschwörungen. Wegen Kleinigkeiten verhängt er drakonische Strafen und wird zunehmend unkontrollierbar. Als er die Caine schließlich in einen Taifun steuert und das Leben der ganzen Mannschaft gefährdet, weil er um jeden Preis seine Befehle ausgeführt sehen will, entheben ihn die Offiziere des Kommandos und bringen das Schiff in Sicherheit.

Nach der Rückkehr in die USA erwartet die Offiziere ein Verfahren vor dem Kriegsgericht – die Anklage lautet Meuterei. Allerdings zeigt Queeg auch vor Gericht sein paranoides Verhalten und legitimiert somit den Ungehorsam seiner Offiziere.

Im Sinne der modernen Psychologie leidet Queeg unter einer paranoiden Persönlichkeitsstörung: Neutrale und freundliche Haltungen anderer interpretiert er als feindselig und verdächtigt seine Mitmenschen stets, etwas Gemeines im Schilde zu führen. Wie viele Paranoide hat er oft das Gefühl, von anderen hintergangen und ausgenutzt zu werden. Aus diesem Grund ist er auch einsam und verschlossen.

Typische Merkmale

Wenn Sie befürchten, selbst zu paranoidem Verhalten zu neigen, bringen die folgenden Punkte hoffentlich etwas Klarheit. Überlegen Sie, ob Sie sich in diesen Aussagen wiederfinden. Das könnte ein Indiz dafür sein, dass Sie unter einer paranoiden Persönlichkeit leiden:

- »Was führt der nur im Schilde?« – Ich habe ständig die Befürchtung, die anderen hätten sich gegen mich verschworen.
- »Traue nichts und niemandem.« – Mir fällt es sehr schwer, anderen Menschen zu vertrauen.
- »Mit dem bin ich durch!« – Wenn man es sich einmal mit mir verscherzt hat, dann ist der Ofen aus. Ich bin sehr nachtragend und unversöhnlich.

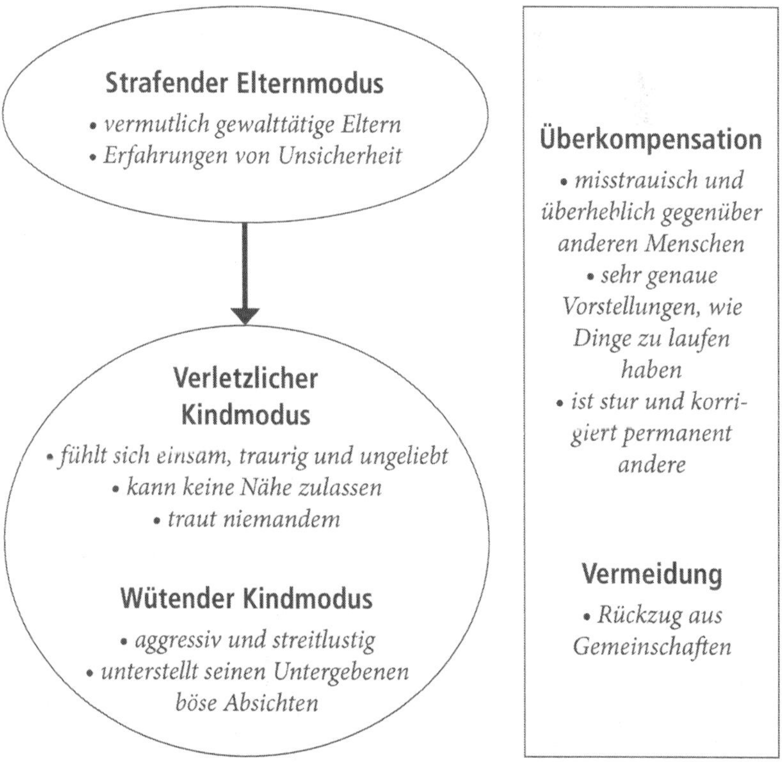

Philip F. Queeg (Paranoiker)

Teil 2

Innere Anteile verändern

Endlich ausmisten

Sie haben den Kleiderschrank Ihrer Seele geöffnet und jedes Kleidungsstück genau inspiziert. Sie wissen inzwischen, woher es stammt, wann Sie es tragen und ob Sie sich darin eigentlich wohlfühlen. Nun soll es darum gehen, die Sammlung der Lieblingsstücke aufzustocken und öfter zu tragen, die ganz schrecklichen, unkleidsamen und unbequemen Stücke dem Müll zu überantworten und dabei zu retten, was noch zu retten ist: Einige Sachen wirken vielleicht auf den ersten Blick scheußlich, wollen aber eigentlich nur zum Änderungsschneider und sind dann gut tragbar. Jetzt gehen Sie Ihre Veränderungswünsche tatsächlich an. Die Frage ist nur: wie? Leider können wir nicht einen großen blauen Müllsack nehmen, das ganze missliebige Zeug reinquetschen und zur Altkleidersammlung bringen. Denk- und Verhaltensmuster abzulegen, die uns nicht gefallen, braucht Zeit und Energie. Ohne diese Investition Ihrerseits geht es leider nicht. Das heißt aber nicht, dass es unmöglich ist, und mit ein bisschen Anleitung und Unterstützung gelingt es Ihnen ganz sicher!

Wenn Sie einen Einblick in Ihr persönliches Modusschema gewonnen haben, dann hat die Veränderung längst eingesetzt. Denn Sie reflektieren bereits Ihr inneres Erleben und äußeres Handeln und spüren nun sicherer, ob Sie sich als stark und authentisch empfinden oder nicht.

Wenn Sie an bestimmten Punkten gezielt ansetzen wollen, liegt jetzt ein neuer Weg vor Ihnen. Die Hauptarbeit haben Sie zu leisten. Ich kann Ihnen nur beratend zur Seite stehen und Ihnen ein paar Tipps geben. Lassen Sie mich Ihr Guide sein, ein Coach, der Ihnen zeigt, wie Sie das Ausmisten und die Neubestückung Ihres inneren Kleiderschrankes angehen können.

Allgemeine Zielsetzung

Wenn man etwas verändern will, ist es wichtig, zunächst ein Ziel zu formulieren. Das ist gar nicht so einfach. Jeder Mensch ist anders und braucht etwas anderes. Aber es gibt ein paar Leitlinien, ein paar Prinzipien, die generell gelten. Man sollte …

- verletzliche Kindmodi heilen bzw. trösten, damit sie in Zukunft weniger verletzlich sind.
- wütenden Kindmodi Gelegenheit geben, Gefühle angemessen zu äußern.
- dysfunktionale Elternmodi reduzieren.
- dysfunktionale Bewältigungsmodi so weit flexibilisieren, dass man auch alternative Bewältigungsmuster wählen kann.
- den glücklichen Kindmodus und den gesunden Erwachsenenmodus so weit stärken, dass sie nach und nach die schädlichen Modi weitgehend ersetzen.

Auf den nächsten Seiten zeige ich Ihnen, wie Sie Ihren verletzten Kindmodus trösten und heilen können, die herrischen und verletzenden Stimmen der Elternmodi drosseln und Ihre gesunden und glücklichen Anteile stärken können. Nur Mut! Ich habe vollstes Vertrauen in diese Methode, aber vor allem in Sie. Gemeinsam wird es uns gelingen.

Dabei müssen Sie selbstverständlich nicht alle Übungen machen. Wenn Sie bei sich keinen verletzlichen Kindmodus feststellen konnten, dann überspringen Sie die entsprechenden Übungen. Das Gute an der Schematherapie ist, dass Sie ganz gezielt an Ihren Problemen arbeiten können.

Für die meisten Übungen brauchen Sie nur einen ruhigen Ort, einen bequemen Platz und etwa 20 Minuten ungestörte Zeit. Am besten nehmen Sie sich aber so viel Zeit, wie Sie brauchen – das Tempo bestimmen Sie. Lesen Sie immer zuerst die ganze Übungsanleitung durch, bevor Sie beginnen.

Ihre persönliche Zielsetzung

Eine erste Bestandsaufnahme liegt bereits hinter Ihnen: Sie wissen, welche Modi wann bei Ihnen aktiv sind und wo ihr Ursprung ist. Sie haben sich Gedanken darüber gemacht, welche Verhaltensmuster besonders schädlich sind und daher verändert werden sollen. Sie sind also schon einen großen Schritt vorangekommen. Alle Achtung!

Jetzt geht es darum, Nägel mit Köpfen zu machen: Ich werde Ihnen Schritt für Schritt zeigen, wie Sie die Dinge in die Hand nehmen und einem Handeln näher kommen, in dem Sie sich wohlfühlen und Ihre Ziele erreichen.

Dafür ist es zentral, dass Sie wissen, was Ihre Ziele sind. Was ist Ihnen besonders, was weniger wichtig? Was möchten Sie in den nächsten Jahren erreichen, worauf könnten Sie verzichten? Manche Menschen wünschen sich vor allem beruflichen Erfolg, andere legen großen Wert auf ein intensives Familienleben. Um herauszufinden, was Ihnen besonders am Herzen liegt, was Sie von Ihrem Leben tatsächlich erwarten, gibt es eine Übung namens »80. Geburtstag«. Dabei handelt es sich um eine Imaginationsübung, wie Sie sie in Teil 1 schon kennengelernt haben. Dieser Übungstyp ist eine Art Gedankenspiel, nur sehr viel intensiver: Sie stellen sich Situationen ganz bildlich vor und spüren vor allem den Emotionen und Gedanken nach, die währenddessen in Ihnen aufkommen. Das Besondere ist, dass Sie den Verlauf dieser Vorstellungen selbst steuern und in der Regel entscheiden können, wie weit Sie sich in eine Situation hineinversetzen.

Übung: Ihr 80. Geburtstag

Geburtstage, Neujahr … es gibt bestimmte Tage, an denen wir Bilanz über unser Leben ziehen, an denen wir stolz auf das sind, was wir erreicht haben, und bedauern, was wir verpasst haben.

Das Problem solcher Bestandsaufnahmen ist, dass wir nichts mehr ändern können: All die »hätte« und »wäre«, die sie begleiten, sind unumkehrbar. Das ist bei diesem 80. Geburtstag anders, denn die »Vergangenheit« liegt noch vor Ihnen. Sie kann noch gestaltet werden, und zwar am besten so, dass Sie, wenn Sie tatsächlich achtzig werden, möglichst wenig bedauern.

> Machen Sie es sich bequem. Schließen Sie die Augen und nehmen Sie einige tiefe Atemzüge. Achten Sie nur darauf, wie Ihr Atem durch Ihre Nase ein- und ausströmt. Kommen Sie langsam zur Ruhe.
> Wenn Sie ganz entspannt sind, begeben Sie sich in Ihrer Vorstellung auf die Reise in die Zukunft bis zu Ihrem 80. Geburtstag. Sie können diesen Tag so gestalten, wie Sie wollen. Wo findet der Geburtstag statt? In einem Haus? Im Freien? In einem anderen Land? Gibt es ein Fest? Mit wem möchten Sie diesen Tag verbringen? Ist ein Partner, sind Kinder, Freunde, Kollegen oder andere Wegbegleiter anwesend? Welche Menschen sollen in Ihrem Leben bis dahin eine wichtige Rolle gespielt haben?
> Schließlich steht einer der Anwesenden auf, ergreift das Wort und hält eine kleine Rede. Was soll er an diesem Tag über Sie sagen? Welche Aspekte Ihres Lebens sollen besonders gewürdigt werden? Waren Sie besonders mutig, liebevoll, lustig, erfolgreich oder aufmerksam? Möchten Sie auch selbst etwas sagen? Was war Ihnen wichtig in Ihrem Leben? Gibt es etwas, was Sie bereuen, oder Ziele, die Sie nicht erreicht haben? Wie möchten Sie Ihr Leben gelebt haben, sodass Sie an Ihrem 80. Geburtstag zufrieden zurückblicken können?
> Wenn alles, was Ihnen wichtig ist, gesagt ist, beenden Sie die Übung mit einem schönen Bild: Sitzen Sie mit den Menschen zusammen, die in Ihrem Leben besonders wichtig waren und sind, oder tanzen Sie mit Ihrem besten Freund, was auch immer Sie mögen. Konzentrieren Sie sich noch einige Momente lang ganz auf Ihren Atem und kommen Sie dann zurück ins Hier und Jetzt.

Wie ist es Ihnen mit dieser Übung ergangen? Sind Sie ein wenig traurig geworden, weil Ihnen bewusst wurde, dass unser Leben endlich ist? Diese Traurigkeit sollte ihren Platz bekommen. Es ist wichtig, um Verluste oder verpasste Chancen zu trauern, vor allem weil es Ihnen dabei hilft, ein positives Ziel zu entwickeln, herauszufinden, was Sie mit Ihrer verbleibenden Lebenszeit anstellen wollen.

Ich hoffe, die Übung hat Ihnen dabei geholfen, eine genauere Idee davon zu entwickeln, was Sie wirklich wollen und welche Werte Ihnen wichtig sind. Wir haben heute oft das Gefühl in sämtlichen Lebensbereichen alles geben zu müssen. Aber das ist unrealistisch. Es ist entscheidend, dass wir wissen, wo unsere Prioritäten liegen. Vielleicht ist es für Sie am wichtigsten, eine Familie zu haben, vielleicht definieren Sie sich aber auch in erster Linie über beruflichen Erfolg, vielleicht suchen Sie Erfüllung in einem sinnvollen Job oder Sie sind besonders glücklich, wenn Sie einen großen, quasifamiliären Freundeskreis haben. Egal, was es ist: Wenn Sie sich über Ihre Prioritäten im Klaren sind, wird es Ihnen leichter fallen, Ihre Energie und Ihre Zeit für sich optimal einzuteilen und sich Ziele zu setzen, deren Erreichen Sie tatsächlich glücklich macht und zufriedenstellt.

Dem verletzlichen Kind helfen

In vielen von uns lebt ein verletztes und verängstigtes Kind, das nie bekommen hat, was es braucht. Vielleicht hat es nicht genug Wertschätzung erfahren, vielleicht nicht genug Zuneigung, vielleicht hat man sich über seine Gefühle und Bedürfnisse lustig gemacht oder ihm nicht genug Gelegenheit gegeben, Vertrauen in die eigenen Fähigkeiten zu entwickeln. Noch heute plagen unser inneres Kind Einsamkeit, Verlassenheit, Traurigkeit, Minderwertigkeit oder Misstrauen.

Manchmal scheint das Kind sich verabschiedet zu haben. Tagelang, ja monatelang meldet es sich nicht. Wir haben fast vergessen, dass es in uns schlummert, bis eine eigentlich harmlose Situation es wach rüttelt und es sich laut und spürbar zurückmeldet: Hier bin ich und es geht mir nicht gut!

Die negativen Gefühle, die in diesen Momenten über uns kommen, sind so schmerzhaft und so stark, dass wir uns am liebsten distanzieren würden von unserem verletzlichen Kind. Manchmal schämen wir uns seiner regelrecht. Wie gern würden wir es verleugnen! Aber das ist der falsche Weg. Dieses verletzte Wesen ist ein Teil von uns, dessen Fürsorge jetzt bei uns liegt. Wir sind dafür verantwortlich, unserem inneren Kind endlich die Liebe angedeihen zu lassen, die es so lange entbehren musste. Das, was in unserer Kindheit versäumt wurde, können wir jetzt nachholen. Also: Kümmern Sie sich um Ihr inneres Kind! Trösten Sie es, zeigen Sie ihm Achtung und Zuneigung, verjagen Sie die Einsamkeit und Minderwertigkeitsgefühle, die es quälen! Seien Sie, was schon Freud forderte, »sich selbst Mutter und Vater«!

Geben Sie Ihren inneren Kindern Namen

Wenn Sie das Gefühl haben, dass manchmal das wütende oder verletzliche Kind in Ihnen Ihr Verhalten bestimmt, ist es wichtig, dass Sie es besser kennenlernen. Wissen ist die Voraussetzung für jede sinnvolle und nachhaltige Veränderung. Im Folgenden geht es darum, wie Sie Ihre Verhaltensmuster erkennen können, warum und wann sie schädlich sind und inwiefern sich Ihre kindlichen Denkweisen von anderen »normalen« Gefühlen unterscheiden. Am Ende der Beschreibung der verschiedenen Modi haben Sie immer die Gelegenheit, Ihre neu gewonnenen Selbsterkenntnisse, die Dinge, die Sie zu Ihren ganz persönlichen Mustern herausgefunden haben, zu notieren.

Bedenken Sie bitte stets: Erst wenn Sie Ihre inneren Anteile studiert haben, kann es ans Verändern gehen und Sie finden raus aus »Schema F«. Dabei ist der erste Schritt die Kontaktaufnahme, dafür gibt es unterschiedliche Techniken. Die Kindmodi bilden in dieser Hinsicht eine Besonderheit: Es hat sich herausgestellt, dass es hilfreich ist, dem jeweils aktiven inneren Kind einen Namen zu geben, zum Beispiel »die einsame Lara« oder »der verzweifelte Jakob« für den verletzlichen Kindmodus, »der bockige Leopold« oder »das Trotzköpfchen« für den ärgerlichen/impulsiven Kindmodus und für den glücklichen Kindmodus vielleicht »Sonja im Glück« oder »stolz wie Oskar«. Dann können Sie in Situationen, in denen der Kindmodus auftaucht, diesen besser erkennen und einfacher Kontakt zu ihm aufnehmen.

Verletzlicher Kindmodus *Eigener Name:* __________	**Ärgerlicher/impulsiver Kindmodus** *Eigener Name:* __________	**Glücklicher Kindmodus** *Eigener Name:* __________
• *Traurigkeit* • *Einsamkeit* • *Verzweiflung* • *Hilflosigkeit* • *Scham* • *Verlassenheit*	• *Wut, Ärger, Zorn* • *Impulsivität* • *Trotz, »Bockigkeit«* • *Mangel an Disziplin*	• *Leichtigkeit, Beschwingtheit* • *Neugierde* • *Spaß, Unbeschwertheit* • *Sicherheit*

Schritt 1: Kontakt aufnehmen

Viele von uns erinnern sich nur schlecht oder nur sehr ungern an ihre Kindheit. Sie schämen sich, ja hassen sich für die Gefühle, die sie damit verbinden. Sie ignorieren ihr inneres Kind. Das ist verständlich. Wer fühlt sich gern verletzt und hilflos? Das Problem ist nur, dass so die negativen Gefühle ihren Einfluss auf uns behalten. Um das zu ändern, müssen wir Kontakt zu unseren verletzlichen inneren Anteilen aufnehmen und sie heilen.

Übung: »Ich treffe mein verletzliches Ich«

Wie komme ich an mein verletzliches inneres Kind heran? Wie kann ich zu ihm sprechen? Wie kann ich ihm helfen und es trösten? Der einfachste Weg ist eine Imaginationsübung, die Ihnen eine Reise in die Vergangenheit ermöglicht, auf der Sie sich selbst als Kind begegnen. Versuchen Sie, sich alles so plastisch wie möglich vorzustellen. Dann werden unwillkürlich Gefühle ausgelöst: die Gefühle des Kindes, das Sie damals waren, und die Gefühle, die Sie heute gegenüber dem Kind spüren. Wenn Sie einen verletzlichen Kindmodus haben, lassen Sie sich auf diese imaginäre Reise ein. Wenn Sie diese Übung schon in Teil 1 gemacht haben, können Sie sie hier überspringen.

Erinnern Sie sich an eine Situation, in der Sie sich neulich wieder einsam und verlassen gefühlt haben? Ja? Über diese Situation werden wir jetzt versuchen, Kontakt zu Ihrem verletzlichen Kind aufzunehmen.

Also: Schließen Sie die Augen, entspannen Sie sich und stellen Sie sich die Situation vor, in der das negative Gefühl auftrat. Versuchen Sie, die Situation innerlich nachzuerleben und das Gefühl möglichst deutlich zu spüren. Sind Sie so weit? Spüren Sie die Einsamkeit, die Traurigkeit, die Verletztheit? Ich weiß, dass das nicht angenehm ist, aber Sie schaffen das. Wenn Sie diese unangenehmen Gefühle ganz deutlich spüren, löschen Sie bitte die aktuelle Situation vor Ihrem inneren Auge. Was bleibt, ist erst mal nur das Gefühl.

Jetzt gehen Sie in Ihre Vergangenheit zurück. Warten Sie ab. Lassen Sie die Bilder und Gedanken auf sich zukommen. Welche Erinnerungen kommen hoch? Und welche kindlichen Gefühle begleiten sie? Fühlen Sie die Emotionen von damals? Sind es die gleichen, die Sie in der aktuellen Situation erlebt haben, oder andere?

Denken Sie noch einmal an Nora (S. 7). Sie hat einen stark verletzlichen Kindmodus, der vor allem durch jahrelanges Mobbing verursacht wurde. Geblieben sind aus dieser Zeit Gefühle der Einsamkeit und Isolation, die heute noch schnell und durch eigentlich harmlose Situationen ausgelöst werden.

Deshalb legt sie sich zu Hause aufs Sofa und macht es sich gemütlich. Warum reagiere ich immer wieder so merkwürdig und übertrieben?, fragt sie sich. Sie schließt die Augen und spürt den Gefühlen nach, die sie heute im Büro beherrscht haben. Dann geht sie in Gedanken zurück in ihre Kindheit. Bald landet sie in einer Szene, die sie schon längst vergessen hatte. Sie erinnert sich an eine Situation aus der Grundschule. Jeden Montagmorgen mussten die Kinder einen Stuhlkreis bilden und sollten von ihrem Wochenende erzählen. Wie sie das hasste! Niemand wollte neben ihr sitzen. Alle stellten ihre Stühle so eng aneinander, dass sie gar nicht durchkommen konnte. Als die Lehrerin eingriff und die Kinder aufforderte, Platz zu machen, hielt der Junge neben ihr sich die Nase zu und flüsterte: »Nora stinkt.« Alle lachten und hielten sich auch die Nase zu. Nora erinnert sich noch genau, welche Ausgeschlossenheit, Traurigkeit und Scham sie in diesem Moment gefühlt hat, dieselbe Ausgeschlossenheit, Traurigkeit und Scham, die sie auch heute Nachmittag verspürt hat.

Sie können sich vielleicht vorstellen, dass es unangenehm ist, sich so eindringlich mit den eigenen negativen Gefühlen auseinanderzusetzen und die Einsamkeit und Verlassenheit zu spüren, die einen ohnehin immer wieder überwältigen. Aber nur auf diesem Weg können Sie solche Emotionen langfristig in ihre Schranken weisen und ihren Einflussbereich eingrenzen.

Übung: »Ich treffe mein Kleines Ich«

Wenn es Ihnen schwerfällt, sich ihrem »Kleinen Ich« zu nähern, dann hilft Ihnen vielleicht folgende Übung. Dabei müssen Sie den Kontakt nicht gleich über eine belastende Situation aufbauen. Wenn Sie sich die vorige Übung also nicht sofort zutrauen, kann diese Übung ein guter Einstieg sein, eine erste vorsichtige Annäherung, ein »Beschnuppern« Ihres verletzlichen Kindmodus und seiner Gefühle.

Schließen Sie die Augen. Entspannen Sie sich. Stellen Sie sich vor, wie Sie einen Feldweg entlanggehen. Links und rechts liegen grüne Wiesen, die Sonne scheint, wirft ein goldenes Licht auf alles und wärmt Sie sanft. Ein milder, warmer Wind weht. Sie hören das Rascheln in den Bäumen, die den Weg säumen. Sie gehen den gewundenen Weg entlang, der in einigen Hundert Metern hinter einem Berg verschwindet. Stellen Sie sich alles genau vor. Spüren Sie die Sonne auf Ihrer Haut, den Wind in Ihrem Haar, sehen Sie die intensiven Farben der Natur, hören Sie das leise Rascheln des Laubes? Genießen Sie Ihren federnden Gang auf dem weichen Sandboden. Verweilen Sie bei diesem Bild. Kommen Sie zur Ruhe. Entspannen Sie sich vollständig. Sind Sie so weit? Nach einiger Zeit sehen Sie ein kleines Kind hinter dem Berg hervorkommen. Es ist vielleicht fünf oder sechs Jahre alt und es kommt Ihnen entgegen. Sie laufen langsam weiter und sehen das kleine Kind immer näher kommen. Nach einiger Zeit erkennen Sie, dass es sich um Sie selbst handelt. Das Kleine Ich kommt näher und näher. Nehmen Sie sich die Zeit, es ganz in Ruhe zu betrachten, während Sie ihm langsam entgegengehen. Wenn Sie sich schließlich auf dem Weg begegnen, nehmen Sie sich Zeit, es freundlich zu begrüßen. Vielleicht möchten Sie ihm über den Kopf streichen. Vielleicht möchten Sie es in den Arm nehmen. Vielleicht möchten Sie aber auch Abstand halten. Versuchen Sie, sich die Szene möglichst lebhaft und detailliert vorzustellen: Wie sieht Ihr Kleines Ich aus? Wie fühlt sich die Begegnung an? Gibt es etwas, das Sie Ihrem Kleinen Ich gerne sagen würden? Möchten Sie gern mehr Zeit mit ihm verbringen? Mit ihm auf der Wiese sitzen und spielen? Dann tun Sie das.

Wenn Sie das Gefühl haben, dass es für Sie in Ordnung ist, verabschieden Sie sich. Möchten Sie ihm noch etwas mit auf den Weg geben? Sehen Sie zu, wie das Kind den Weg zurückgeht.

Erst jetzt kommen Sie langsam zurück in die reale Welt, indem Sie zunächst spüren, wie Ihr Körper sich beim Sitzen anfühlt, wie Ihre Füße mit dem Boden Kontakt haben. Dann öffnen Sie wieder die Augen.

> Diese Übung können Sie ganz individuell gestalten. Wenn Sie wollen, können Sie Ihr Kleines Ich auch in Ihrem früheren Kinderzimmer oder einem anderen wichtigen oder beruhigenden Ort besuchen. Und Sie können gemeinsam etwas unternehmen: Vielleicht haben Sie Lust auf einen Rundgang durch das Haus, in dem Sie als Kind gelebt haben. Vielleicht gehen Sie an Orte, die Ihnen als Kind wichtig waren, und vielleicht begegnen Sie dort anderen Menschen von damals: Ihren Geschwistern, Ihren Eltern, Ihren Freunden, Lehrern usw.

Hilfsmittel für die Kontaktaufnahme

Manchen Menschen helfen bestimmte Gegenstände bei der Kontaktaufnahme mit ihrer Vergangenheit: Kuscheltiere, Fotos, Briefe, eine bestimmte Musik, Gerüche, Geschmäcker … Das liegt daran, dass Sinneswahrnehmungen eng an unsere Erinnerungen und Gefühle gekoppelt sind. Das berühmteste Beispiel aus der Literatur ist Marcel Prousts Madeleine, jenes wunderbare Gebäck, das im Helden von *Auf der Suche nach der verlorenen Zeit* die lebendigsten Kindheitserinnerungen auslöst. Wir alle haben solche Madeleines, und die Erinnerungen, die sie heraufbeschwören, sind nicht immer angenehm. Manche Gerüche erinnern uns intensiv an Personen, die wir nicht mochten, oder Orte, an denen uns weniger schöne Dinge passiert sind.

Sie können diesen Madeleine-Effekt aber auch ganz bewusst einsetzen, um in Kontakt zu Ihrem Kleinen Ich und seinen Gefühlen zu kommen. Versuchen Sie diese möglichst genau wahrzunehmen. Sie werden Ihnen helfen, die aktuellen problematischen Gefühle aus Ihrer Biografie zu erklären.

Schritt 2: Bedürfnisse erkennen

Was tun, wenn sich der verletzliche Kindmodus meldet? Da gibt es glücklicherweise ein Patentrezept, drei Regeln, die Sie auf Ihrer Mission »Heilung des inneren Kindes« weiterbringen:

- Lassen Sie die negativen Gefühle zu! Spüren Sie genau nach, was in Ihnen vorgeht.
- Fragen Sie sich, was Sie jetzt brauchen oder wollen, welche Bedürfnisse gerade nicht befriedigt sind und an welche Situation aus der Kindheit Sie das erinnert.
- Fragen Sie sich, welche Bedürfnisse Sie sich heute besser erfüllen können, als das in Ihrer Kindheit möglich war.

Entscheidend für den richtigen Umgang mit dem verletzlichen Kindmodus sind zunächst das Akzeptieren und Zulassen der negativen Gefühle, die er auslöst. Damit haben Sie im Rahmen der vorangehenden Übungen schon begonnen. Nun können Sie überlegen, was Ihr Kleines Ich braucht, um sich besser zu fühlen.

Was braucht das verletzliche Kind in mir?

Mein Name für diesen Modus: ______________________

– *Wie hat sich die Begegnung mit dem Kleinen Ich angefühlt? Welche Gedanken sind mir dabei gekommen?*

____

____

– *Was hat das Kleine Ich sich von mir gewünscht? Was hat es gebraucht?*

____

____

– *Was möchte ich dem Kleinen Ich gern mit auf den Weg geben? Welche Worte, Dinge (z. B. Schmusedecke), welchen Rat und welchen Trost?*

____

____

Schritt 3: Fürsorge ausüben

Sie wissen jetzt, wie Sie mit Ihrem inneren Kind in Kontakt treten können und was es braucht, um sich besser zu fühlen. Damit sind Sie bei der letzten und abschließenden Frage angekommen: Wie können Sie Ihrem inneren Kind geben, was es braucht? Wie können Sie sich liebevoll um es kümmern? Wie seine Verletzungen heilen und seine Ängste beruhigen?

Übung: Imaginäres Trösten

Auch hier sind Imaginationsübungen eine gute Lösung, denn es geht darum, heilende Bilder zu finden, in denen Sie oder andere Menschen, die Sie lieben und denen Sie vertrauen, sich um das Kleine Ich kümmern.

Sie wissen bereits, wie Sie in der Fantasie Ihrem Kleinen Ich begegnen. Sie können sich in es hineinversetzen und seine Einsamkeit und Traurigkeit spüren. Trotzdem besteht ein unüberwindbarer Unterschied zwischen Ihnen und Ihrem kindlichen Alter Ego: Sie sind eine erwachsene Person. Sie sind stärker und stabiler, als Sie es damals waren. Erfahrungen, die Sie als Kind tief erschüttert haben, erschüttern Sie weit weniger. Daher sind Sie auch in der Lage, Ihr Kleines Ich zu trösten, zu stützen und zu beschützen. Es kann sehr hilfreich sein, wenn Sie Ihrem verletzlichen Kleinen Ich Ihr starkes erwachsenes Ich an die Seite stellen, wenn Sie es trösten und Ihren Arm schützend um seine Schultern legen.

Dabei unterstützen können Bilder, Symbole und Gesten. Sie haben in der Regel eine sehr wohltuende Wirkung auf den verletzlichen Kindmodus. Wie Schätze tragen wir sie mit uns herum. Sie helfen uns, uns daran zu erinnern, dass wir immer mal wieder bei unserem Kleinen Ich vorbeischauen und uns liebevoll und zugewandt mit ihm beschäftigen. Achten Sie darauf, dass Ihr Kleines Ich nicht länger zu kurz kommt. Geben Sie ihm die Aufmerksamkeit und Wertschätzung, die es verdient.

Für die folgende Übung brauchen Sie einen Gegenstand, der Sie mit Ihrer Kindheit in Verbindung bringt.

Sehen Sie den Gegenstand an, befühlen Sie ihn oder riechen Sie an ihm. Welche Bilder, Gedanken und Gefühle kommen auf Sie zu? Welche Situationen erinnern Sie? In welcher Situation sehen Sie Ihr Kleines Ich? Wie fühlt es sich? Was braucht es jetzt? Ist es allein, fühlt es sich traurig, ausgeschlossen oder verletzt? Gehen Sie zu ihm hin und geben Sie ihm, was es braucht. Vielleicht legen Sie Ihren Arm um seine Schultern und sprechen tröstende und aufmunternde Worte zu ihm. Oder Sie verteidigen Ihr Kleines Ich gegen gemeine und ungerechte Übergriffe.

Denken Sie noch einmal an Nora. Sie hat ein altes Klassenfoto herausgesucht. Das Foto ist schon ein bisschen zerknittert und vergilbt, trotzdem kann man noch deutlich erkennen, dass Nora sich damals nicht wohlgefühlt hat. Ihre Schultern sind hochgezogen und ihr Blick weicht der Kamera aus. Unwillkürlich erinnert sie sich an eine Situation, in der sie auf dem Nachhauseweg von drei Mitschülerinnen gehänselt wurde. Daraufhin stellt sie sich vor, als Große Nora zur Kleinen Nora zu treten und sie vor den Hänseleien zu schützen. Sie wird richtig laut und hält den Mädchen ihr unfaires Verhalten vor, bis die sich entschuldigen und geknickt das Feld räumen.

Übung: »Mein Brief an mich«

Wenn Sie schon etwas mehr über Ihren verletzlichen Kindmodus herausgefunden haben, ist es an der Zeit, einen Brief an Ihr Kleines Ich zu schreiben. Was Sie brauchen: einen Briefbogen, Schmierpapier und einen Stift.

Machen Sie sich zunächst ein paar Notizen auf dem Schmierpapier. Denken Sie darüber nach, was Sie heute tun können, damit es Ihrem inneren Kind besser geht. Sammeln Sie, was ihm gefehlt hat und was Sie ihm heute gerne geben bzw. sagen wollen. Wenn Sie damit abgeschlossen haben, können Sie loslegen. Wählen Sie eine respektvolle und zugeneigte Anrede, wie »Liebe kleine Nora«, und fahren Sie dann fort, indem Sie Ihre Empathie für das Leid zum Ausdruck bringen, das Ihr inneres Kind erleben musste. Es ist ganz wichtig, dass Sie Verständnis und Mitgefühl für seine Situation und sein Verhalten äußern. Dann sollten Sie schreiben, was Sie gerne für Ihr inneres Kind tun würden: es beschützen, unterstützen, ihm Mut machen, es trösten … Und schließlich sollten Sie ihm versprechen, sich in Zukunft liebevoll um es zu kümmern.

Liebe kleine Nora,
deine Kindheit war hart. Ich wünschte, es gäbe eine Zeitmaschine und du und ich könnten die Uhr zurückdrehen und noch mal neu anfangen. Diesmal würde ich aufpassen, dass man dich nicht so schlecht behandelt. Ich würde dich beschützen und unterstützen. Leider geht das nicht.
Ich kann auch gut verstehen, dass du damals nicht für dich einstehen konntest. Das schaffe auch ich nicht immer, und ich bin schon groß und stark.
Ich möchte dir eigentlich nur sagen, dass du mir sehr wichtig bist und dass du dich in Zukunft auf mich verlassen kannst. Ich werde da sein, wenn es wieder mal brenzlig wird. Versprochen.

Nicht weniger wichtig als die Sorge um Ihr Kleines Ich ist die um Ihr Erwachsenen-Ich. Passen Sie gut auf sich auf! Achten Sie darauf, dass Sie in Ihrem heutigen Leben ebenfalls bekommen, was Sie brauchen: Kontakt, Zuwendung, Spaß – diese Bedürfnisse haben nicht nur Kinder. Sie begleiten uns bis zum letzten Atemzug. Es ist unmöglich, Ihren verletzlichen Kindmodus nachhaltig zu heilen, wenn Sie in Ihrem aktuellen Leben nicht täglich erfahren, dass Sie geliebt werden und Ihre Bedürfnisse erfüllen können.

Sie sollten also etwas für Ihre Selbstfürsorge und Selbstzuwendung tun. Sie haben sich wahrscheinlich über Jahre hinweg sträflich selbst vernachlässigt und waren übermäßig kritisch, streng und hart gegen sich. Das tut niemandem gut. Warum können Sie sich nicht mit genauso viel Liebe und Respekt begegnen wie geliebten Menschen – guten Freunden oder Ihrem Partner? Verzeihen Sie diese Frage. Sie impliziert, dass es einfach ist, gut zu sich selbst zu sein. Dabei fällt das den meisten Menschen sehr schwer. Die folgenden Fragen erleichtern eine liebevolle und fürsorgliche Haltung sich selbst und Ihrem inneren Kind gegenüber:

- Warum fühle ich mich gerade traurig und verletzt? Was bräuchte ich jetzt, um diese Gefühle zu lindern?
- Wenn ein Kindmodus häufiger auftritt als sonst: Was stimmt gerade nicht in meinem Leben? Habe ich Stress auf der Arbeit oder mit meinem Partner? Bin ich traurig, weil ich einen wichtigen Menschen verloren habe? Mache ich mir Sorgen um etwas oder jemanden? Was kann ich tun, um Ausgleich und Trost zu finden?
- Was brauche ich, um Freude statt Traurigkeit und Verbundenheit statt Einsamkeit zu spüren?

Nora weiß mittlerweile, worauf ihre völlige Verunsicherung und die sie unverhofft überwältigenden Gefühle von Einsamkeit und Ausgeschlossenheit zurückzuführen sind: ihre fürchterliche Schulzeit. Das Mobbing, das sie jahrelang über sich ergehen lassen musste, ist noch heute verantwortlich dafür, dass sie sich oft und scheinbar grundlos ausgegrenzt und allein fühlt. Sie hat aber auch herausgefunden, was ihr in solchen Augenblicken guttut. Nora hat sich eine Gruppentherapie gesucht. Das ist eine ganz lockere Angelegenheit. Menschen, die ab und zu mal jemanden brauchen, mit dem sie besprechen können, was sie bewegt, die zuhören und einem das Gefühl geben, nicht der Einzige zu sein, der Probleme hat.

Diese Gruppe gibt Nora viel Kraft. Hier kann sie anderen Menschen von den unangenehmen Momenten im Büro erzählen, ohne sich doof dabei vorzukommen. Allein das Wissen darum, dass sie verstanden wird, sowie der respektvolle und nette Umgang sind Balsam für ihre Seele.

Das impulsive Kind besänftigen

Haben Sie sich entschlossen, an Ihren ärgerlichen/impulsiven Kindmodi zu arbeiten? Das ist eine tolle Nachricht. Denn dann können Sie sich Schritt für Schritt bereit machen für eine schönere und stärker selbstbestimmte Zukunft. Dazu müssen Sie lernen, Ihre Bedürfnisse so zu äußern, dass sie eine Chance auf Erfüllung haben.

Ärger und Wut fühlen wir alle manchmal. Das ist menschlich und auch gut so. Wenn Sie sich in bestimmten Situationen, in denen man sich Ihnen gegenüber unsensibel und unfair verhält, nicht ärgern würden, wäre das problematisch. Entscheidend bei der Wut sind Ausmaß und Verhältnismäßigkeit. Wenn Sie zum Beispiel die Fassung verlieren und verletzend werden, bloß weil die Assistentin Ihnen zuletzt den Kaffee eingießt, oder Sie laut motzen, weil sich während einer Präsentation jemand neben Ihnen leise unterhält, sollten Sie sich fragen, ob Sie sich wirklich nur über die aktuelle Situation aufregen oder ob vielleicht ein wütender Kindmodus im Spiel ist.

Dasselbe gilt für den impulsiven Kindmodus. Das Leben ist grau genug und jeder Tag bringt neue, zum Großteil wenig spannende oder gar lästige Aufgaben und Pflichten mit sich. Da ist es ganz wichtig, dass wir uns ab und zu mal was gönnen. Wenn Sie nach einer anstrengenden Woche keine Lust haben, den Rasen zu mähen oder Ihren Körper in Topform zu bringen, sondern lieber liegen bleiben und den Vögeln lauschen: Herzlichen Glückwunsch! Tun Sie das! Wenn Sie nämlich nur noch von einer Verpflichtung zur nächsten hechten, verlieren Sie irgendwann den Kontakt zu sich, zu Ihren Gefühlen und Bedürfnissen.

»Sitting on the dock of the bay, wasting time!«, sang ein fröhlicher Otis Redding 1967 und pfiff sich einen. Wenn Sie die Freuden eines ruhig dahingehenden goldenen Sonntagmorgens nicht kennen, dann ist es höchste Zeit! Wenn Sie aber nicht nur Ihren Sonntagmorgen, sondern mehr oder weniger jeden Tag der Woche so verbringen und wenn Sie merken, dass die Freuden dieser Ruhe immer geringer werden und Sie Ihre Ziele nicht mehr erreichen, dann sind bei Ihnen vermutlich verwöhnte oder impulsive Kindmodi im Spiel und es ist nötig, an Ihrer Disziplin zu arbeiten.

Das ärgerliche und impulsive Kind in uns braucht unsere Hilfe. Das sagt sich so einfach: Denn wie können wir ihm helfen? Wie können wir so für es sorgen, dass wir unsere langfristigen Ziele wieder erreichen, statt immer wieder in Zwangslagen zu geraten?

Schritt 1: Ursachen erkennen

Im ersten Teil des Buches haben Sie Ihren ärgerlichen oder impulsiven Kindmodus bereits besser kennengelernt. Sie wissen, wann er auftaucht und wo er seinen Ursprung hat. Jetzt müssen Sie noch herausfinden, welche Bedürfnisse hinter Ihrer Wut stehen, und lernen, wie Sie diese Bedürfnisse anders ausdrücken und vor allem auch befriedigen können. Unsere Wut hilft uns dabei meist nicht weiter, sondern steht dem Erkennen unserer eigentlichen Bedürfnisse und deren Erfüllung im Weg.

Die Bedürfnisse und Gefühle, die hinter unserer Wut stehen, sind sehr unterschiedlich. Grob lassen sich ein primärer und ein sekundärer ärgerlicher/impulsiver Kindmodus unterscheiden.

Primärer ärgerlicher/impulsiver Kindmodus

Einige Menschen handeln ärgerlich oder impulsiv, weil sie nie gelernt haben, Grenzen zu akzeptieren. Sie sind als Kind zu sehr verwöhnt worden und haben keine Disziplin gelernt. Auch in diesen Fällen liegt Vernachlässigung vor: Manche Eltern haben nicht die Geduld, sich mit ihren Kindern auseinanderzusetzen, keine Kraft oder Lust, ihnen etwas zu verweigern und zu einem Nein zu stehen. Wer selbst Kinder hat, weiß, wie anstrengend es sein kann, dem sich auf dem Supermarktboden wälzenden und brüllenden kleinen Schätzchen den Schokoriegel nicht zu kaufen. Aber auch das gehört zu den Aufgaben von Eltern, und wenn sie die nicht erfüllen, schaden sie ihren Kindern.

Wenn Sie das Gefühl haben, Sie könnten zu dem verwöhnten impulsiven Typ zählen, lohnt es sich zu fragen: Was steht mir wirklich zu? Und: Brauche ich vielleicht mehr Disziplin?

Das heißt nicht, dass Sie auf Spaß und Spontaneität verzichten sollen. Im Gegenteil: Machen Sie sich das Leben so schön wie möglich! Genießen Sie alles in vollen Zügen! Nichts ist trauriger als Menschen, die sich nie etwas gönnen und alles aufsparen mit Blick auf eine Zukunft, die vermutlich nie kommt. Verwehren Sie sich nicht mehr als nötig.

Wenn Sie aber das Gefühl haben, dass Ihr impulsiv-verwöhntes Verhalten Sie nicht glücklich macht, dann versuchen Sie, eine Balance zu finden zwischen Disziplin und Ausgelassenheit. Ich weiß, das ist leichter gesagt als getan. Am Anfang werden Sie vermutlich ziemlich frustriert sein, denn es ist ein harter Weg. Erwarten Sie keine Wunder. Schon die Tatsache, dass Sie sich eingestanden haben, hier ein Problem zu haben, sollte Sie stolz machen. Und dann: Bleiben Sie realistisch. Babyschritte sind besser als gar keine. Wenn Sie ernsthaft versuchen, Ihrem Impuls nicht nachzugeben und stattdessen unangenehme und lästige Aufgaben in Angriff zu nehmen, am Ball zu bleiben, dann verdienen Sie alle Achtung!

Erinnern Sie sich an Uwe, der im Auto immer wieder ausrastet? Uwes Vater war auch »cholerisch«, wie Uwes Mutter erzählt. Immer wieder verlor er die Fassung, und die ganze Familie hat Rücksicht genommen. Uwe hat sich dieses Verhalten abgeschaut. Zwar galten bei ihm zu Hause strikte Regeln, aber es war klar, dass insbesondere für die Männer dieser Familie andere Regeln galten als für den Rest. Bis heute glaubt Uwe, dass es eine Zumutung ist, wenn er wie alle anderen auch in einer Behörde, an der Grenzkontrolle oder an der Supermarktkasse warten soll. Er wird dann wütend und verlangt, mit dem Verantwortlichen zu sprechen. Das Problem ist, dass Uwe damit immer gut gefahren ist. Er strahlt eine Autorität aus, der sich die meisten Menschen unterwerfen.

Trotzdem wäre es für ihn und vor allem seine Frau einfacher, wenn er lernen würde, dass für ihn eben doch dieselben Regeln gelten wie für andere, dass es nicht selbstverständlich ist, dass jeder auf seine Wutanfälle Rücksicht nimmt. Schließlich sind viele Freundschaften in die Brüche gegangen, weil nicht alle seine Eskapaden so klaglos ertragen wollten wie Uwes Frau.

Sekundärer ärgerlicher/impulsiver Kindmodus

Viele Menschen werden hingegen wütend, wenn sie eigentlich das Gefühl haben, ungerecht behandelt zu werden. Hinter ihrer Wut stehen, wenn man genau hinschaut, Traurigkeit und Einsamkeit. Weil sie in ihrer Kindheit zu oft das Gefühl hatten, nicht akzeptiert zu sein, fühlen sie sich heute schnell ausgegrenzt. In eigentlich harmlosen Situationen und aus Anlass von im Grunde unverfänglichen Bemerkungen werden sie wütend.

Wenn Ihre Wut fast immer in Verbindung mit Gefühlen der Traurigkeit und Verletztheit auftritt, ist Ihr wütender Kindmodus sekundär, das heißt, er ist eine Folge des verletzlichen Kindmodus. In diesem Fall ist es sinnvoll, zunächst Ihren verletzlichen Kindmodus zu trösten und zu heilen. Die meisten Betroffenen berichten, dass sie, nachdem sie angefangen hatten, sich besser um ihr inneres verletzliches Kind zu kümmern, kaum noch wütend wurden.

Ein typisches Beispiel für den sekundären ärgerlichen Kindmodus, der primär ein verletzlicher ist, ist Sarah, die junge Frau, deren Kindheit von Verlassenheitserfahrungen durchzogen war und die heute schnell verletzt und aggressiv reagiert. Das Bedürfnis, das sie mit der Wut verspürt, ist eines nach Verbundenheit und Anerkennung, danach, sich auf einen Menschen verlassen zu können. Sie sucht eigentlich nach der bedingungslosen Liebe und zuverlässigen Fürsorge, die ihre Eltern ihr vorenthalten haben.
Leider hat ihr misstrauisches und oft aggressives Verhalten den gegenteiligen Effekt. Sie stößt Freunde von sich, weil sie sie ständig verdächtigt, sie verlassen zu wollen.
Für Sarah ist es wichtig, zu lernen, dass sie liebenswert ist, dass andere Menschen überhaupt nicht die Absicht haben, sich von ihr ab-

zuwenden, weil sie ihre Gesellschaft und Freundschaft schätzen, und dass sie sich auf andere verlassen kann. Sarah muss sich also in erster Linie um ihr verletzliches inneres Kind kümmern. Wenn das geheilt ist, wird vermutlich auch ihre Wut abnehmen.

Übung: Primär oder sekundär?

Haben Sie schon eine Ahnung, ob Ihr ärgerlicher/impulsiver Kindmodus primär oder sekundär ist? Die nächste Übung – wieder eine Imaginationsübung – soll Ihnen helfen, in diesem Punkt Klarheit zu schaffen. Vielleicht fühlen Sie sich bei solchen Übungen etwas merkwürdig und finden das Ganze ein bisschen lächerlich, aber versuchen Sie es einfach. Sie werden erstaunt sein, wie effektiv solche Übungen sind.

> Machen Sie es sich bequem und schließen Sie die Augen. Versetzen Sie sich jetzt in eine Situation, in der Sie kürzlich von negativen Gefühlen überwältigt wurden. Spüren Sie Ihren Gefühlen nach. Versuchen Sie, diese ganz genau und intensiv zu empfinden. War es Wut? Ärger? Disziplinlosigkeit? Lustlosigkeit? Traurigkeit? Einsamkeit? Zurückweisung? Haben Sie sich ungerecht behandelt gefühlt? Stellen Sie sich folgende Fragen: Wer oder was hat diese Gefühle in Ihnen ausgelöst? War die Situation objektiv ungerecht? Hätten Sie die Situation auch für ungerecht gehalten, wenn sie jemand anderem passiert wäre?

Ich hoffe, dass die Übung Ihnen geholfen hat herauszufinden, in welchen Situationen Ihr Modus auftaucht, welche Gefühle er auslöst und welche Bedürfnisse dahinterstehen. Wenn sich herausgestellt hat, dass Ihr wütender Kindmodus sekundär ist, also mit Gefühlen von Traurigkeit und Einsamkeit einhergeht und oft in den verletzlichen Kindmodus wechselt, gehen Sie auf S. 175-181 zurück und probieren Sie die Übungen für Ihren primären verletzlichen Kindmodus: Es hat sich herausgestellt, dass Personen mit einem sekundären ärgerlichen/impulsiven Kindmodus kaum noch Wut verspürten, nachdem sie ihr verletzliches Kind getröstet hatten.

Ursachen und biografische Hintergründe
Auch wenn Ihr ärgerlicher/impulsiver Kindmodus primär ist, kann er sehr unterschiedliche Ursachen haben, das heißt, es können ganz unterschiedliche Bedürfnisse hinter Ihrem wütenden oder impulsiven Handeln stehen. Das Ziel sollte letztlich sein, dass Sie in der Lage sind, diese Bedürfnisse endlich so zu artikulieren, dass sie erfüllt werden können. Daher sollten Sie zunächst herausfinden, welche Bedürfnisse sich überhaupt hinter Ihrer Wut verstecken. Folgende Ursachen und biografische Hintergründe sind häufig verantwortlich dafür, dass wir einen ärgerlichen/impulsiven Kindmodus entwickeln:

Mangel an Autonomie. Viele Teenager kämpfen, manchmal vergeblich, um ihre Freiräume: »Komm nicht in mein Zimmer«, »Es geht dich gar nichts an, mit wem ich telefoniere!«, »Halt dich aus meinem Leben raus!«. Eltern reagieren darauf oft panisch. Sie haben furchtbare Angst vor dem Kontroll- und Autoritätsverlust und trauen ihren Kindern oft nicht genug zu. Diese Kämpfe sind ganz normal und haben auch eine Funktion: Sie helfen beim Ablösungsprozess, der auf beiden Seiten stattfinden muss. Die Schuld suchen Eltern gern bei den pubertierenden Kindern und deren Hormonen. Dabei sind sie selbst oft nicht weniger schwierig, unfähig, loszulassen und ihren Kindern die Autonomie zuzugestehen, die sie gerade brauchen.

Es gibt sogar Eltern, die sich der Idee, ihre Kinder altersgemäß zu behandeln, völlig verschließen. Sie bevormunden sie in Bereichen, in denen das wirklich nicht mehr sein muss, bestimmen, was der 16-jährige Sohn trägt, mischen sich in die Freundschaften ihrer 15-jährigen Tochter ein oder machen vor den Freunden der halbwüchsigen Söhne und Töchter Bemerkungen, durch die diese sich wie Kinder behandelt fühlen. Die Reaktion auf solche elterlichen Übergriffe ist in der Regel Trotz – und der setzt sich fest. Als Erwachsene haben die Betroffenen schnell das Gefühl, dass jemand ihre Autonomie infrage stellt, und reagieren trotzig und verstockt.

Modelllernen. Denken Sie an Uwe, den Mann, der absolute Rücksichtnahme und eine Spezialbehandlung einfordert. Uwe ist dieses Verhalten nicht zugeflogen, er hat es von seinem Vater gelernt. In der Psychologie spricht man in diesem Zusammenhang von Modelllernen: Wir bekommen von anderen Menschen ein bestimmtes Verhalten vorgelebt und übernehmen es. Weil Uwes Vater impulsiv und ärgerlich war und rücksichtslos die eigenen Bedürfnisse zum Ausdruck gebracht hat, hält Uwe das für normal und macht es auch. Es wäre auch erstaunlich, wenn er sich anders verhielte, woher sollte er das auch können?

Mangel an Grenzen. Leider sind Kinder nicht wie Blumen, die mit viel Wasser, gutem Boden, Sonne und Liebe auf jeden Fall gedeihen. Kinder brauchen auch Grenzen. Die Kämpfe, die so lächerlich und kräftezehrend sind – um den zweiten Lolli, das frühe Zubettgehen, das Zimmeraufräumen –, sind für die Entwicklung von Kindern absolut wichtig. Wenn wir ihnen nicht die Chance geben, die Frustration auszuhalten, die die Erledigung langweiliger, aber notwendiger Aufgaben bedeutet, wenn wir sie nie zu Disziplin und Ausdauer anhalten, werden sie das später nachholen müssen. Ganz ohne Disziplin und Grenzen ist ein erfolgreiches Erwachsenenleben nicht möglich. Es mag komisch klingen, aber möglicherweise hatten Sie das Pech, als Kind zu sehr verwöhnt worden zu sein. Dann müssen Sie nachträglich lernen, die eigenen Bedürfnisse hin und wieder zurückzustecken und auch lästige Aufgaben zu erledigen.

Überlegen Sie: Welche Bedürfnisse und Ursachen stehen hinter Ihrem ärgerlichen/impulsiven Kindmodus?

Schritt 2: Ziele eingrenzen

Wie viel ist zu viel?

Keine Frage, die Bedürfnisse und Gefühle, die mit Ihrem ärgerlichen/impulsiven Kindmodus verbunden sind, sind völlig legitim. Nichts, aber auch gar nichts spricht dagegen, dass Sie sich ab und zu mal etwas gönnen oder Ihren Frust ausdrücken. Das gehört zu einem lebendigen Leben ebenso wie der Schaum aufs Bier. Es geht auch hier um das Maß.

Bloß: Wie viel ist zu viel? Gute Freunde zu fragen ist ein sinnvoller Weg, um herauszufinden, ob Sie zu übermäßig aggressivem oder egoistischem Verhalten neigen. Dabei sollten Sie bedenken, dass es den meisten Leuten schwerfällt, Kritik am Verhalten anderer zu äußern. Wenn gute Freunde sich schon über Ihren Egoismus oder Ihre Unzuverlässigkeit beschwert haben, können Sie davon ausgehen, dass an den Vorwürfen mit großer Wahrscheinlichkeit etwas dran ist und dass diesen Menschen viel an Ihnen liegt. Wenn also Kritik an Ihnen geäußert wurde, sollten Sie dies ernst nehmen, in sich gehen und sich fragen, ob Sie vielleicht manchmal zu übermäßig aggressivem oder impulsivem Handeln neigen. Sie können aber auch stolz auf sich sein: Anscheinend sind Sie so liebenswert und trotz allem ein so guter Freund, dass Ihre Umwelt lieber den Konflikt mit Ihnen als den Verlust Ihrer Gesellschaft und Freundschaft in Kauf nimmt.

Kritik an Ihrem Verhalten kann sich natürlich auch aus einer bestimmten Situation heraus ergeben und gar nichts über Ihre Persönlichkeit aussagen. Aber das sollten Sie zumindest abklären. Nehmen Sie solche Auskünfte also ruhig ernst und überprüfen Sie, ob sie rein situativ zu verstehen sind oder vielleicht doch etwas mit Ihrem generellen Verhalten zu tun haben.

Ziele und Bedürfnisse

Die zentrale Frage in jedem Leben ist: Was sind meine tatsächlichen Bedürfnisse? Und hilft mein aktuelles Verhalten mir, diese zu befriedigen? Sollten Sie auf beide Fragen eine mehr oder weniger zufriedenstellende, also positive Antwort haben, dann legen Sie das Buch weg, dann brauchen Sie es nicht. Sie haben bereits die besten Voraussetzungen für ein glückliches Leben. Sollte dem aber nicht so sein, dann können Ihnen die folgenden Übungen vielleicht helfen.

Ärgerlicher/impulsiver Kindmodus: Vor- und Nachteile
Die Änderung des wütenden oder impulsiven Verhaltens kann mit großem Frust einhergehen. Daher ist es sinnvoll, vorab zu prüfen, ob sich die Mühe lohnt. Am besten führen Sie selbst eine Evaluation Ihres aggressiven/impulsiven Verhaltens durch, und zwar indem Sie eine Liste anlegen, in der Sie die Vor- und die Nachteile Ihres Verhaltens notieren. Danach fällt es Ihnen sicher leichter, zu entscheiden, ob Sie die Veränderung wagen wollen oder lieber nicht.

Vielleicht hilft es Ihnen beim Ausfüllen, zu sehen, was der verwöhnte Linus in die Tabelle eintragen würde. Auf S. 12 finden Sie die Geschichte von Linus, dem Mann, dem seine Mutter auch mit vierzig noch alles abnimmt und der dadurch immer wieder in Konflikte gerät.

	Vorteile	Nachteile
Kurzfristig	• *Ich muss mich nicht um lästige Dinge kümmern.* • *Ich weiß, dass ich weich falle, weil meine Mutter mir im Zweifel aus der Patsche hilft.* • *Ich muss keine Konflikte austragen und mich nicht für meine Interessen einsetzen.*	• *Ich finde es oft peinlich, dass ich mich nicht selbst um meinen Kram kümmere.*
Langfristig	• *Bisher habe ich ganz vieles vermieden. Das wird auch noch eine Weile so bleiben.*	• *Ich gerate immer wieder in schwierige und brenzlige Situationen.* • *Ich verliere ständig meine Arbeit.* • *Ich verliere die wenigen Freunde, die ich habe.* • *Meine engste Vertraute ist immer noch meine Mutter.* • *Ich erlebe mich nicht als autonom und erwachsen.* • *Wie soll es weitergehen, wenn meine Mutter alt wird?*

Vermutlich sieht Ihre Tabelle ähnlich aus: Relativ viele kurzfristige Vorteile stehen langfristigen Nachteilen gegenüber. Linus muss sich entscheiden: Was ist ihm wichtiger? Kurzfristige Bequemlichkeit oder eine langfristige Befriedigung seiner Bedürfnisse nach Autonomie, Verbundenheit, weniger Stress sowie mehr Erfolg in Beziehungen und bei der Arbeit? Die Entscheidung kann ihm keiner abnehmen. Ihnen ebenso wenig.

Übung: Stuhldialog

Wenn Sie sich noch nicht entscheiden konnten, dann schafft vielleicht eine andere Übungsform Klarheit: der Stuhldialog. Diese Technik stammt ebenso wie die Imaginationsübung aus der Gestalttherapie. Sie wird eingesetzt, um innere Konflikte zu externalisieren und so anschaulicher und greifbarer zu machen. In einer Therapie stellt der Therapeut dazu zwei Stühle auf. Zu Hause können Sie aber genauso gut zwei Kuscheltiere, Puppen oder Playmobilfiguren nehmen.

Egal, was Sie gewählt haben, ob zwei Stofftiere oder Kochtöpfe – wichtig ist, dass Sie den einen, vielleicht den kleinen, roten Kochtopf, mit Ihrem ärgerlichen oder impulsiven Kind identifizieren, und den anderen, vielleicht einen großen Edelstahltopf, mit Ihrem erwachsenen Ich. Als Nächstes wechseln Sie von dem einen Symbol zum anderen, nehmen mal die Perspektive des ärgerlichen/impulsiven Kindes ein, mal die des erwachsenen Ichs, und unterhalten sich so miteinander. Was für ein albernes Theater, denken Sie jetzt vielleicht. Aber dieses Puppen- oder Topftheater hilft Ihnen, den inneren Konflikt, der sich immer wieder zwischen Ihrem Erwachsenenmodus und Ihrem Kindmodus abspielt, zu klären und herauszufinden, was Sie eigentlich wollen: kurzfristige Bedürfnisbefriedigung oder langfristiges Erreichen von Zielen.

Schritt 3: Kontrolle erlangen

Jetzt wird es ernst! Wenn Sie fest entschlossen sind, kommt jetzt der nächste Schritt: die Veränderung Ihrer Verhaltensmuster. Schließlich wollen Sie ja Ihr Handeln in Zukunft besser kontrollieren und sich nicht mehr von unbewussten Mustern das Ruder aus der Hand nehmen lassen. Sie können sich selbst befähigen, bewusst zu handeln und das zu machen, was Ihnen langfristig guttut.

Sich anders zu entscheiden als gewohnt ist eine große Herausforderung. Unterschätzen Sie das nicht. Aber unterschätzen Sie auch sich selbst nicht. Sie haben wahrscheinlich mehr Kraft und Willensstärke, als Sie denken.

Trotzdem ist es wichtig, dass Sie realistisch bleiben. Setzen Sie sich Ziele, die Sie auch erreichen können – sonst ist die Frustration vorprogrammiert und Sie werden mit großer Wahrscheinlichkeit schnell das Handtuch werfen. Also wählen Sie sportliche Ziele, aber keine unrealistischen!

Unerfüllte Bedürfnisse

Doch welche Ziele sind realistisch? Das ist individuell ganz unterschiedlich, lässt sich aber leicht feststellen. Finden Sie zunächst heraus, welche Ziele und Bedürfnisse Ihnen wichtig sind, denn Sie können nicht gleich Ihr gesamtes Verhalten ändern. Sie können es aber erst mal dort modifizieren, wo es die wichtigsten Bedürfnisse behindert. Es ist sinnvoll, dass Sie sich zuallererst überlegen, in welchen Situationen Ihr ärgerlicher/impulsiver Kindmodus aktiv ist und welche Bedürfnisse durch ihn nicht befriedigt werden können.

Situation, in der mein wütender Kindmodus auftritt:	Welches meiner Bedürfnisse wurde nicht befriedigt?

Vielleicht hilft es Ihnen beim Ausfüllen, zu sehen, was Milena, die Sie auf S. 31 kennengelernt haben, notiert hat. Ihr wütender Kindmodus meldet sich in der Regel, wenn sie Angst hat, verlassen zu werden.

Situation, in der mein wütender Kindmodus auftritt:	Welches meiner Bedürfnisse wurde nicht befriedigt?
Meine Freundin meldet sich nicht regelmäßig bei mir. *Meine Freundin hat noch andere freundschaftliche Kontakte*	*Ich fühle mich schlecht behandelt, habe das Gefühl, dass ich die Einzige bin, die in diese Freundschaft investiert, und dass die andere Person sich von mir abwendet.* *Ich habe das Gefühl, betrogen zu werden und nicht genug Aufmerksamkeit zu bekommen. Ich habe Angst, verlassen zu werden.*

Bei Sarah sind es immer ähnliche Situationen, die den wütenden Kindmodus auslösen, und ebenso sind es immer ähnliche Bedürfnisse, die nicht befriedigt werden. Ist das bei Ihnen auch so? Können Sie die Ähnlichkeiten benennen? Wenn Sie das getan haben, ist das die perfekte Grundlage für den nächsten Schritt: Setzen Sie sich realistische Ziele. Überlegen Sie, in welchen Situationen Sie besonders unter Ihrem wütenden Kindmodus leiden und in welchen Situationen es besonders schlimm ist, dass Ihre Bedürfnisse nicht befriedigt werden. Sie können nicht alles auf einmal verändern. Es ist wichtig, dass Sie sich zunächst konkret auf wenige Situationen konzentrieren und einzuschätzen lernen, wie schwierig die Veränderung in diesem Bereich sein wird. Solche Entwicklungen können anstrengend und frustrierend sein. Muten Sie sich nicht zu viel zu!

Gute Ziele, schlechte Ziele

Sie wissen also, was Sie verändern wollen. Jetzt geht es um die Umsetzung dieser Ziele. Dafür brauchen Sie eine möglichst positive und konkrete Vision davon, wie Sie in Zukunft gerne handeln und sein möchten. Klare Ziele zu formulieren ist gar nicht so einfach. Sie sollten möglichst realistisch und konkret sein. Sie müssen sich also überlegen, was Sie mit Ihren Voraussetzungen (Zeit, Belastbarkeit usw.) in einem eng begrenzten Zeitraum (nicht mehr als eine Woche) schaffen können, und dies dann ganz genau ausformulieren – nicht: »Ich will mich in Gruppen wohlfühlen«, sondern: »Ich will am Dienstag zur Weihnachtsfeier gehen und dort eine Person ansprechen und einige Minuten mit ihr reden.« Nicht: »Ich will selbstsicherer sein«, sondern: »Das nächste Mal, wenn im Tennisverein alle zusammensitzen, will ich jemanden fragen, ob er Lust hat auf ein Match mit mir.« Ziele sind nur dann umsetzbar, wenn sie konkret, positiv und realistisch formuliert sind. Sie sollten auf jeden Fall ein bestimmtes Verhalten festschreiben und eigenverantwortlich formuliert sein – also nicht: »Meine Kollegen sollen mich auch mal fragen, ob ich mitkommen will«, sondern: »Ich will meine Kollegen fragen, ob ich beim nächsten Mal mitkommen kann.«

Ich hoffe, Sie haben jetzt eine ungefähre Vorstellung davon, was gute und was schlecht umsetzbare Ziele sind. Trotzdem fällt es anfangs schwer, zu wissen, was man sich realistisch zumuten kann. Die folgenden Fragen sollen Ihnen helfen, das herauszufinden.

- *In welchen Situationen möchte ich meinen ärgerlichen/impulsiven Kindmodus einschränken? (z. B. in meiner Beziehung, bei der Arbeit, beim Sport)*

- *Welche Situationen sind mir besonders wichtig?*

- *Welche Veränderung fällt mir wahrscheinlich leichter?*

- *Welche Veränderung fällt mir wahrscheinlich schwerer?*

- *Was ist realistisch? Machen Sie einen Plan und schreiben Sie ganz konkret auf, was Sie verändern wollen (z. B.: »Wenn mich meine Kinder auf die Palme bringen, schließe ich für einen Moment die Augen und versuche danach, ruhig zu bleiben«, »Ich will von jetzt an zumindest den Abwasch machen«, »Ich gehe einmal die Woche mit meinem Freund zum Yoga«).*

- *Wie wollen Sie sich belohnen? (z. B.: »Wenn ich mein Verhalten zwei Wochen lang durchhalte, dann gönne ich mir einen Saunatag mit meiner besten Freundin.«)*

Wie würde Linus diesen Fragebogen ausfüllen? Wahrscheinlich hat er es satt, immer wieder in Konflikte mit seinen Freunden, seinen Kollegen und auch seinen Arbeitgebern zu geraten. Vermutlich möchte er sich auch endlich aus der mütterlichen Umklammerung lösen, sich männlicher, autonomer und erwachsener erleben. Alles auf einmal anzugehen wäre unrealistisch. Linus muss sich also überlegen, in welchen Situationen ihn sein Verhalten besonders stört.

Hat er besondere Angst davor, dass seine Freundschaft mit Juri endgültig in die Brüche gehen könnte, dann könnte er sich vornehmen, Juri nicht mehr alles Mögliche für sich erledigen zu lassen und ihm besser zuzuhören. Ganz konkret hieße das also: Linus meldet sich endlich unter seiner tatsächlichen Adresse an und stellt beim nächsten Treffen gleich am Anfang eine Frage nach Juris Befinden. Wahrscheinlich würde er schnell merken, wie sehr Juri das freut. Um sich zu belohnen, gönnt er sich zusätzlich ein nettes Essen mit Juri beim Vietnamesen um die Ecke.

Das ist allerdings erst der Anfang. Linus muss noch einige Hürden nehmen, um sein Ziel zu erreichen. Trotzdem kann er schon mal stolz auf sich sein.

Tipps: So bekommen Sie Ihre Wut besser in den Griff

Anschließend noch ein paar Tipps, die Ihnen dabei helfen, die Kontrolle über Ihr Handeln gegen sture Denk- und Verhaltensmuster zu verteidigen und Ihre Bedürfnisse endlich besser zu befriedigen.

Das kenn ich doch! – Lernen Sie die Zeichen lesen

Wenn Sie genau darauf achten, werden Sie feststellen, dass Sie in den Situationen, in denen Ihr wütendes inneres Kind Ihr Handeln kontrolliert, immer dasselbe Körpergefühl und dieselben Gedanken überkommen – die Schulterpartie verkrampft sich, Sie beißen sich auf die Lippe, Sie stampfen laut mit dem Fuß auf, Sie ballen die Fäuste … und dazu vielleicht Gedanken wie: »Natürlich, das war ja klar!«, »Das sind doch alles Idioten!« oder »Ihr könnt mich alle mal!«. Solche Gedanken und Körperreaktionen sind Frühwarnzeichen. Wenn Sie auf diese achten, können Sie den Tornado, der sich in Ihnen zusammenbraut, vielleicht noch aufhalten. Dann ist es noch möglich, einen kühlen Kopf zu behalten, auch wenn der Rest schon kocht! Es ist übrigens besser, wenn Sie Ihren Ärger ausdrücken, bevor er übermäßig geworden ist. Seien Sie also wachsam und warten Sie nicht, bis Ihr Ärger Sie überwältigt!

Little by little – Ihr wohldosierter Ärger

Am besten kommt Ihr Ärger bei Ihrem Gegenüber an, wenn Sie ihm gerade genug Nachdruck verleihen. Bleiben Sie vorerst ruhig und erklären Sie ganz sachlich, was Ihnen nicht passt. Erst wenn Sie merken, dass der andere Ihnen nicht zuhört, legen Sie ein bisschen nach. Aber nicht zu viel.

Wenn Sie spüren, wie der Sturm sich ankündigt, wie sich etwas zusammenbraut und der Wind langsam Orkanstärke annimmt, dann – machen Sie erst mal gar nichts! Legen Sie eine Pause ein, nehmen Sie ein bis zwei tiefe Atemzüge, gehen Sie auf die Toilette, strecken Sie sich, öffnen Sie ein Fenster – egal, aber gönnen Sie sich eine Auszeit und entfernen Sie sich ein wenig aus der Situation. Das kann Ihnen helfen, Klarheit darüber zu gewinnen, was Sie in dieser Lage eigentlich erreichen wollen.

Jetzt brauch ich erst mal … meinen Glücksstein!

Sicher kennen Sie amerikanische Filme, in denen sich unrasierte Privatdetektive, Geschäftsmänner oder Cops nach einem schweren Tag erst mal einen Drink genehmigen. Meist sehen sie auch so aus: auf eine irgendwie attraktive Art verwahrlost, so richtig schön schlampig. Ihnen würde ich aber ans Herz legen, nicht hinterher, sondern vorher etwas zu tun, was den Druck ein bisschen herausnimmt. Und sicher ist Alkohol keine Lösung. Ebenso wirksam und weniger verwahrlosend wirken Symbole, die man zur Entspannung immer dabeihat: ein glatter Stein, den man in der Hosentasche hat und in kritischen Momenten befühlt, ein beruhigendes Bild, das Sie sich immer dann vorstellen können, wenn's wieder mal brennt, oder auch ein Lied, das der Situation den Stachel nimmt. Bei mir funktioniert die Titelmelodie von *The Sound of Music*. Wenn ich mir diese superkitschige Hymne vorsinge, wird mir sofort die Absurdität der Situation bewusst, und ich muss schmunzeln, egal, wie sauer ich wenige Augenblicke vorher noch war.

Übung: Es geht auch anders 1

Gehen Sie ab und zu in den mentalen Raubtierkäfig und trainieren Sie in der Vorstellung alternative Verhaltensweisen. Wenn Sie das oft genug machen, werden Sie vermutlich auch in der Realität von Ihren schädlichen Mustern abweichen. Dieses mentale Training ist quasi die Vorbereitung auf den Ernstfall.

> Stellen Sie sich eine Situation vor, in der Sie normalerweise wütend werden. Versetzen Sie sich in Ihre Emotionen. Spüren Sie ihnen nach. Und jetzt überlegen Sie sich, was Sie brauchen, um weniger wütend zu sein. Brauchen Sie einen Freund, der Ihnen versichert, dass nicht alle Menschen es schlecht mit Ihnen meinen und Sie ablehnen? Brauchen Sie jemanden, der Sie unterstützt und Sie in den Arm nimmt? Was immer Sie brauchen – in Ihrer Vorstellung bekommen Sie es! Ändern Sie also die Situation entsprechend und stellen Sie sich vor, wie es weitergeht, ohne dass Sie einen Wutausbruch bekommen. Ganz sachlich äußern Sie Ihre Bedürfnisse und markieren die Grenzen, die verletzt wurden.

Verhaltensexperiment: Es geht auch anders 2

Verhaltensexperimente sind etwas ganz Besonderes: Sie machen Spaß! Sie fordern Ihre Kreativität, Ihren Humor, Ihre ganz individuelle spielerische und schöpferische Ader heraus.

Begeben Sie sich bewusst in eine Situation, in der Sie sich normalerweise unangemessen verhalten. Uwe sollte den Straßenverkehr aufsuchen, Sarah mit Monika über deren andere Freunde sprechen, Linus sollte vielleicht seine Post öffnen. Und statt mit den Türen zu knallen, Ihren Partner anzubrüllen oder einen anderen Autofahrer zu bedrohen, machen Sie diesmal etwas ganz anderes. Was? Lassen Sie Ihrer Fantasie freien Lauf. Die Alternative kann witzig und überspitzt sein, Hauptsache, sie hilft Ihnen raus aus Schema F. So erleben Sie, dass auch andere Verhaltensweisen möglich sind und diese Ihre Bedürfnisse meist eher erfüllen.

Das glückliche Kind stärken

Das Leben läuft nicht immer rund. Gar nicht so selten geraten wir in Situationen, in denen wir uns hilflos und traurig fühlen. Es gibt oft so viel zu tun und so wenig Zeit, so viele Sorgen und so wenig Unbeschwertheit und Spaß. Manchmal lässt sich das nicht ändern: wenn Eltern oder Kinder krank sind oder wenn Abgabetermine eingehalten werden müssen.

Gerade weil unser Alltag so stressig ist, ist es wichtig, dass wir uns selbst Freiräume schaffen und ein bisschen Sonne ins Grau, ein bisschen Spaß in den Trübsinn bringen. Solche Momente der Unbeschwertheit und Albernheit, in denen unser glückliches Kind uns ganz erfüllt und Freude schenkt, sind die beste Prophylaxe gegen Depression und das Gefühl der Überlastung. Also: Helfen Sie Ihrem glücklichen Kindmodus auf die Sprünge, stärken Sie Ihre alberne und spontane Seite. Diese Zeit, die Sie mit Nonsens scheinbar verplempern, ist in Wirklichkeit bestens angelegt!

Sie denken jetzt vermutlich: Das klingt gut und richtig, aber wie stellt man das an? Den meisten von uns fällt es gar nicht so leicht, ihr glückliches inneres Kind zu aktivieren. Über all der Arbeit und den Sorgen haben wir den Kontakt zu ihm verloren. Dabei braucht es unsere liebevolle Zuwendung.

Die Kontaktaufnahme gelingt am besten, indem man Aktivitäten nachgeht, die normalerweise den glücklichen Kindmodus auslösen. Leider funktioniert es nicht, ganz laut »Stimmung!« zu rufen, und schon läuft die Party. Der Zustand des glücklichen Kindes lässt sich nicht erzwingen. Zum einen wissen viele von uns gar nicht so genau, was ihnen Spaß macht, und wenn man sie direkt fragt, kann das Hilflosigkeit und Frustration auslösen. Zum anderen haben einige Menschen einen so stark ausgeprägten strafenden Elternmodus, dass sie lieber keinen Spaß haben, weil sie sich dafür schuldig fühlen und bestrafen müssten.

Die Suche nach unserem glücklichen Kind kann also länger dauern, und nicht selten verläuft sie mit Hindernissen und über Umwege. Das sollte Sie aber nicht entmutigen. Diese Momente des Glücks, in denen wir ganz bei uns und bei den von uns geliebten Menschen sind, in denen wir uns verbunden und unbeschwert fühlen, die Welt umarmen wollen und alles in den schönsten Farben leuchtet, sind doch der Grund, weshalb wir überhaupt Ja zum Leben sagen.

Schritt 1: Kontakt aufnehmen

Wie andere Kindmodi auch meldet sich der glückliche Kindmodus bei den meisten von uns in ganz bestimmten Situationen. Nur wenige Menschen haben das Glück, sich spontan und weitgehend situationsunabhängig in diesen Zustand begeben zu können. Um Ihr glückliches Kind zu stärken, überlegen Sie daher zunächst, in welchen Situationen und durch welche Aktivitäten Sie es am besten wecken können.

Übung: Affektbrücke

Wenn es Ihnen schwerfällt, zu Ihrem glücklichen Kindmodus zurückzufinden, versuchen Sie, eine sogenannte Affektbrücke zu schlagen: Hierbei helfen uns Gefühle, eine Verbindung zwischen Vergangenheit und Gegenwart herzustellen, um den problemlosen Zugang zu unserer verspielten, neugierigen Seite wiederherzustellen. Am besten baut man eine solche Affektbrücke über eine Imaginationsübung: Man erinnert sich an eine vergangene Situation, spürt den Gefühlen und sinnlichen Eindrücken von damals nach und versucht eine Situation zu finden, in der man heute ähnliche Gefühle hat.

Setzen Sie sich so hin, dass Sie mit beiden Beinen fest auf dem Boden stehen. Dann schließen Sie die Augen und konzentrieren sich auf Ihren Atem. Atmen Sie ganz bewusst ein und aus … ein und aus. Warten Sie, bis Sie sich völlig entspannt haben.
Und jetzt fragen Sie sich: Wann habe ich mich das letzte Mal unbeschwert und glücklich gefühlt? Vielleicht war das letzten Mittwoch, als Sie mit Freunden auf dem Flohmarkt waren, oder im Sommer beim Baden und Picknicken mit Ihren Kindern. Vielleicht ist es aber auch schon länger her: War es ein besonders schönes Weihnachtsfest, ein berufliches Erfolgserlebnis oder ein Tag mit Ihrer Schwester im Zoo?
Versetzen Sie sich in diese Situation. Stellen Sie sich alles möglichst bildlich und detailliert vor. Was war das für ein Tag? Schien die Sonne? Wer war dabei? Was haben Sie gemacht? Aber auch: Wie haben Sie sich gefühlt? Hat die Sonne Ihren Rücken gewärmt? Ist das süße, klebrige Zitroneneis Ihnen die Mundwinkel hinuntergelaufen? Hatten Sie Sand zwischen den Zehen? Hat der Wind sanft mit Ihrem Haar gespielt?

Ziel dieser Übung ist, mithilfe möglichst bildhafter Vorstellungen den Kontakt zu Gefühlen des glücklichen Kindmodus herzustellen. Sie denken vielleicht, dass Sie den Zugang zu diesem glücklichen Anteil völlig verloren haben, aber dem ist nicht so. Diese Gefühle sind nur ein wenig verstaubt, vielleicht sogar verschüttet. Doch während dieser Übung merken Sie, dass Sie noch da sind. Man muss sie nur wieder freilegen.

Außerdem helfen Ihnen die intensiven emotionalen und sinnlichen Erinnerungen dabei, eine Brücke zur Gegenwart zu schlagen. Über diese Gefühle kann es Ihnen gelingen, vergleichbare Aktivitäten für Ihr heutiges Leben zu entwickeln. Aus dem Stand fällt uns nur selten ein, was wir machen können, um unser glückliches Kind zu animieren. Nach dieser Übung haben Sie vielleicht die eine oder andere Idee.

Fallbeispiel

Vor dieser Aufgabe steht auch Andrea, die junge Frau, die bei den Nonnen aufgewachsen ist und sich heute selbst alle Genüsse verbietet. Andrea wird es wahrscheinlich schwerfallen, einen starken glücklichen Kindmodus zu entwickeln. Alle lustvollen Aktivitäten gehen bei ihr mit starken Schuldgefühlen und Ekel vor sich selbst einher. Hinzu kommt, dass in ihrer Kindheit auch kaum Raum für Spaß und Spiel vorhanden war. Aufgrund ihrer schlimmen Kindheitsgeschichte ist sie chronisch depressiv und instabil.

Gerade Menschen wie Andrea profitieren von einer Stärkung ihres glücklichen Kindmodus ungemein. Ihre Therapeutin konnte sie mittlerweile davon überzeugen, dass es wichtig für sie ist, den Kontakt zu diesem Modus aufzunehmen. Ob Sie eine Ahnung habe, welche Aktivitäten ihr dabei helfen könnten? Andrea weiß es nicht. Spontan fällt ihr überhaupt nichts ein. Sie versetzt sich deshalb zurück in ihre Kindheit. Das fällt ihr schwer. Andreas Kindheit war beherrscht von Freudlosigkeit, Schuldgefühlen und brachialen Strafen. Doch schließlich gelangt sie zu einer schönen Erinnerung: Sie erinnert sich an eine junge Nonne. Schwester Kathi war lustig und herzlich, hatte aber nur einige Monate in der Klosterschule verbracht. Andrea hatte sie schon fast vergessen. Jetzt erinnert sie sich an einen Fahrradausflug. Es war ein schon richtig warmer Maitag gewesen, ein Samstag. Ganz früh hatte Schwester Kathi sie geweckt und sie mit ihren Ausflugsplänen überrascht. Andrea erinnert sich noch genau an die langen Kastanienalleen zwischen den noch kahlen nackten Feldern, das erste Grün der Bäume, den Wind an ihren Beinen und in ihrem Haar, an das Lachen und die Sommersprossen von Schwester Kathi und an das wunderbare Mandeleis, das sie beide an einem Kiosk gekauft hatten.

Am nächsten warmen Tag gönnt sich Andrea ein Mandeleis und setzt sich auf eine Wiese. Sie genießt ganz bewusst den Wind an ihren Beinen und knabbert die Mandelschokolade ab. Sie fühlt sich immer noch ein bisschen schuldig, aber auch irgendwie glücklich, selbstständig und zufrieden.

Wenn Sie noch weitere Inspirationen brauchen, hilft Ihnen vielleicht die folgenden Liste. Allerdings sind die Dinge und Aktivitäten, die unser glückliches Kind aktivieren, ganz individuell. Für manche ist es die Carrerabahn, für andere ein Tag am See oder ein nächtlicher Besuch im Schwimmbad. Was den einen glücklich macht, geht dem anderen mitunter gehörig auf die Nerven. Vielleicht ist auf der Liste ja auch etwas für Sie dabei oder der eine oder andere Punkt bringt Sie auf etwas, was bei Ihnen funktionieren könnte.

Das glückliche Kind kann ich hervorlocken, indem ich …

- einen Schlager mitgröle, der im Radio läuft
- mit meinen Kindern um die Wette laufe
- mir die Sonne auf den Bauch scheinen lasse
- barfuß im Regen spazieren gehe
- mich in einen Haufen Herbstlaub fallen lasse
- auf meinem Bett herumspringe
- mit meinem Freund in der Küche zu Frank Sinatra tanze
- eine Kissenschlacht mit meiner Mutter veranstalte
- meine Freundinnen zur Pyjamaparty einlade
- Vogelstimmen imitiere
- meinen besten Freund beim Badminton ärgere
- mit meinen Nichten einen Lastwagen aus dem Tisch, einer Decke und Unmengen von Klebeband baue
- dieses Buch in den Fluss werfe

Ich hoffe, Sie haben jetzt zumindest ein paar Ideen, wie Sie Ihr glückliches Kind mal wieder zu einem Besuch animieren können. Auch wenn Sie meinen, dass für Sie nichts dabei war: Probieren Sie einfach mal was Neues aus.

Schritt 2: Raum geben

Ich hoffe, Sie wissen jetzt genauer, wie Ihr glücklicher Kindmodus sich anfühlt und wie Sie ihn aktivieren können. Die Aufgabe ist jetzt, diesen Aktivitäten mehr Raum in Ihrem Leben zu geben. Planen Sie konkrete Unternehmungen fest in Ihren Terminkalender ein. Halten Sie zum Beispiel den Montagabend für die Skatrunde mit Ihrem Kumpel Lukas frei oder den Sonntagmorgen für den kleinen Waldlauf mit Ihrer Tante Klara – was immer Ihnen Spaß macht. Achten Sie darauf, dass Ihnen nicht zu oft etwas dazwischenkommt. Diese Zeit ist wichtig, weil Sie Ihnen guttut!

Schritt 3: In den Alltag integrieren

Jetzt, da Sie den Kontakt zu Ihrem glücklichen inneren Kind hergestellt haben, stellt sich die Frage, wie Sie diesen Zustand am besten in den Alltag integrieren: Da gehört er schließlich hin. Er soll kein Ausnahmezustand sein, den man wie den Weihnachtspullover nur einmal im Jahr aus dem Schrank holt. Der glückliche Kindmodus sollte ein fester Bestandteil Ihrer Normalität werden und möglichst einmal täglich an die Luft!

Allerdings gibt es ein paar Dinge, die Sie beachten sollten, damit diese Integration erfolgreich gelingt:

Nehmen Sie sich ausreichend Zeit! Es funktioniert nicht, den glücklichen Kindmodus unter Zeitdruck noch irgendwo zwischen zwei Termine zu quetschen. Unser glückliches Kind braucht eine entspannte Atmosphäre, sonst können Sie es lange bitten. Sie müssen ihm schon die nötige Aufmerksamkeit schenken, aber diese Zeit ist sehr gut investiert!

Nichts gegen Babyschritte! Wie jede Veränderung geschieht auch diese nicht von heute auf morgen. Also setzen Sie sich nicht unter Druck. Vor allem wenn die glücklichen und unbeschwerten Momente in Ihrem Leben bisher eher spärlich gesät waren, geben Sie ihnen Zeit, sich langsam zu vermehren. Ganz vorsichtig wird Ihr glückliches Kind sich trauen, mehr und mehr Raum in Ihrem Leben zu besetzen.

Bitte keine Luftschlösser bauen! Bedenken Sie auf jeden Fall, dass Sie für Ihren glücklichen Kindmodus keine unbegrenzten zeitlichen Kapazitäten zur Verfügung haben. Wahrscheinlich ist Ihr Terminkalender wie der der meisten Menschen ohnehin schon ziemlich voll. Häufige und lange Phasen einzuplanen, die Sie nur ihrem glücklichen Kind widmen, ist da unrealistisch. Seien Sie also pragmatisch und flexibel. Es gilt, Kompromisse zu machen. Besser, Sie gehen einmal alle zwei Wochen ins Schwimmbad als gar nicht.

Geteilte Freude ist doppelte Freude! Selbst wenn man nur die halbe Packung Eiscreme abkriegt, es schmeckt doch viel besser, wenn man sie gemeinsam genießt. Und natürlich ist es auch besser für die Figur, wenn man sich mit einer halben Portion begnügt … Es hat also nur Vorteile, Schönes mit Menschen zu teilen, die man mag. Außerdem lässt sich so auch Zeit sparen: Hanna zum Beispiel, die alleinerziehende, berufstätige Mutter, kann es sich überhaupt nicht erlauben, für ihren glücklichen Kindmodus stundenlang Auszeiten von Beruf und Familie zu nehmen. Ihr ist es aber gelungen, sowohl ihre Schüler als auch ihre Kinder darin einzubeziehen. Sie machen ihre Glückliche-Kind-Aktivitäten gemeinsam: Kissenschlachten, Zauberküche, auf Tröten spielen. Das spart nicht nur Zeit und macht mehr Spaß – es tut in aller Regel auch Ihrer ganzen Familie gut, wenn Sie gemeinsam schöne Dinge unternehmen.

Nichts erzwingen! Der Zustand des glücklichen Kindes entsteht nicht unter Druck. Sie müssen dafür in der Stimmung sein. Selbst wenn Sie im Alltag eine »Insel« für den glücklichen Kindmodus eingeplant haben – manchmal passt es einfach nicht. Vielleicht sind Sie von der Arbeit total genervt, Ihre Kinder sind krank oder Sie gehen gerade durch eine schwere Trennungsphase. Dann ist jetzt nicht die Zeit für das glückliche Kind. Lassen Sie es warten. Erfahrungsgemäß geht es Ihnen in solchen Fällen besser, wenn Sie sich mit Ihrem gesunden Erwachsenenmodus beschäftigen. Entschädigen Sie Ihr glückliches Kind, indem Sie ihm Zeit schenken, sobald es besser passt.

Emanzipation von den inneren Eltern

Wenn Sie einen verletzlichen Kindmodus haben, haben Sie mit hoher Wahrscheinlichkeit auch einen oder mehrere schädliche Elternmodi. Die beiden erscheinen gern im Team! Deshalb muss man auch beide gleichzeitig bearbeiten. Wollen Sie Ihr verletzliches Kind heilen, müssen Sie auch die Elternanteile, die Sie daran hindern, in die Schranken weisen. Lassen Sie nicht zu, dass diese schrillen Stimmen Ihr inneres Kind immer wieder verunsichern und verletzen. So wird es sich nie erholen und stark und glücklich werden.

Nora beispielsweise wird in Situationen, in denen das verletzliche Kind in ihr aktiv ist, auch die abwertenden Stimmen ihrer ehemaligen Klassenkameraden hören: »Du bist doof«, »Du stinkst«, »Du bist nicht cool genug, um mit uns zu spielen«. All diese abwertenden Sätze schwirren dann in ihrem Kopf herum und verletzen die kleine Nora erneut. Es ist ganz wichtig, gegen solche Botschaften vorzugehen. In diesem Kapitel zeige ich Ihnen das Handwerkszeug dazu geben.

Nora hilft übrigens auch der glückliche Kindmodus. In diesem Zustand sammelt sie die Kraft, die es ihr erlaubt, die abwertenden Stimmen nicht so ernst zu nehmen. Durch glückliche und unbeschwerte Momente weiß Nora, dass es auch anders und vor allem besser geht.

Notieren Sie zunächst die Botschaften, die von Ihrem Elternmodus ausgehen. Es ist sicher nicht ganz leicht, diese schwarz auf weiß geschrieben zu sehen. Allerdings ist es wichtig, den Feind genau zu beobachten. Je genauer Sie ihn kennen, desto leichter ist es, ihn zu bekämpfen.

Mein Elternmodus: ______________________________

Die Botschaften meines Elternmodus:

____

____

Woran erkenne ich, dass ich mich im meinem Elternmodus befinde?

– *Was sind die typischen Auslöser?*

____

____

– *Welche Gefühle habe ich typischerweise in diesem Modus?*

____

____

– *Welche Gedanken kommen mir typischerweise in diesem Modus?*

____

____

– *An welche Person in meiner Biografie erinnern mich die Botschaften? Welche Erinnerungen sind beteiligt/werden ausgelöst?*

____

____

– *Wie verhalte ich mich in diesem Modus?*

____

____

Welcher Modus (z. B. verletzliches Kind) hat damit zu tun?

____

____

Was brauche ich, wenn ich mich in diesem Elternmodus befinde? Welche Bedürfnisse habe ich?

____

____

Wird mein Bedürfnis durch mein Verhalten befriedigt?

____

____

Wie wirkt sich der Modus auf mein Gefühl von Sicherheit aus?

____

____

Schritt 1: Inventur machen

Der erste Schritt ist auch diesmal wieder eine Bestandsaufnahme. Mittlerweile haben Sie eine Ahnung, woher die Botschaften kommen, die Sie immer wieder unter Druck setzen oder niedermachen. Sie wissen, welche Situationen und Personen in Ihrer Kindheit und Jugend dafür verantwortlich waren, dass Sie sich heute abwerten, schämen oder sogar hassen. Doch bevor wir dazu übergehen, diese Stimmen der Vergangenheit auf ein erträgliches Maß zu drosseln oder ganz zum Schweigen zu bringen, wollen wir eine Generalinventur machen.

Dafür ist es auch hier wichtig, dass Sie mithilfe einer Imaginationsübung erst einmal Kontakt zu Ihren Elternmodi aufnehmen. Allerdings Vorsicht! Es ist zwar wichtig, dass Sie sich diesen Stimmen nähern, passen Sie aber gut auf sich auf. Bleiben Sie auf einer rational-reflektierenden Ebene und versetzen Sie sich nicht allzu intensiv in die dazugehörigen Gefühle. Wenn Sie sich mit geschlossenen Augen etwas bildlich vorstellen, können stark strafende Elternanteile schnell das Gefühlskommando an sich reißen, was sehr schmerzhafte Gefühle zur Folge hat, die Sie vielleicht allein nicht so leicht wieder loswerden. Passen Sie also gut auf sich auf und gehen Sie ganz langsam vor. Folgen Sie der Anleitung und fragen Sie sich nach jedem Schritt, wie Sie sich fühlen und ob Sie bereit sind, weiterzugehen. Wenn Sie glauben, dass diese Übung überwältigende bedrückende Gefühle hervorrufen kann, sorgen Sie dafür, dass ein lieber Mensch in Ihrer Nähe ist, mit dem Sie anschließend darüber sprechen können. Das wird Sie vermutlich entlasten und beruhigen.

Übung: Strafend oder fordernd?

Machen Sie es sich bequem und entspannen Sie sich. Konzentrieren Sie sich auf Ihren Atem. Atmen Sie ganz bewusst ein und aus … ein und aus …
Überlegen Sie jetzt, ob es in den letzten Tagen eine Situation gab, in der sich ihr schädlicher Elternmodus gemeldet hat: Haben Sie sich grundlos stark unter Druck gesetzt gefühlt? Haben Sie sich extrem abgelehnt gefühlt, obwohl die Situation völlig harmlos war? Haben Sie sich zu einem Verhalten gezwungen gefühlt, das Ihren Interessen und Bedürfnissen zuwiderlief?
Als Nächstes sollten Sie herausfinden, welcher Elternanteil bei Ihnen wirksam ist. Dafür müssen Sie über die Situation nachdenken: Worum ging es? Wie hätten Sie sich gefühlt, wenn Sie gemacht hätten, wonach Ihnen eigentlich war? Wären Sie sich wie ein Versager vorgekommen? Wie ein Verräter? Hätten Sie sich schuldig oder im Unrecht gefühlt? Wenn Scham, Selbsthass und Angst vorherrschend waren, dann neigen Sie vermutlich eher zum strafenden Elternmodus, bei Versagen und Schuld möglicherweise zum fordernden.
Wenn Sie sich nicht sicher sind, spüren Sie der elterlichen Stimme in Ihnen nach: In welchem Tonfall spricht sie? Kommt Ihnen dieser Tonfall bekannt vor? Haben Sie eine Idee, welche Person für diesen Elternmodus verantwortlich ist? Machen Sie sich gut mit dieser Stimme bekannt. Umso besser wird es Ihnen in den anschließenden Übungen gelingen, sie leiser werden und vielleicht ganz verstummen zu lassen.

Elternbotschaften identifizieren

Erziehung ist eine schwierige Sache. Das meiste ist gut gemeint, und doch gelingt es eigentlich allen Eltern, ihren Kindern den einen oder anderen Knacks zu verpassen. Goldene Regeln haben oft eine produktive Botschaft, sie können aber auch viel Schaden anrichten. Es kommt auf den Kontext und die Interpretation an. »Erst die Arbeit, dann das Vergnügen« kann bedeuten, dass Arbeit viel wichtiger ist als Vergnügen, es kann aber auch heißen: Mach erst mal das Unangenehme, dann kannst du den angenehmen Teil des Tages besser genießen. Genauso: »Der Esel nennt sich selbst zuerst« – in einem liebevollen oder albernen Kontext muss dieser Satz nichts Verletzendes haben und wird sich vermutlich auch nicht einfräsen. In einem Zusammenhang aber, in dem jede Artikulation von Bedürfnissen untersagt ist, gewinnt der Satz eine ganz andere Bedeutung und Tragweite. Vielleicht kennen Sie solche Sätze, die sich Ihnen eingebrannt haben und sich in Momenten großer Verletzlichkeit zu Wort melden. Und vielleicht erinnern Sie sich auch an die Person, die diese Worte immer wieder zu Ihnen gesagt hat. Manche dieser Sätze klingen ziemlich harmlos und lassen einen großen Interpretationsspielraum. Andere, vor allem die des strafenden Elternmodus, vergreifen sich klar im Ton. Manchmal bestehen sie nur aus einem einzelnen abwertenden und beleidigenden Wort wie »Schwachkopf«, »Softie« oder »Schlampe«, mit dem Eltern ihr Kind abgewertet haben.

Ihre nächste Aufgabe ist, die Botschaften Ihres Elternanteils zu sammeln. Gerade wenn bei Ihnen ein stark strafender Elternmodus vorliegt, denken Sie bitte daran, sich mit den folgenden Fragen eher gedanklich als emotional zu beschäftigen! Sammeln Sie zunächst alle Aussagen, mit denen die überkritischen und fordernden Stimmen Sie normalerweise überfallen, und überlegen Sie dann, wer sie Ihnen wann ins Ohr gesetzt hat, in welchen Situationen sie sich heute bemerkbar machen und wie stark auf einer Skala von 1 bis 10 Ihr Leben von ihnen beeinflusst wird.

Botschaft	**Ursprung**	**Wann aktiv?**	**Einfluss von 1 bis 10**
Z. B.: »Wer etwas nur für sich tut, ist egoistisch.«	*Meine Mutter hat sich immer für alle aufgeopfert. (Modelllernen)*	*Sobald ich mir etwas gönnen möchte.*	*Bedeutung heute: 7*

Schritt 2: Veränderungen vornehmen

In einem zweiten Schritt wollen wir versuchen, den Einfluss Ihrer schädlichen elterlichen Denkmuster zurückzudrängen oder sie ganz verstummen zu lassen – insbesondere wenn Sie einen starken strafenden Elternmodus haben.

Allerdings sind nicht alle Stimmen, die uns unter Druck setzen und Dinge tun lassen, die erst mal unangenehm sind, auch schädlich. Einige sind sogar sehr gesund! Ansonsten würden Sie das Kind mit dem Bade ausschütten und sich auch jener Botschaften entledigen, die Ihnen eigentlich guttun. Selbst bei den schädlichen ist sicher so einiges dabei, das man noch gebrauchen kann. Oft muss man es nur ein wenig modifizieren.

Um auf das Bild des Kleiderschranks zurückzukommen: Neben der Kleidung, in der Sie sich nur schlecht fühlen, weil sie kratzt oder die Haut nicht atmen lässt, gibt es auch solche Teile, die vielleicht nicht so bequem sind wie unsere Jogginghose, die aber ihre Funktion haben. Das elegante, wenn auch steife Jackett und die schwarzen Lederschuhe kann man zum Vorstellungsgespräch tragen, die hässliche, aber atmungsaktive Outdoor-Jacke taugt hervorragend zum Wandern. Außerdem gibt es Sachen, die nach ein paar kleinen Änderungen gut zu gebrauchen sind: Die kratzige Winterjacke unserer Mutter ist mit einem neuen weichen Futter wunderbar warm und eigentlich auch ganz chic. Der schwarze Rollkragenpullover, in dem wir immer das Gefühl hatten, zu ersticken, gewinnt ungemein durch die Entfernung des Kragens … Es ist also Zeit, auszumisten. Aber mit Bedacht! Es muss nicht alles in den Müll. Es gibt tolle Sachen in Ihren Beständen.

Das kann weg!

Zu den Botschaften, die wegkönnen, zählen alle, die Sie erniedrigen und Ihnen das Recht absprechen, Bedürfnisse und Gefühle zu haben. Erinnern Sie sich an Andrea, die jahrelang von den Nonnen malträtiert wurde und sich heute nichts Gutes tun kann, ohne sich dafür zu hassen? Die Botschaften, die Andrea mitgegeben wurden, müssen allesamt weg. Sie sind hochgiftig, gehören in einen großen Container für Sondermüll und müssen dann von Spezialisten so behandelt werden, dass sie keine weiteren Schäden verursachen.

Fallbeispiel

Elternbotschaft von Andrea	Biografischer Ursprung	Modus
»Du darfst nichts Leckeres essen!«	*Nonnen*	*Strafender Elternmodus*
»Deine Bedürfnisse nach Genuss sind schlecht. Genuss ist etwas Böses.«	*Nonnen*	*Strafender Elternmodus*
»Wenn du einen Fehler machst, bist du eine Versagerin!«	*Nonnen*	*Strafender Elternmodus*

Andrea hat keine einzige Botschaft, die es lohnte, auf Wahrheitsgehalt oder Brauchbarkeit abgeklopft zu werden. Mit diesen Aussagen lässt sich produktiv nichts anfangen. Sie entziehen Andrea das Recht, sich um sich selbst zu kümmern und nett zu Leib und Seele zu sein. Andrea sollte sich vornehmen, diese Stimmen mit der Zeit vollständig verstummen zu lassen, um endlich ein zufriedeneres Leben führen zu können.

»Moment mal, das ist doch total toll!« – Kennen Sie das? Ihr Kleiderschrank quillt über, und Sie machen sich zusammen mit einer Freundin daran auszumisten. Sie sehen ein Kleidungsstück und wollen es direkt in den blauen Sack stopfen. »Was? Das willst du nicht mehr haben? Das ist doch wunderschön!« Ihre Freundin holt das Teil wieder aus dem Sack. »Hm, was für eine tolle Farbe! Das ist doch Kaschmir? Und der Rock hat genau die richtige Länge für dich.« Sie hat recht. Wie sind Sie nur auf die Idee gekommen, das wegzuwerfen? Es ist vielleicht nicht Ihr Lieblingsstück, aber es gibt viele Gelegenheiten, bei denen Sie genau darin umwerfend aussehen.

Auch unter den Botschaften, die Sie manchmal nerven und frustrieren, weil sie Sie von der unmittelbaren Befriedigung Ihrer Bedürfnisse abhalten, sind solche, die Ihnen nicht schaden, sondern langfristig guttun. Es ist gar nicht so leicht, diese Botschaften, die uns helfen als gesunde Erwachsene zu agieren, von den schädlichen zu unterscheiden. Letztlich ist auch dies eine Frage der Form und des Maßes: Selbstkritik ist wichtig, aber permanente Selbstzweifel, Selbstabwertung oder gar Selbsthass sind extrem schädlich. Dasselbe gilt für Disziplin: Ganz ohne sie werden wir nie unsere Ziele erreichen können, während übermäßiger Leistungsdruck uns oft an unsere Grenzen bringt und dazu führt, dass wir andere wichtige Bereiche unseres Lebens vernachlässigen.

Ein Beispiel für eine Botschaft, die in ihrer ursprünglichen Form heikel ist, die sich aber so abwandeln lässt, dass wir von ihr profitieren können, ist diese: »Erst die Arbeit, dann das Vergnügen!« Daraus lässt sich vielleicht machen: »Wichtig ist, die richtige Balance von Arbeit und Vergnügen zu finden. Es ist gut, sich anzustrengen, weil man nur so Dinge erreicht. Achte aber auch darauf, dass der Rest nicht zu kurz kommt.« Die Botschaft ist dann zwar weniger griffig, dafür aber der Komplexität unserer Bedürfnisse und Lebensverhältnisse viel angemessener.

Fallbeispiel

Jonas ist ein ganz anderer Fall als Andrea: Er ist bei sehr liebevollen Eltern aufgewachsen, die ihn jedoch übermäßig unter Druck gesetzt haben.

Elternbotschaft	Ursprung	Modus
»Erst die Arbeit, dann das Vergnügen.«	*Vater*	*Leistungsfordernder Elternmodus*
»Du bist schlau und liebenswert.«	*Eltern*	*Gesunder Erwachsenenmodus*

Im Gegensatz zu Andrea hat Jonas eigentlich nichts, was man einfach so ausmisten müsste. Mit seinen Botschaften kann man etwas anfangen. Das Lob seiner Eltern gibt ihm Selbstbewusstsein und stärkt seinen gesunden Erwachsenenmodus, solange er auf dem Boden bleibt und keinen Größenwahn entwickelt. Der andere Satz lässt sich leicht so interpretieren, dass er nicht nur unschädlich, sondern sogar hilfreich wird: »Die Arbeit ist wichtig und es ist gut, wenn du erfolgreich bist. Aber Ausgleich muss sein. Arbeit ist nicht alles im Leben.«

Schritt 3: Widersprechen lernen

Jonas wird diese modifizierte Botschaft helfen, und auf lange Zeit wird sie hoffentlich jene ersetzen, die ihn immer so unter Druck gesetzt hat. Das Formulieren solcher alternativen Lebensregeln ist wesentlich, wenn wir unseren dysfunktionalen Elternmodi etwas entgegensetzen wollen.

Übung: Neue Lebensregeln

Wir können also versuchen, die schädlichen Botschaften so zu verändern, dass sie uns nützen. Eine andere Möglichkeit ist, den Botschaften zu widersprechen und uns alternative Lebensregeln auszudenken. Andrea etwa könnte als Lebensregel formulieren: »Es ist wichtig, dass ich gut zu mir bin und auf meine Gefühle und Bedürfnisse achte.« Versuchen Sie es selbst! Schreiben Sie eine Liste mit den Regeln, die Sie so wichtig und schön finden, dass Sie sie gerne befolgen wollen.

Wahrheitsgehalt überprüfen

Ihre Elternbotschaften sind laut und mächtig? Wer am lautesten schreit, hat aber nicht unbedingt recht. Überlegen Sie: Gab es nie eine Situation, in der diese Botschaften widerlegt wurden? In denen jemand diesen fordernden und abwertenden Stimmen direkt widersprach? Oder eine geliebte Person Ihnen zeigte, dass diese Botschaften nur bedingt gelten? Fallen Ihnen vielleicht selbst Einwände gegen den Druck und die Erniedrigung ein, denen die Stimmen Ihrer Eltern Sie aussetzen?

Werfen Sie noch mal einen Blick auf S. 212, wo Sie die schädlichen Botschaften Ihres Elternmodus zusammengetragen haben, und überprüfen Sie dann jede mithilfe des folgenden Fragenkatalogs auf ihren Wahrheitsgehalt.

Elternbotschaften hinterfragen

- Was spricht für, was gegen diese Botschaft?
- Welche Beweise gibt es wirklich dafür?
- Wie hilfreich ist diese Botschaft für die Erfüllung Ihrer Pflichten und Ihrer Bedürfnisse?
- Wie sehr folgen Menschen, die ein Vorbild für Sie sind, dieser Botschaft?
- Welche Erlebnisse, die Sie gemacht haben, widersprechen der Botschaft?
- Was würde Ihnen Ihr bester Freund/Ihre beste Freundin in dieser Situation raten?

Ist es Ihnen gelungen die Botschaften Ihrer Elternmodi zu hinterfragen? Das ist gar nicht so einfach. Zu lange begleiten sie uns schon. Aber wenn Sie es geschafft haben, auch nur einen ganz kleinen Zweifel zu säen, bringt das schon viel. Denn diese Zweifel können wachsen und gedeihen – am besten übrigens, wenn Sie sich diese Fragen regelmäßig stellen. Meldet eine Ihrer negativen Botschaften sich, begegnen Sie ihr von nun an mit diesem Fragenkatalog. Ihr Blick für Gegenbeweise wird sich mit der Zeit schärfen. Sie dürfen nur nicht aufgeben.

Die folgende Tabelle soll Ihnen den Raum geben, Ihre Zweifel und Einwände gegen die negativen Elternstimmen festzuhalten. Fakten und Argumente zu finden, die diese Botschaften infrage stellen, ist mitunter recht schwierig. Es kann gut sein, dass es Ihnen schwerfällt, an ihnen zu zweifeln. Kein Wunder, diese Botschaften haben Ihren Blick auf sich selbst und auf die Welt schon so lange bestimmt. Deshalb hilft es Ihnen vielleicht, die folgende Überprüfung der Botschaften Ihrer Eltermodi gemeinsam mit einer vertrauten Person durchzuführen.

Botschaft meines fordernden oder strafenden Elternmodus	**Erfahrungen aus verschiedenen Phasen meines Lebens, die beweisen, dass der Elternmodus nicht recht hat**
Z. B.: »Wenn du dich nicht um andere kümmerst, bist du ein schlechter Mensch!«	*Für andere da zu sein ist mir wichtig. Um dafür genug Kraft zu haben, ist es aber nötig, dass ich mich auch um mich selbst kümmere.*

Übung: Das positive Tagebuch

Menschen mit starken fordernden und strafenden Elternmodi fällt es schwer, den eigenen Ansprüchen zu genügen und überhaupt irgendetwas an der eigenen Person zu schätzen. Für uns alle, aber für sie ganz besonders ist positive Rückmeldung von außen von entscheidender Bedeutung. Wir alle brauchen das Gefühl, gemocht und geschätzt zu werden. Nur wenn andere uns gut finden, finden wir selbst uns auch gut. Auch wenn wir gerne vom Urteil anderer Menschen unabhängig wären: Das sind wir einfach nicht.

Leider gelingt es gerade solchen Menschen, die Bestätigung und Lob dringend brauchen, nur selten, es wahr- und anzunehmen. Menschen mit einem geringen Selbstwertgefühl, die stark an sich und den eigenen Fähigkeiten zweifeln, fällt es besonders schwer, zu bemerken, wenn andere ihnen Anerkennung entgegenbringen. Sie neigen dazu, positive Botschaften zu übersehen oder schnell zu widerlegen. Mit kritischen Rückmeldungen und Misserfolgen setzen sie sich dagegen ausgiebig auseinander. Das tut nicht gut, und es darf auf keinen Fall so bleiben: Entdecken Sie Ihre eigene Liebenswürdigkeit und Ihre ganz besonderen Fähigkeiten – Ihre Umgebung tut das schon längst!

Deshalb ist Ihr Umfeld auch die Ressource, auf die Sie in der nächsten Übung »Das positive Tagebuch« zurückgreifen können. Hier sollen Sie merken, was eigentlich alles in Ihnen steckt, und zwar über die Rückmeldungen, die Sie schon jetzt jeden Tag erhalten, aber ignorieren. Die Übung soll Sie also darin schulen, aufmerksamer gegenüber Komplimenten, Lob und Anerkennung zu sein.

Für diese Übung brauchen Sie ein schönes Tagebuch. Suchen Sie sich etwas aus, das Ihnen wirklich gefällt, nicht irgendein Schulheft, sondern etwas Edles, Elegantes. Diese Vorbereitung ist ein erstes Zeichen der Wertschätzung, die Sie sich selbst entgegenbringen.

Überlegen Sie zuerst, welches Lob in der Vergangenheit bedeutsam für Sie war, und notieren Sie die wichtigsten Erfahrungen, die Ihnen dazu einfallen. Anschließend sollten Sie sich jeden Abend Zeit nehmen, den Tag noch einmal Revue passieren zu lassen und alle positiven Rückmeldungen aufzuschreiben. Bitte notieren Sie in Ihr hübsches Büchlein wirklich jedes Lob, jede Wertschätzung und Aufmerksamkeit, die Ihnen zuteilgeworden ist. Dinge wie »Mona hat mir zugelächelt«, »Mein Bericht kam ohne Korrekturen zurück« oder »Sonja hat mich um Rat gefragt« sind solche Zeichen des Respekts und der Wertschätzung. Unterschlagen Sie also auch solche »Kleinigkeiten« nicht. Sie werden sich wundern, wie viel da an einem einzigen Tag zusammenkommt, und mit der Zeit werden Sie Ihre Wahrnehmung für Situationen schärfen, in denen Sie positive Rückmeldung erhalten.

Übung: Lob annehmen

Jetzt nehmen Sie Lob zwar wahr, das hilft Ihnen aber herzlich wenig, wenn Sie es danach widerlegen und nicht annehmen können. Es fällt vielen, vielleicht sogar den meisten Menschen schwer, Komplimente anzunehmen. Natürlich freuen wir uns, wenn uns jemand etwas Nettes sagt, aber gleichzeitig ist es uns oft peinlich und unangenehm. Die nächste Übung soll Ihnen zeigen, wie Sie sich am besten verhalten, wenn Sie Lob erhalten, und wie gut sich das anfühlt.

Setzen Sie sich bequem hin, entspannen Sie sich und achten Sie auf Ihren Atem. Schließen Sie die Augen. Wenn Sie ganz entspannt sind, versetzen Sie sich jetzt in eine Situation zurück, in der Sie kürzlich ein Kompliment erhielten, gelobt wurden oder irgendeine andere Form der positiven Rückmeldung bekommen haben. Und jetzt kommt das Schwierigste: Stellen Sie sich bitte vor, dass Sie das Kompliment oder Lob mit einem lächelnden »Danke« annehmen. »Danke« – das ist alles. Kein Erröten, kein Abwinken. Wie fühlen Sie sich jetzt? Wenn Sie eine starke Anspannung spüren, stellen Sie sich nun vor, dass eine gute Freundin die Szene betritt. Diese Person können nur Sie sehen. Für alle anderen ist sie unsichtbar. Sie kommt auf Sie zu, legt Ihnen die Hand auf die Schulter und sagt: »Du schaffst das«, und: »Du hast dieses Lob verdient!« Fühlen Sie, wie die Hand auf Ihrer Schulter Ihnen die Kraft gibt, das Lob stehen zu lassen und sich darüber zu freuen. Wenn Sie dazu bereit sind, können Sie die Augen öffnen und die Übung beenden.

Übung: Liste mit positiven Botschaften

Es ist keine gute Idee, die schweren alten Winterstiefel wegzuwerfen, ehe man Ersatz beschafft hat. Am Ende läuft man mit kalten und nassen Füßen in Turnschuhen durch den Schnee. Dasselbe gilt für die negativen Botschaften: Finden Sie schnell positiven Ersatz!

Wahrscheinlich denken Sie jetzt: Ich will mir aber auch nichts vormachen. – Das ist ein natürlicher Gedanke. Doch bedenken Sie bitte: Auch die negativen Botschaften »machen Ihnen etwas vor« und beschreiben eine Person, die Sie gar nicht sind. Außerdem sind Menschen in der Regel glücklicher, wenn sie die Wirklichkeit ein wenig positiv verzerrt wahrnehmen. Wissenschaftliche Studien zeigen, dass gesunde Menschen im Vergleich zu depressiven alles ein bisschen schöner sehen, als es ist. Es ist also gesund und damit auch zulässig, die Dinge so positiv zu betrachten wie möglich. Also: Her mit der rosaroten Brille!

Ihre Aufgabe lautet deshalb jetzt: Finden Sie positive Botschaften, die die negativen ersetzen können. Diese Botschaften sollen dazu führen, dass Sie sich in problematischen Situationen besser fühlen. Gedanken entscheiden darüber, wie wir uns fühlen. Wenn Sie also in eine Situation gehen und dabei denken: Ich kann nichts und weiß nichts, werden Sie sich vermutlich inkompetent und schwach fühlen. Wenn Sie hingegen mit breiter Brust antreten und denken: Ich bin kompetent und meine Meinung ist wichtig, werden Sie sich viel sicherer fühlen und vermutlich auch so verhalten.

Anbei habe ich eine kleine Liste solch positiver Gedanken zusammengestellt, die Sie hoffentlich inspirieren wird.

Beispiele für positive, hilfreiche Gedanken

- Meine Meinung ist wichtig und ich bin es auch!
- Jeder Mensch hat Fehler und alle Menschen sind gleich viel wert!

- Sich selbst infrage zu stellen ist kein Zeichen von Schwäche, sondern eine große Stärke!
- Ich habe viele Dinge erreicht und muss mich nicht verstecken oder rechtfertigen!
- Ich habe das Recht, mein Leben entsprechend meinen Bedürfnissen zu gestalten!
- Die Meinung anderer Menschen entscheidet nicht darüber, wer oder wie ich bin!

Suchen Sie sich aus Ihren positiven Botschaften einen oder mehrere persönliche Mutmachsätze heraus und räumen Sie ihnen einen festen Platz in Ihrem Alltag ein. Sie können sich einen solchen Satz auf eine Karteikarte schreiben und in Ihren Geldbeutel stecken oder einen Mutmacher abfotografieren und als Handyhintergrund verwenden. Dann haben Sie ihn immer dabei!

»Ich kann mich auch anders sehen!«

Wir alle haben Eigenschaften, die wir nicht schätzen, Dinge, für die wir uns schämen und die wir an uns selbst hässlich und minderwertig finden. Sie müssen sich klarmachen, dass diese Einschätzung subjektiv ist. Hässlich und schön, dumm und klug, gut und schlecht sind keine objektiven Kategorien. Was dem einen gefällt, findet der andere ganz furchtbar, was dem einen nicht schmeckt, davon kann der andere gar nicht genug bekommen. Der grüne Rock, den Sie so abscheulich finden, findet in Ihrer Freundin eine dankbare Abnehmerin.

Machen Sie sich bitte klar, dass dasselbe Prinzip auch in Bezug auf Sie selbst gilt: Die schmalen Schultern, die Sie immer aufzupolstern versuchen, findet Ihr Partner vielleicht zart und elegant, und die Empfindlichkeit, für die Sie sich schämen, zeigt Ihrer Freundin, dass Sie ein sensibler und verständnisvoller Mensch sind.

Solche alternativen Interpretationsweisen kann man üben. Sie helfen uns, die eigenen blinden Flecken zu akzeptieren und uns so anzunehmen, wie wir sind. Versuchen Sie es selbst, indem Sie die folgenden Eigenschaften positiv deuten:

Ich bin …	**Anders betrachtet bin ich …**
immer so ängstlich	*sehr umsichtig*
ein Feigling	*wachsam und auf Gefahren bedacht*
überempfindlich gegenüber Kritik	*sensibel für soziale Signale*
zurückhaltend	*jemand, der sich gut zurücknehmen kann*
immer so grüblerisch	*in der Lage, gut und genau nachzudenken*
unentschlossen	*jemand, der keine unüberlegten Entscheidungen trifft*
ein Clown	
schüchtern	
…	
…	

Übung: Spiegel

Die meisten von uns hadern nicht nur mit ihrem Naturell, sondern auch mit ihrem Aussehen. Kaum einer ist völlig zufrieden, fast jeder fühlt sich entweder zu groß oder zu klein, zu dick oder zu dünn, zu unsportlich, zu faltig … Manche von uns schämen sich so sehr für ihren Körper, dass sie sich solche Freuden wie den winterlichen Saunagang oder einen Tag am See versagen, weil sie sich nicht in Anwesenheit anderer ausziehen mögen. Das ist schade und muss nicht sein.

Eine Übung, die Ihnen helfen kann, eine andere Perspektive auf Ihren Körper einzunehmen, ist die sogenannte Spiegelübung. Sie soll Ihnen helfen, Ihrem Aussehen mit einem liebevollen und fairen Blick zu begegnen.

Stellen Sie sich vor einen Spiegel, in dem Sie Ihren ganzen Körper sehen. Schließen Sie dann die Augen. Achten Sie ein paar Atemzüge nur darauf, wie Ihr Atem in und aus Ihrem Körper strömt.
Nehmen Sie eine wohlwollende, freundliche und mitfühlende Haltung gegenüber dem Menschen ein, den Sie gegenüber im Spiegel erahnen. Wenn Ihnen das schwerfällt, versuchen Sie die Perspektive einer anderen Person einzunehmen und tun Sie so, als wäre der Mensch im Spiegel Ihr Kind oder ein enger Freund, jemand, den Sie sehr gern haben, dem Sie viel Mitgefühl entgegenbringen und dem Sie nur das Beste wünschen.
Halten Sie die Augen geschlossen. Welche Gefühle kommen in Ihnen auf? Empfinden Sie Zu- oder Abneigung, Stolz oder Scham, Fürsorge oder Nähe gegenüber Ihrem Spiegelbild? Was denken Sie? Versuchen Sie bitte, Ihre Gedanken nicht zu bewerten. Machen Sie Ihrem Spiegelbild ein Kompliment. Ganz sicher gibt es etwas Nettes, was Sie sagen können. Bemerken Sie etwas über Ihre schönen Haare, Ihre zarten Gelenke, Ihre feine Nase … und spüren Sie: Wie fühlt Ihr Körper sich an, wenn Sie diesen freundlichen Gedanken haben? Wie fühlen Sie sich?
Stellen Sie sich jetzt vor, wie Sie in wenigen Augenblicken die Augen öffnen und Ihr Spiegelbild sehen. Welche Gedanken kommen Ihnen in den Sinn? Wenn negative Gedanken auftauchen, suchen Sie einen positiven Gedanken, mit dem Sie ihn entkräften können. Bleiben Sie dabei fair zu sich, mit allen Stärken und Schwächen.
Öffnen Sie nun Ihre Augen. Was löst das Bild aus, das Sie jetzt sehen? Konnten Sie negative Botschaften durch positive ersetzen? Versuchen Sie, die Haltung eines neugierigen, akzeptierenden, wohlwollenden Beobachters beizubehalten. Können Sie für einen Moment sagen: »Ja, so bin ich, das bin ich?« Können Sie sich einen Augenblick so annehmen, wie Sie sind? Das brauchen Sie gar nicht zu begründen oder zu rechtfertigen. Akzeptieren Sie sich, wie Sie einen geliebten Menschen akzeptieren.
Schließen Sie nochmals die Augen und spüren Sie diesen Gefühlen und Gedanken nach. Jetzt können Sie die Augen wieder öffnen und die Übung abschließen.

Wie ist es Ihnen ergangen? Hatten Sie das Gefühl, sich selbst annehmen zu können? Vielleicht war es nur ein ganz kurzer Moment, aber das ist schon wunderbar. Das lässt sich nämlich ausbauen. Sie haben gerade einen kleinen und bedeutenden Schritt gemacht. Wichtig ist, dass Sie diese Erfahrung Stück für Stück in Ihren Alltag integrieren. Sie können jeden Morgen kurz die Haltung einnehmen, die Sie in der Spiegelübung hatten, oder/

und sich liebevoll um Ihren Körper kümmern, indem Sie ihn cremen oder baden.

Schritt 4: Schädliche Botschaften reduzieren

Anschließend werfen Sie noch mal einen Blick auf S. 212, wo Sie Ihre Elternmodi identifiziert haben. Da haben Sie bereits ein Rating vorgenommen und bestimmt, wie sehr die jeweilige Botschaft Sie beeinflusst. Aufgrund dieser Information können Sie jetzt entscheiden, welche Botschaften Sie in ihrem Einfluss auf Ihr Leben reduzieren wollen. Auch diesmal: Muten Sie sich nicht zu viel auf einmal zu. Was Sie hier in Angriff nehmen, ist eine schwierige, anstrengende und mitunter langwierige Aufgabe. Es geht darum, die Wirkung von Stimmen abzuschwächen, die Sie schon seit Ihrer Kindheit begleiten.

Hilfsmittel: Symbole

Kennen Sie die Hand der Fatima, das arabische Symbol einer Hand mit einem Auge darauf? Dieses Symbol soll den bösen Blick von uns weisen, uns vor allem Schlechten und jedem Unglück schützen. Für die meisten Menschen ist so etwas Aberglaube: Das Symbol richtet sich gegen Dinge, die wir nicht beeinflussen können. Ganz anders ist es mit Symbolen, die uns an bestimmte Vorsätze und Ziele erinnern sollen: eine Medaille, die uns dazu animieren soll, vor dem nächsten Wettkampf häufiger mal ins Schwimmbecken zu steigen, die Fotografie einer Freundin, die wir häufiger anrufen wollen, ein Smiley, der uns daran erinnert, freundlicher zu anderen Menschen zu sein.

Genau so funktionieren auch die kleinen Gegenstände, mit denen wir diesen oder jenen Elternmodus in die Schranken weisen wollen. Das kann im Grunde alles sein: eine Blume, eine Puppe, ein Stein, eine Muschel, ein Stoppschild … Am besten ist es, wenn wir einen deutlichen Bezug zwischen dem Symbol und dem erwünschten Verhalten herstellen können. Beispielsweise kann ein kleines Stoppschild auf dem Schreibtisch uns daran erinnern, Grenzen zu setzen und nicht immer zu allem Ja zu sagen.

Übung: Mein Brief an mich

Es ist natürlich ein komisches Gefühl, eine Postkarte oder einen Brief an sich selbst zu schreiben. Diese Übung dient dazu, dass aus Ihrer veränderten Perspektive heraus Ihre Rechte auf den geplanten Veränderungsschritt noch einmal bestätigt werden. Das ist übrigens gar nicht mal so ungewöhnlich: In den 1950er-Jahren sang Frank Sinatra: »I'm gonna sit right down and write myself a letter« und fuhr fort:

And make believe it came from you
I'm gonna write words, oh, so sweet
They're gonna knock me off my feet
Kisses on the bottom
I'll be glad I've got'em
I'm gonna smile and say
»I hope you're feelin' better«
And sign »with love« the way you do

Weil die Angebetete offensichtlich schreibfaul ist, setzt Sinatra sich hin und schreibt an sich selbst und schenkt sich Worte voller Liebe und Zuneigung, die umso süßer klingen, weil er so tut, als stammten sie aus der Feder seiner Geliebten. Er wusste offensichtlich, dass man sich manchmal selbst etwas Gutes tun muss und dass auch eine Strategie, deren illusorischen Charakter man durchschaut, trotzdem wirken kann.

Versuchen Sie es also ruhig mal – beschummeln Sie sich selbst ein bisschen. Schaden kann es nicht.

Vielleicht fällt Ihnen aber auch gar nichts ein, was Sie schreiben könnten. Zunächst ist es ganz wichtig, dass Sie dem Sinatra-Prinzip folgen: Schreiben Sie liebevolle Worte an sich und tun Sie so, als stammten sie von einer Ihnen gewogenen Person.

Damit Sie eine klarere Vorstellung davon bekommen, wie so ein Brief an sich selbst aussehen könnte, folgt hier die Postkarte, die Andrea an sich geschrieben hat:

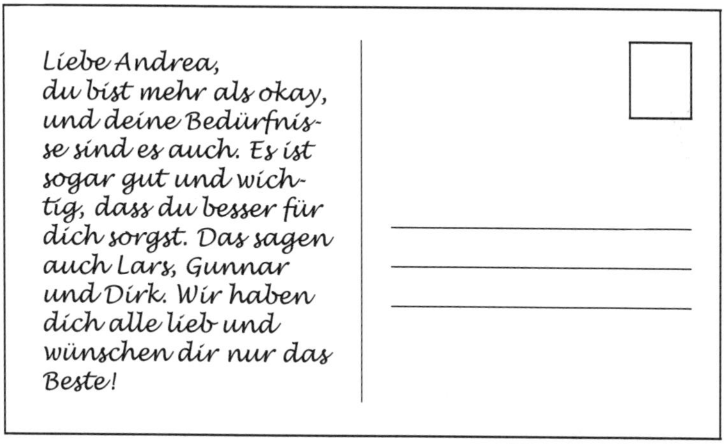

Übung: Mein Brief an die Verursacher meiner Elternmodi

Wenn Sie heute darunter leiden, dass Sie sich übermäßig oder vielleicht auch gar nicht unter Druck setzen, sich selbst abwerten oder sogar hassen, ist dafür mit großer Wahrscheinlichkeit eine Person aus Ihrer Kindheit und Jugend verantwortlich. Es können auch mehrere Personen sein. Als Kind hat jemand Ihre Bedürfnisse sträflich missachtet und es ist Ihr gutes Recht, deswegen wütend zu sein. Es kann heilsam und wohltuend sein, diese Wut zu äußern – am besten in einem Brief.

Bevor Sie anfangen zu schreiben, stellen Sie sich zum Inhalt des Briefes folgende Fragen:

- Was richten die Botschaften, die diese Person Ihnen mitgegeben hat, in Ihrem Leben an und wovon hängt das ab?
- Warum wollen Sie sich von diesen Botschaften trennen? Was wollen Sie erreichen?
- Warum lag die Person falsch mit der Einschätzung Ihrer Person?

- Was haben Sie schon erreicht, worauf Sie stolz sein können? Lassen Sie nicht zu, dass die Stimmen Ihrer Elternmodi diese Erfolge entwerten!
- Was hätten Sie eigentlich von der Person gebraucht?
- Stellen Sie klar, dass Sie sich nicht mehr von der Stimme und den Botschaften dieser Person steuern lassen werden! (z. B.: »Ich werde nicht mehr zulassen, dass du mich davon abhältst, für meine Meinung einzustehen, meine Rechte durchzusetzen, mich sicher zu fühlen und mein Leben zu genießen!«)

Wenn Sie den Brief geschrieben haben, lesen Sie ihn bitte laut vor. Ich weiß, das klingt jetzt wieder ein bisschen merkwürdig. Aber überwinden Sie sich! Sie werden merken, dass es eine ganz andere, viel stärkere Wirkung hat, wenn Sie die Dinge hören, anstatt sie nur leise zu lesen.

Solche Briefe und Karten haben einen besonders starken Effekt, wenn Sie darin Sätze und Aussagen von Freunden aufnehmen, die Ihr Recht auf Ihre Bedürfnisse und Gefühle bestätigen und Ihnen ganz allgemein das Gefühl geben, dass Sie ein wunderbarer und liebenswerter Mensch sind. Vielleicht fallen Ihnen noch weitere Menschen ein, die den negativen und schädigenden Aussagen Ihres Elternmodus widersprechen. Das wird Ihnen helfen, solche Unterstützung in Ihren Alltag zu integrieren, etwa indem Sie das Bild Ihrer Lieblingstante auf dem Desktop speichern. Wenn Sie im Büro wieder mal in eine knifflige Situation kommen, werfen Sie einen Blick auf das lächelnde Gesicht Ihrer Tante und fühlen sich schon viel besser gewappnet gegen die sich ankündigenden Stimmen des Elternmodus.

Bei einem stark strafenden Elternmodus funktionieren manchmal viele dieser Übungen nicht. Möglicherweise verbietet dieser Modus Ihnen die Übungen sogar, oder er macht sich über sie lustig. Sie haben dann vielleicht Schuldgefühle oder das Gefühl, dass der Elternmodus immer stärker wird. In solchen Fällen ist die Unterstützung durch andere besonders wichtig. Wovon Sie sich selbst nicht überzeugen können, davon müssen Ihre Freunde, Ihr Partner und in schwierigen Phasen sicher auch Ihr Therapeut Sie überzeugen. Holen Sie sich jede Unterstützung, die Sie bekommen können. Es kann Ihnen nur guttun!

Übung: Gespräch mit imaginären Verbündeten

Diese Unterstützung muss übrigens nicht unbedingt real sein, imaginäre Freunde tun es oft auch. Viele Menschen machen das ganz automatisch: Bei Klärungsbedarf besprechen sie die Situation und ihre Gefühle mit einem »inneren Helfer«. Das sollten Sie auch tun, wenn Ihr dysfunktionaler Elternmodus im Anmarsch ist. Holen Sie sich imaginäre Unterstützung ins Boot.

Die Botschaften Ihrer Elternmodi sind wahrscheinlich nur zu präsent. Überlegen Sie also, ob Sie nicht Menschen kennen, die diesen Botschaften schon mal widersprochen haben, die Sie ganz anders sehen. Vielleicht eine Tante, ein Freund, eine Lehrerin? Egal wer, rekrutieren Sie die Person als inneren Helfer. Und jetzt denken Sie an eine aktuelle Situation, in der Ihr Elternmodus wieder mal die Kontrolle über Ihre Gedanken, Gefühle und Ihr Handeln an sich gerissen hat: Vielleicht werten Sie sich selber ab, weil Sie sich ungeschickt oder in Ihren Augen peinlich verhalten haben, oder Sie geben sich die alleinige Schuld an einem Streit, für den der andere ebenso verantwortlich war, oder Sie hassen sich, weil Sie diese Woche nicht zum Sport gegangen sind und ein paar Pfund zugelegt haben.
Wenn Sie eine solche Situation gefunden haben, erzählen Sie Ihrem inneren Helfer davon. Er hört sich alles an und dann antwortet er. Seien Sie geduldig, lassen Sie ihn in Ruhe ausreden. Was sagt er? Überprüfen Sie, ob seine Antwort zeigt, dass er Ihre Bedürfnisse und Gefühle respektiert und Ihnen wohlmeinend gegenübersteht.

Sollte dem nicht so sein, dann hat sich auch hier der strafende Elternmodus eingeschaltet, dann bringen Ihnen solche Übungen nichts. Sie sollten sich an einen Therapeuten wenden.

In den meisten Fällen werden Sie merken, dass die Worte Ihres inneren Helfers Ihnen guttun. Dann können Sie einen Schritt weitergehen und die folgende Imaginationsübung anschließen.

Entspannen Sie sich und schließen Sie die Augen. Überlegen Sie: In welcher Situation hat sich Ihr dysfunktionaler Elternmodus das letzte Mal gemeldet und mit welchen Botschaften hat er Sie gequält? Zu welchen Gefühlen, Gedanken und zu welchem Verhalten hat er Sie veranlasst? Versetzen Sie sich vorsichtig in die Situation, aber nehmen Sie Ihren inneren Helfer mit! Was sagt und tut er? Wie fühlen Sie sich jetzt? Hilft er Ihnen dabei, herauszufinden, was Sie in dieser Situation eigentlich brauchen?

Haben Sie diese oder einige der vorigen Übungen gemacht? Wie fühlen Sie sich jetzt? Erwarten Sie bitte keine Wunder! Die Veränderung Ihrer Elternmodi ist eine langwierige und kräftezehrende Angelegenheit. Aber sie ist möglich und lohnt sich. Sie werden merken, dass Sie sich mit der Zeit entspannter und freier fühlen. Dass die elterliche Zwangsjacke nicht mehr ganz so eng festgezurrt ist, sondern Stück für Stück nachgibt, sich weitet, bis Sie sich schließlich ganz aus ihr befreien können. So werden Sie einen viel besseren Zugang zu Ihren Bedürfnissen bekommen.

Leider ist dieser Prozess nicht unabhängig von Ihrem aktuellen Leben: Wenn sich Krisen und Konflikte, Stress und Verlust einstellen, haben Sie weniger Kraft, Ihren Elternmodi etwas entgegenzusetzen. Das ist normal. Aber solche temporären Rückschritte sollten Sie auf keinen Fall entmutigen. Bitte gehen Sie auch weiterhin gegen die gehässigen Stimmen jener vor, denen entgangen ist, wie wunderbar und liebenswert Sie sind.

Das eigene Verhalten auf dem Prüfstand

In unserem Kleiderschrank sind Sachen, die wir uns nur gekauft haben, weil wir uns schämen: um unsere individuellen Problemzonen zu verstecken oder um zu gefallen. Hoffentlich ist mittlerweile deutlich geworden, dass viele unserer Problemzonen gar keine sind: Was zu groß oder zu klein, zu dünn oder zu dick, schön oder hässlich ist, ist subjektiv. Schönheit liegt im Auge des Betrachters. Fatal ist nur, dass die Augen des Betrachters, wenn wir uns selbst anschauen, meist nicht unsere eigenen sind. Viele von uns schauen durch die Augen eines anderen, ihnen nicht wohlgesinnten Menschen auf den eigenen Körper und die eigene Person. Das Problem sind also nicht wir, sondern der verinnerlichte abwertende Blick.

Schritt 1: Muster erkennen

Studieren Sie Ihre Bewältigungsmuster genau. Denken Sie nach: Wann treten sie auf? Wie beeinflussen sie Ihre Gefühle, Ihre Gedanken, Ihr Verhalten? Wissen Sie, was Sie in diesen Momenten eigentlich brauchen? Wie fühlen Sie sich danach?

Diese Gefühle sind ganz wichtig. Im Unterschied zu den Kindmodi und Elternmodi fühlen sich Bewältigungsmodi, solange sie wirken und oft auch danach, in der Regel neutral und häufig sogar gut an. Deshalb halten wir unser Handeln für ganz normal und es fällt uns schwer, zu erkennen, dass Selbstüberlistung im Spiel ist.

Der beste Weg, um das herauszufinden, ist, nachzufragen. Außenstehende haben in der Regel ein gutes Gespür. Fragen Sie also Menschen, die Sie lange kennen, denen Sie vertrauen oder die es gut mit Ihnen meinen. Das kann Ihr Therapeut sein, aber auch Freunde, Partner, Eltern, Geschwister. Achten Sie darauf, ob unterschiedliche Menschen, die Sie vielleicht aus ganz verschiedenen Kontexten (Familie, Verein, Beruf) kennen, dieselben Sachen über Sie sagen: Dann ist vermutlich etwas dran.

Wenn zum Beispiel wiederholt geäußert wird, dass Sie sich vor schwierigen Aufgaben drücken und andere die Kastanien aus dem Feuer holen lassen, dann sollten Sie auf jeden Fall überprüfen, ob Sie vielleicht zu Vermeidung neigen. Wenn hingegen oft Unverständnis darüber geäußert wird, dass Sie sich übergriffige und demütigende Äußerungen und Behandlungen gefallen lassen und scheinbar ein Problem damit haben, Nein zu sagen, dann kann es sein, dass bei Ihnen die Strategie der Unterwerfung aktiv ist. Und wenn mehrere Personen sich über Ihren Egoismus und Ihre Arroganz aufregen, dann gehört mit größter Wahrscheinlichkeit Überkompensation zu Ihrem Repertoire.

Welchen Bewältigungsmodus habe ich?

Klären Sie zunächst, auf welchen Bewältigungsmodus Sie zurückgreifen, wenn Sie sich schwach oder in die Enge gedrückt fühlen. Dabei helfen Ihnen die folgenden Fallbeispiele und die sich anschließenden Fragen. Wenn es Ihnen allein schwerfällt, können Sie diese mit einem guten Freund bearbeiten.

Fallbeispiel: Unterwerfung

Erinnern Sie sich noch an Nadine, die Frau mit dem starken Unterwerfungsmodus, die immer wieder an Männer gerät, die sie herumkommandieren und sogar handgreiflich werden? Nadine ist auf dieses Muster erst durch eine Freundin aufmerksam geworden. Als sie mal wieder mit einem blauen Auge erscheint, meint die: »Warum suchst du dir eigentlich immer solche Typen aus? Und warum lässt du dir so viel gefallen?« Zum ersten Mal denkt Nadine darüber nach, ob ihre Beziehung sie eigentlich glücklich macht. Sie erstellt gemeinsam mit ihrer Freundin eine Liste der Sachen, die sie mag, und der Sachen, die sie nicht mag. Dabei stellt sie fest: Sie fühlt sich in dieser Beziehung weder sicher noch geliebt, genießt weder das Beisammensein noch den Sex und sehnt sich eigentlich nach einer ganz anderen Beziehung. Sie ahnt, dass sie sich Männer aussucht, die so sind wie ihr Vater: Alkoholiker mit Hang zum Zuschlagen, und dass sie ihr Unterwerfungsverhalten von ihrer Mutter übernommen hat.

Fallbeispiel: Vermeidung

Leonie hatte wie Nadine einen alkoholabhängigen und gewalttätigen Vater. Im Gegensatz zu Nadine bewältigt sie schwierige Situationen durch Vermeidung. Aus diesem Grund ist sie heute extrem schreckhaft und fühlt sich leicht bedroht und abgelehnt. Doch statt sich schlechter Behandlung zu unterwerfen, versucht Leonie, andere Menschen zu meiden. Sie zieht sich sozial so weit wie möglich zurück und versucht außerdem, negative Gefühle mithilfe von Alkohol zu betäuben. Vor allem auf der Arbeit trinkt sie regelmäßig. Leonie ahnt, dass sie ebenso wie ihr Vater bereits ein Alkoholproblem hat, und ihr ist klar, dass sie etwas ändern muss.

Fallbeispiel: Überkompensation

Mark kennen Sie: das vernachlässigte Scheidungskind, das nie genug Liebe und Wertschätzung erfahren hat. Es ist tragisch, dass sich eine so lieblose Kindheit bis ins Alter fortsetzen muss. Doch durch die Wunden, die die Kindheit ihm zugefügt hat, hat Mark ein stark überkompensatorisches Verhalten entwickelt, das von übermäßiger Angeberei und einer weitgehenden Unfähigkeit, sich in andere hineinzuversetzen, geprägt ist. Mark sieht immer nur sich. Und damit geht es ihm auch oft gut: Er glaubt nicht nur die meiste Zeit, klüger und toller als alle anderen zu sein, er ist beruflich und sexuell auch so erfolgreich, dass er nur selten in Konflikt mit seinem Selbstbild gerät. Doch schließlich kommt sein 50. Geburtstag und Mark will eine große Party geben. Er freut sich riesig darauf. Er ist gerade wieder befördert worden und kann allen erzählen, warum er als Sieger aus dem harten Konkurrenzkampf hervorgegangen ist. Dann überlegt er, wen er einladen soll: Mit seinem Bruder ist er zerstritten, seine Eltern hatten noch nie Interesse an ihm, seine zwei Ehen sind gescheitert und seine Freunde haben sich alle irgendwann verabschiedet. Wie ist das nur so gekommen? Er erinnert sich an den Satz einer Exfreundin: »Mensch, Mark, wenn du die anderen nicht auch mal was sagen lässt, haben die irgendwann keine Lust mehr, zu kommen.« Damals hatte er sie abgekanzelt, jetzt fragt er sich, ob an der Bemerkung nicht vielleicht etwas dran ist. Er erinnert sich, dass er sich manchmal wie ein alberner Gockel fühlt und unauthentisch vorkommt. Er weiß auch, dass er immer wieder Momente großer Einsamkeit und Verlassenheit erlebt. Sind Arroganz und Überheblichkeit seine Weise, diese negativen Gefühle zu bewältigen? Und ist diese Form der Bewältigung vielleicht dafür verantwortlich, dass er sich seinen Traum von einer Familie nicht erfüllen konnte?

Welchen Bewältigungsmodus habe ich?

- *Was sagen meine Freunde und Bekannten?*

____

____

- *Fallen verschiedenen Personen aus verschiedenen Lebensbereichen (Partnerschaft, Freundschaft, Verein, Beruf, Familie) ähnliche Verhaltensweisen an mir auf?*

____

____

- *Wie reagiere ich auf Stress und Ärger in Beruf und Beziehungen?*

____

____

- *Wie schätzen meine Freunde und Kollegen meinen Bewältigungsstil ein?*

____

____

Übung: Ursprung meines Bewältigungsstils

Hat Ihnen diese Aufgabe geholfen? Wenn nicht, bringt vielleicht die folgende Imaginationsübung Gewissheit. Vermeidung und Unterwerfung festzustellen ist oft einfacher, denn diese Bewältigungsmodi vermitteln einem meist das Gefühl, emotional mit

Situationen nicht gut zurechtzukommen. Ganz anders bei der Überkompensation: Häufig fühlt man sich währenddessen sehr gut. Gerade fehlender Leidensdruck macht es schwer, diesen Bewältigungsstil zu identifizieren.

Entspannen Sie sich. Achten Sie auf Ihren Atem. Atmen Sie langsam ein und aus … ein und aus. Schließen Sie jetzt die Augen und versetzen Sie sich in eine Situation, in der Sie zu Bewältigungsstrategien neigen. Meist sind das Situationen, in denen Sie sich unwohl und unsicher fühlen, in denen sich die Stimmen Ihres Elternmodus melden und drohen, Sie unter Druck zu setzen und zu verletzen.

Spüren Sie die Situation so intensiv wie möglich. Fragen Sie sich: Was tue ich? Was sage ich? Wie klingt meine Stimme? Welche Gefühle habe ich? Wie fühlt sich mein Körper an? Vielleicht haben Sie auch eine Idee, was Sie jetzt eigentlich tun oder sagen wollen und was Sie jetzt brauchen.

Und jetzt schlagen Sie eine »Affektbrücke«. Vielleicht erinnern Sie sich noch: Dabei soll über Gefühle eine Verbindung zwischen Vergangenheit und Gegenwart hergestellt werden: Denken Sie an eine aktuelle Situation, in der Ihre Bewältigungsmuster aktiv waren, und spüren Sie den Gefühlen und Sinneseindrücken nach, die Sie damals hatten. Dann löschen Sie vor Ihrem inneren Auge die aktuelle Situation. Halten Sie an Ihren Gefühlen fest und gehen Sie langsam in die Vergangenheit zurück, in Ihre Kindheit und Jugend. Erzwingen Sie bitte nichts. Warten Sie geduldig auf die Bilder und Erinnerungen, die sich einstellen. Welche Situationen erleben Sie? Welche Menschen begegnen Ihnen? Welche Gefühle werden in Ihnen ausgelöst?

Beenden Sie jetzt die Imaginationsübung. Konzentrieren Sie sich wieder auf Ihren Atem, spüren Sie Ihren Körper: Ihre Füße auf dem Boden, Ihre gefalteten Hände … Öffnen Sie die Augen und überlegen Sie, warum die beiden Situationen ähnliche Gefühle in Ihnen ausgelöst haben. Was haben sie gemeinsam? Welcher Zusammenhang könnte zwischen ihnen bestehen? Und welche Fragen sind noch offen?

Schritt 2: Vor- und Nachteile unterscheiden

Nicht immer sind Bewältigungsstrategien schädlich. In Maßen helfen sie uns, unbeschadet durch unseren Alltag zu kommen. Wir geraten immer wieder in Situationen, in denen es nicht opportun ist, Konflikte auszutragen, negative Gefühle an uns heranzulassen oder uns klein und hilflos zu fühlen. Manchmal bringt es überhaupt nichts, einen Streit mit einem cholerischen Kollegen auszutragen, wenn es um nichts Wichtiges geht und der Kollege zudem unfähig zu Kompromissen ist. Ebenso unnötig ist es, wegen jeder Ungerechtigkeit, Provokation und Übergriffigkeit aktiv zu werden: Manchmal ist Stillhalten einfach die beste Strategie. Und schließlich gibt es auch Situationen, in denen ein Selbstbild, das leicht positiv verzerrt ist, uns helfen kann: beim Vorstellungsgespräch, beim ersten Date und immer dann, wenn wir Interessen durchsetzen wollen. Wir müssen nicht immer unbedingt authentisch auftreten. Ein solches funktionales Bewältigungsverhalten unterscheidet sich vom dysfunktionalen dadurch, dass es uns hilft, unsere Ziele zu erreichen, während die dysfunktionalen, schädlichen Bewältigungsmuster uns daran hindern, die eigenen Grundbedürfnisse zu befriedigen.

Leonies Vermeidungsmodus zum Beispiel hat ihr ein Alkoholproblem beschert. Im Fall Mark liegt vor allem ein überkompensatorischer Bewältigungsstil vor. Die Tatsache, dass er viel Redezeit beansprucht, hat den Vorteil, dass er in diesen Momenten viel Aufmerksamkeit bekommt, aber zugleich den Nachteil, dass andere Menschen sich übergangen und in die Ecke gedrängt fühlen. Oder seine Angeberei und Überheblichkeit: Dieses Auftreten verschafft ihm selbst das Gefühl, besonders klug zu sein und die Situation zu kontrollieren, der Nachteil ist aber, dass er andere dadurch abwertet. Marks Bewältigungsmodus tut kurzfristig also durchaus seinen Dienst: Er fühlt sich in den Momenten, in denen er aktiv ist, tatsächlich weniger allein und hilflos. Langfristig führt dieser Modus aber dazu, dass andere sich abwenden und er erst recht allein ist.

Es gilt also zuallererst zu entscheiden, ob Ihr Bewältigungsverhalten mehr Vor- oder Nachteile hat. Denken Sie dabei an lang- und kurzfristige Nachteile, wie bei der entsprechenden Übung zum ärgerlichen Kindmodus (S. 192). Was überwiegt? Manchmal ist das Ergebnis ziemlich ausgeglichen. Das unterscheidet die Bewältigungsmodi etwa vom strafenden Elternmodus. Deshalb wäre es auch falsch, diese Verhaltensweisen komplett über Bord zu werfen. Man kann sie in vielen Situationen gut gebrauchen. Sie sollten also ganz genau hinschauen und entscheiden: In welchen Situationen und Bereichen bewältige ich besonders stark – und schadet oder nützt mir das?

Schritt 3: Veränderungen planen

Wenn Sie sich dafür entschieden haben, Ihr Bewältigungsverhalten einzugrenzen, wird es jetzt konkret. Überlegen Sie: Wo genau wollen Sie Ihren Bewältigungsmodus reduzieren? Wo wollen Sie Ihre Gefühle und Bedürfnisse direkter zum Ausdruck bringen? Bei den meisten Menschen wirken sich Bewältigungsmodi vor allem im privaten zwischenmenschlichen Bereich negativ aus. Mark ist so ein Fall. Beruflich ist er vermutlich gerade auch wegen seines Bewältigungsmodus so erfolgreich: Er strahlt große Selbstsicherheit aus, die bei Kunden und Mitarbeitern Vertrauen schafft und ihm so Aufträge sichert. Im privaten Bereich hingegen sollte er daran arbeiten, seine Angeberei und Überheblichkeit in Grenzen zu halten. Sie vergrault jene Menschen, die ihm wichtig sind, und isoliert ihn auf Dauer.

Übung: Hilfe vom gesunden Erwachsenenmodus

Wenn Sie Ihr Bewältigungsverhalten eingrenzen wollen, bedeutet das, Sie wollen von einem unauthentischen Modus zu einem authentischen kommen, in dem Sie Gefühle und Bedürfnisse direkter äußern können und so auch eine Chance haben, diese zu befriedigen. Also bietet es sich an, Hilfe beim gesunden Erwachsenenmodus zu suchen. Wenn man bei sich ist, läuft man weniger Gefahr, Bewältigungsstrategien einzusetzen. Und im gesunden Erwachsenenmodus sind Sie weitgehend bei sich, spüren Ihre Gefühle und Bedürfnisse und haben in der Regel die Kontrolle über Ihr Handeln.

Ihr Ziel ist jetzt, in Momenten, in denen sich ihr Bewältigungsmodus meldet, stattdessen Ihren gesunden Erwachsenenmodus zu aktivieren. Erinnern Sie sich noch, welche Aktivitäten und Situationen Sie in den gesunden Erwachsenenmodus bringen? Vielleicht hilft Ihnen das Zusammensein mit Kindern oder Tieren, vielleicht Musik, vielleicht Ihre Familie oder ein bestimmtes Hobby. Es spielt letztlich überhaupt keine Rolle, wo Sie Ihre Sicherheit finden. Entscheidend ist nur, dass Sie sicheren Orte haben und es Ihnen Stück für Stück gelingt, das Gefühl, das diese Ihnen vermitteln, auf andere Situationen auszudehnen. Dabei hilft Ihnen die folgende Imaginationsübung:

Schließen Sie die Augen und hören Sie auf den eigenen Atem. Atmen Sie ganz bewusst ein und aus. Warten Sie, bis Sie sich völlig entspannt haben.
Jetzt versetzen Sie sich in eine sichere Situation, die Sie in den gesunden Erwachsenenmodus bringt: Stellen Sie sich vor, im Chor zu singen, mit Ihrem Hund zu spielen oder einen Ausflug mit Ihrer Kindergruppe zu machen. Versuchen Sie, die Gefühle von Sicherheit und Verbundenheit ganz genau und intensiv zu spüren. Verankern Sie diesen entspannten und sicheren Zustand möglichst fest in sich.
Löschen Sie jetzt die sichere Situation, ohne die damit verbundenen Gefühle aufzugeben. Halten Sie diese ganz fest.
Gehen Sie jetzt langsam in eine zweite, schwierige Situation, in der Sie oft auf Bewältigung zurückgreifen, weil Sie sich unsicher und verletzlich fühlen: Stress am Arbeitsplatz oder einen Konflikt mit Ihrem Partner. Nehmen Sie die positiven Gefühle mit und vielleicht sogar noch eine Person, die an der sicheren Situation beteiligt war.
Verändern sich Ihre Gefühle in dieser Situation? Verändert sich Ihr Verhalten? Sind Sie in der Lage, sich diesmal anders zu verhalten, keine Bewältigungsstrategie einzusetzen? Was könnte Ihnen helfen, die guten Gefühle besser zu verankern?

Schritt 4: Schädliches Verhalten reduzieren

Sie leiden unter Ihrem stark unterwerfenden Verhalten? Sie haben das Gefühl, zu oft Problemen aus dem Weg zu gehen oder sich unauthentisch zu verhalten? Dinge zu tun, die Sie eigentlich gar nicht tun wollen?

Schon dieses Eingeständnis ist ein großer Schritt, und Sie können stolz auf sich sein. Die Arbeit, die jetzt auf Sie zukommt, ist hart. Muten Sie also bitte nicht zu viel zu. Machen Sie kleine Schritte, auch die bringen Sie nämlich sicher näher ans Ziel. Und lassen Sie sich nicht von Rückschlägen und Rückfällen entmutigen: Die sind ganz normal und gehören leider dazu. Wichtig ist bloß, nicht aufzugeben, sondern trotzdem weiterzumachen. Beginnen Sie mit Kleinigkeiten und steigern Sie sich langsam. Die ersten Erfolgserlebnisse werden Sie motivieren!

Damit Ihr Vorhaben gelingt, ist eine realistische, kleinschrittige, vor allem aber ganz konkrete Zielsetzung zentral. Planen Sie kleine Schritte und entwickeln Sie zugleich eine konkrete Alternative zu Ihrem bisherigen Verhalten: Was möchten Sie sagen, was möchten Sie tun? Welchen Tonfall möchten Sie anschlagen, welche Gefühle und Bedürfnisse zum Ausdruck bringen? Es ist gut, zwangsläufige Verhaltensmuster aufzugeben. Aber das kann nur funktionieren, wenn Sie sich überlegt haben, welche Prinzipien stattdessen Ihr Verhalten leiten sollen.

Unterwerfung reduzieren

Sie wollen sich nicht mehr ständig unterwerfen? Großartig. Aber was wollen Sie stattdessen tun? Die Lösung kann auch nicht sein, von jetzt an in jeden Konflikt zu gehen. Setzen Sie sich also in Ruhe hin und überlegen Sie, wo Sie im Leben stehen und wie Sie sich künftig verhalten wollen. Entwerfen Sie eine positive Vision von Ihrer Zukunft. Fragen Sie sich: Was ist mir wichtig? Was möchte ich erreichen? Was möchte ich auf jeden Fall von nun an anders machen?

Leonie zum Beispiel will in Zukunft eine Beziehung führen, in der Respekt und Zuneigung herrschen. Das ist langfristig ein gutes Ziel. Kurzfristig bedeutet das aber, sie muss sich von ihrem Partner trennen und einen sicheren Ort aufsuchen. Dann kann sie anfangen, sich ganz konkrete Situationen herauszupicken, in denen sie normalerweise zur Unterwerfung neigt, und an ihrem Verhalten arbeiten. Sie sollte dabei ganz detailliert vorgehen: Wie soll ihre Stimme klingen, welche Körperhaltung möchte sie gerne einnehmen, was möchte sie wie sagen, was möchte sie tun? Und was kann ihr dabei helfen, das auch umzusetzen?

Übung: imaginäres Verhaltenstraining

Oft ist es einfacher, sein Verhalten in der Realität zu verändern, wenn man es in der Vorstellung schon mal ausprobiert hat. Die folgende Imaginationsübung können Sie immer dann machen, wenn Sie vorhaben, ein neues Verhalten einzusetzen.

> Entspannen Sie sich. Konzentrieren Sie sich auf Ihren Atem und schließen Sie die Augen. Jetzt stellen Sie sich vor, Sie sind in einer Situation, in der Sie sich immer unterwerfen: in einem Konflikt mit Ihrem Partner, Ihrem Kollegen, Ihrem Boss, oder in einer Situation, in der Sie normalerweise zusätzliche Aufgaben übernehmen. Überlegen Sie jetzt, wie Sie sich eigentlich verhalten wollen. Planen Sie alles ganz genau und konkret. Gehen Sie anschließend in der Vorstellung in die Situation und verhalten Sie sich wie geplant. Vielleicht meldet sich Ihr schlechtes Gewissen, dann ist vermutlich Ihr strafender oder fordernder Elternmodus mit am Werk. Gehen Sie dagegen mit einer positiven Botschaft an, die Sie bereits formuliert haben. Das sollte diese schädliche Stimme zum Schweigen bringen.
>
> Wenn Sie dieses Gedankenspiel gemacht haben, geht es in die reale Welt. Versuchen Sie Ihre Vision zunächst in einfachen Situationen umzusetzen, in denen Sie sich schon immer relativ sicher gefühlt haben. Wenn es nicht gleich klappt, macht das nichts. Das wäre auch zu leicht, nach so langer Zeit mit einem festgefahrenen Verhalten zu brechen. Nehmen Sie sich Zeit und seien Sie ein bisschen generös: Auch kleine Schritte sind gute Schritte. Gehen Sie weiter und versuchen Sie Ihre Vision nach und nach in immer mehr Situationen zu realisieren. Belohnen Sie jedes Mal Ihre Fortschritte!

Fallbeispiel: Nadine

Nadine lebt mittlerweile im Frauenhaus. Sie hat alle Verbindungen zu ihrem früheren Partner gekappt und versucht sich gerade ein neues Leben auszubauen. Sie arbeitet halbtags und hat sich therapeutische Hilfe gesucht. Das sind schon ganz große Veränderungen! Jetzt möchte Nadine an ihren Denk- und Verhaltensmustern arbeiten. Ihr ist klar, dass es kein Zufall ist, dass sie immer wieder bei denselben schrägen Typen landet. Gemeinsam mit einer Sozialarbeiterin überlegt sie sich einen ersten kleinen Schritt: Sie will ihren Vorgesetzten, der sie immer unfreundlich behandelt, ganz ruhig darum bitten, mehr Respekt zu zeigen. Zunächst spielt sie die Situation in Gedanken durch. Sie malt sich alles ganz genau aus. Danach verabredet sie mit der Sozialarbeiterin, dass sie gemeinsam einen Kaffee trinken gehen, sobald sie sich tatsächlich überwunden hat.

Am nächsten Tag wartet Nadine ganz aufgeregt auf ihren Chef. Er enttäuscht sie nicht: Auch heute ist er wieder unfreundlich. Sie wartet ein paar Minuten und fasst sich. Dann geht sie zu ihm und bittet ihn um ein kurzes Gespräch. »Ja, was ist denn schon wieder?« – »Es war doch noch nie was!«, denkt sie. Aber sie versucht, ganz ruhig und sachlich zu bleiben. »Ich wollte mit Ihnen sprechen, weil ich finde, dass Sie mich respektlos behandeln und grundlos unfreundlich sind. Das hilft hier niemandem.« Der Chef ist völlig verdutzt. So etwas hat er von Nadine überhaupt nicht erwartet. In Zukunft begegnet er ihr aber tatsächlich respektvoller. Und außerdem ist Nadine unheimlich stolz auf sich. Sie kann es! Sie fühlt sich den ganzen Tag selbstsicher und beschwingt. Als sie mit der Sozialarbeiterin Kaffee trinken geht, ist sie richtig glücklich.

Vermeidung reduzieren

Was Nadine getan hat, kostet viel Überwindung und Mut. Sie ging bewusst über ihre Grenzen hinaus und wagte den Sprung ins kalte Wasser. Aber sie fühlt sich danach auch richtig gut. Natürlich hätte das Ganze auch schiefgehen können, der Chef hätte ausrasten und Nadine vielleicht sogar kündigen können. Tatsächlich passiert so etwas aber nur selten – meistens wird Ihr Mut belohnt: Sie werden nicht nur merken, was in Ihnen steckt, und mehr Selbstsicherheit entwickeln, Sie werden auch von Ihrem Umfeld schon bald mit mehr Respekt und Rücksicht behandelt werden. Und das setzt einen sich positiv verstärkenden Kreislauf in Gang.

Anders ist es leider, wenn Sie Ihr Vermeidungsverhalten reduzieren. Das fühlt sich in der Regel erst mal richtig unangenehm an. Auch weil Vermeidung zumindest kurzfristig ihre Vorteile hat: Man muss sich mit negativen Gefühlen, anstrengenden Tätigkeiten und unangenehmen Situationen aktuell nicht auseinandersetzen. Die vielen Nachteile des vermeidenden Verhaltens zeigen sich erst langfristig.

Die Reduktion von Vermeidung bedeutet zunächst Stress und wird Ihnen wenig positive Erlebnisse bescheren, doch auch hier stellen sie sich mit der Zeit ein. Sie brauchen also Geduld, Konsequenz und einen langen Atem. Aber keine Sorge: Den haben Sie!

Vielleicht motiviert es Sie, wenn Sie sich die negativen Auswirkungen Ihres Vermeidungsverhaltens noch einmal bewusst machen. Schreiben Sie diese auf und hängen Sie sie dorthin, wo Sie täglich vorbeikommen, etwa an die Kühlschranktür. Wenn Sie aufgrund Ihrer Vermeidung schon mehrfach arg in die Bredouille geraten sind, hat das nun wenigstens den Vorteil, dass es Ihre Motivation zu stützen hilft.

Auch hier gilt aber: Planen Sie ganz konkrete und vor allem kleine Schritte. Wenn Sie stark zu Vermeidung neigen, wäre es Unsinn, von heute auf morgen die Trinkerei, das Computerspielen und die neuste Lieblingsserie einzustellen und zugleich in offene Konflikte und Situationen zu gehen, die Sie fürchten. Realistisch wäre es zum Beispiel, in der ersten Woche Rechnungen immer sofort zu öffnen und zu lesen oder dem nächsten Gespräch nicht aus dem Weg zu gehen, sondern zu versuchen, sich zu unterhalten.

Und vergessen Sie nicht: Schon die Tatsache, dass Sie sich eingestanden haben, ein Problem mit Vermeidung zu haben, ist ein großer und wichtiger Schritt. Muten Sie sich bitte nicht zu viel zu und seien Sie stolz auf sich! Wenn Sie sich wieder mal überwunden haben, belohnen Sie sich dafür. Sonst sind Sie schnell frustriert und es steigt die Gefahr, dass Sie diesen positiven Prozess abbrechen. Auch von Rückschlägen sollten Sie sich nicht entmutigen lassen – es wäre schon ein Wunder, wenn Sie ganz ohne ans Ziel kämen. Wichtig ist nur, dass Sie dranbleiben, dann werden Sie Ihre Ziele langsam, aber sicher erreichen.

Wie bei der Reduktion von Unterwerfung gilt auch hier: Entwickeln Sie ganz konkrete Alternativen zu Ihrem bisherigen Verhalten. Überlegen Sie, was Sie wie sagen wollen, wie Sie auftreten und erscheinen wollen und was genau Sie damit zu erreichen wünschen. Machen Sie sich immer wieder klar, warum Sie bestimmte Verhaltensmuster in Zukunft ablegen wollen und welche Vorteile sich daraus für Sie ergeben. Setzen Sie sich also in Ruhe hin und überlegen Sie, was Sie im Leben eigentlich wollen und wie Sie sich entsprechend verhalten. Entwerfen Sie eine positive Vision von Ihrer Zukunft. Was ist Ihnen wichtig? Was möchten Sie erreichen? Was möchten Sie auf jeden Fall von nun an anders machen?

Proben Sie Ihr verändertes Verhalten zunächst in der Vorstellung. Dabei hilft dieselbe Imaginationsübung wie bei der Reduktion von unterwerfendem Verhalten (S. 240). Wenn es dann in die reale Welt geht, fangen Sie mit den einfachen Situationen an, in denen Sie sich schon immer relativ sicher gefühlt haben. Wenn es nicht sofort klappt, ist das ganz normal. Werfen Sie nicht gleich die Flinte ins Korn, sondern bleiben Sie hartnäckig. Es wird Ihnen mit der Zeit gelingen, Ihre festgefahrenen Verhaltensmuster zu durchbrechen.

Fallbeispiel: Leonie

Leonie hat erkannt, dass Ihre extremen Ängste und Unsicherheiten sie zu einem Verhalten bringen, das ihr überhaupt nicht guttut. Sie ist nicht nur unglücklich und fühlt sich die meiste Zeit über unwohl, sie hat jetzt auch noch ein Alkoholproblem. Außerdem ist ihr klar, dass ihr strafender Elternmodus sie daran hindert, ihr Bedürfnis nach Verbundenheit, Freundschaft sowie Anerkennung und Autonomie zu befriedigen. Deshalb hat sie sich entschlossen, ihr vermeidendes Verhalten zu reduzieren. Dazu arbeitet sie zunächst daran, ihren stark strafenden Elternmodus zum Schweigen zu bringen. Anschließend geht sie ihren Bewältigungsmodus an. Was könnte sie als Erstes tun? Was wäre realistisch? Vielleicht sollte sie ihre alte Schulfreundin anrufen und ein Treffen vereinbaren. Ein sozialer Kontakt pro Woche sollte schon sein. Und dann könnte sie versuchen, den nervigen Nachbarn einfach stehen zu lassen, wenn er Sie wieder im Treppenhaus abfängt, um über die Sauberkeit zu schimpfen. Wenn sie das schafft, will sie sich mit einem ausgiebigen heißen Bad belohnen, das sie sich sonst eigentlich nie gönnt.

Überkompensation reduzieren

Wenn Sie Ihre Überkompensation angehen wollen, stellen sich Ihnen erst nicht nur all die Probleme, die sich auch bei der Reduktion der anderen Bewältigungsstile ergeben. Die Reduktion der Überkompensation ist hier quasi die »Königsdisziplin«. Sie ist besonders schwierig und frustrierend. Denn dabei fallen positive Gefühle wie Stärke, Kontrolle und Dominanz zunächst einfach weg. Stattdessen haben Sie plötzlich mit den negativen Gefühlen der Minderwertigkeit und Angst zu kämpfen, die Sie zuvor mithilfe der Überkompensation gut verdrängen konnten. »Ein schlechter Tausch«, denken Sie jetzt vielleicht. Und es kommt noch dicker: Sie merken womöglich jetzt erst, dass Sie äußerst unbeliebt sind, und auch das ist keine angenehme Einsicht. Überlegen Sie sich also gut, ob Sie diesen steinigen Weg beschreiten wollen. Wenn es Ihnen gelingt, durchzuhalten und Ihre Überkompensation zu durchbrechen, können Sie aber auch wirklich stolz auf sich sein!

Aber wofür das alles? Wenn Sie heute relativ zufrieden leben, spricht tatsächlich nichts dafür, dass Sie etwas ändern. Wenn Sie sich aber wie Mark schon lange eigentlich unwohl in Ihrer Haut fühlen, wenn Sie spüren, dass es Sie unglaublich viel Kraft kostet, die Einsamkeit und Unsicherheit zu verdecken, die unter all der Dominanz und Selbstsicherheit schlummern, dass Sie sich oft unauthentisch und unverstanden fühlen, so als wären Sie nie ganz bei sich, dann werden sich die anstrengenden und frustrierenden Erfahrungen, die zu durchleben Sie sich entschlossen haben, auszahlen.

Das größte Problem bei der Reduktion von Überkompensation ist also die Motivation, denn Sie fühlen sich ohne diesen Bewältigungsstil zunächst schlechter. Daher wird sich immer mal wieder ein kleiner Teufel melden, der Ihnen zuflüstert: »Warum machst du das bloß?« Es kann Ihrer Motivation helfen, wenn Sie sich an die Nachteile Ihres Verhaltens erinnern, an Verlust und Trennung, an depressive Phasen und soziale Ängste. Daran erinnert sich niemand gern, aber es hilft. Dann wissen Sie wenigstens, wofür Sie sich anstrengen.

Fallbeispiel: Mark

Mark hat nicht vergessen, wie einsam und hilflos er sich gefühlt hat, als er nicht wusste, wen er überhaupt zu seinem Geburtstag einladen sollte. Gibt es wirklich niemanden, dem an ihm liegt? Hat er alle vergrault? Das hatte er gar nicht mitbekommen. Und liegt es wirklich daran, dass er anderen wenig Raum gibt? Dass er sich aufspielt und niemanden neben sich bestehen lässt? Plötzlich erinnert er sich daran, dass nicht nur seine Exfreundin, sondern mehrere andere Freunde und Verwandte ähnliche Kritik geäußert hatten. Mark nimmt sich vor, etwas zu ändern. Er will nicht, dass andere ihn für einen Angeber und Egoisten halten. Er wünscht sich doch nichts mehr, als geliebt und geschätzt zu werden. Aber er weiß auch, dass er nicht sofort ein völlig anderer Mensch werden kann. Warum sollte er auch? Bei der Arbeit hat er von seinem überheblichen Verhalten bis jetzt immer profitiert. Sein Veränderungsvorhaben beschränkt sich somit auf den privaten, zwischenmenschlichen Bereich. Wie soll er anfangen? Wahrscheinlich ist es realistisch, zunächst einen früheren Kontakt zu reaktivieren. Vielleicht zu jener Exfreundin, die ihm ihre Meinung sagte, ihm aber trotz allem immer gewogen war und viel nachgesehen hat. Er will sie morgen anrufen und sie zunächst nach ihrem Leben fragen. Außerdem will er sich während des Telefonats jede Angeberei und Überheblichkeit verkneifen. Wenn er das schafft, gönnt er sich ein Essen in dem japanischen Restaurant, in das er schon lange gehen wollte.

Einfach die kratzende Winterjacke wegwerfen ist keine Lösung. Sie brauchen auf jeden Fall einen neuen, diesmal hoffentlich angenehm weichen Mantel, der Sie vor dem kalten Winterwind schützt. Wenn Sie also Abschied nehmen wollen von der Überkompensation, ist es ganz wichtig, dass Sie sich eine neue Form des Selbstschutzes zulegen. Sie können sich negativen Gefühlen nicht schutzlos ausliefern, Sie brauchen andere Instrumente, sich innerlich zu schützen. Niemand kann immer mit offenem Visier kämpfen.

Seien Sie deshalb großzügig mit sich: Es ist ganz normal, wenn Sie immer mal wieder in dominante Verhaltensmuster zurückfallen. Dass Sie überhaupt an Ihrer Überkompensation arbeiten, bezeugt Ihren großen Mut und schließlich auch wahre Stärke.

Veränderungswunsch für die nächste Woche

Sie haben sich entschlossen, Ihre Bewältigungsmodi zu reduzieren? Wunderbar! Dann bietet es sich an, den folgenden Veränderungsplan auszufüllen. Auf ihm können Sie Ihre Veränderungswünsche und deren Motivation festhalten. Seien Sie konkret und realistisch. Benennen Sie genau, welchen Bewältigungsmodus Sie in welchem Bereich in der nächsten Woche zurückdrängen wollen, was Sie sich davon versprechen und wie Sie sich dafür belohnen wollen.

Veränderungen im Bewältigungsmodus für nächste Woche:

- *In dieser Situation möchte ich meinen Bewältigungsmodus reduzieren:*

___

___

___

- *Bisher habe ich so gehandelt (Bewältigungsmodus):*

___

___

___

___

- *Das möchte ich ändern, weil … (Nachteile des Bewältigungsmodus):*

___

___

___

___

- *Mein gesunder Erwachsenenmodus will stattdessen so handeln:*

___

___

___

___

- *So belohne ich mich für die Veränderung:*

___

___

___

___

Erwachsen werden

Jetzt wissen Sie, welche Bewältigungsstile bei Ihnen aktiv sind und woher sie kommen. Vor allem haben Sie jetzt aber die Instrumente in der Hand, mit deren Hilfe Sie diese Modi reduzieren können. Sie haben erfahren, dass das nicht leicht sein wird, weil Sie ja nicht ohne Grund seit Langem bewältigen: Sie haben eine berechtigte Angst vor negativen Gefühlen. Leider müssen Sie sich darauf einrichten, dass Sie sich am Anfang manchmal einsam und schwach fühlen werden. Nur über die Auseinandersetzung werden Sie diese Gefühle auch in den Griff bekommen und die Angst wird sich legen. Bleiben Sie also dran! Nach einer Weile werden Sie merken, dass Sie keine Angst mehr haben, Ihre Gefühle und Bedürfnisse auszudrücken, und es Ihnen besser gelingt, für sich zu sorgen. Sie werden sich zunehmend authentisch fühlen.

Den gesunden Erwachsenenmodus stärken

Der gesunde Erwachsenenmodus ist gewissermaßen der Akteur, derjenige, der alle Veränderungen plant, leitet und durchsetzt. In diesem Modus gelingt es Ihnen, die anderen Modi zu heilen oder zu reduzieren. Der gesunde Erwachsenenmodus tröstet Ihr verletzliches Kind, setzt dem verwöhnten Kind Grenzen, verhandelt mit Eltern- und Bewältigungsmodi.

Stellen Sie sich bloß mal vor, wie es wäre, wenn andere Modi für die Umsetzung Ihres Veränderungsplans zuständig wären: Der fordernde Elternmodus würde Sie gnadenlos überfordern, Sie an den Rand Ihrer Belastbarkeit bringen und Sie mit Schuld- und Minderwertigkeitsgefühlen strafen, wenn Sie nicht gleich alles schaffen. Das undisziplinierte Kind würde alles auf einmal wollen, und Sie würden zwangläufig scheitern und schon bald völlig frustriert die Flinte ins Korn werfen. Auch Ihr verletzliches Kind würde sofort so viel Fürsorge einfordern, dass Sie keine Kraft mehr für anderes hätten. Einzig der gesunde Erwachsenenmodus kann die Rolle einer Vermittlungsinstanz einnehmen. Nur er kann dafür sorgen, dass Sie realistisch bleiben, Grenzen einhalten, Pläne aufstellen und diese auch umsetzen.

Suchen Sie sich Vorbilder. Unterstützen können Sie dabei Personen, die einen ausgeprägten gesunden Erwachsenenmodus haben, die also in der Regel eine gute Balance von eigenen und fremden Interessen finden. Es sollten Menschen sein, die Sie wirklich mögen und die nur Ihr Bestes wollen. Wenn Sie keine realen Vorbilder kennen, suchen Sie sich fiktionale: Film und Literatur sind voll von positiven Figuren, mit denen man sich gerne identifiziert. Ich meine jetzt keine Superhelden: Die schwanken meist zwischen Narzissmus und völliger Selbstaufgabe. Ich meine realistische Charaktere mit ein paar Ticks und vielen Stärken. Bridget Jones zum Bespiel ist ein gutes Vorbild oder Rick aus *Casablanca*. Rekrutieren Sie diese glamourösen und unterhaltsamen Erscheinungen als innere Begleiter, die Ihnen, wenn nötig, helfen, Situationen realistisch einzuschätzen. Wenn Sie sich vorgenommen haben sollten, von einem Tag auf den nächsten Ihr gesamtes Ernährungsverhalten umzukrempeln, von nun an täglich Sport zu treiben, nur noch gesund zu essen und auf Alkohol und Zigaretten zu verzichten, wird Ihnen Ihre innere Bridget Jones wahrscheinlich sagen: Das hab ich auch schon versucht. Das klappt nicht. Nimmt dir nicht zu viel vor. Versuch zuerst, nur einen Apfel am Tag statt Süßigkeiten zu essen und mittags auf die Pommes zu verzichten. Wenn du das eine Woche durchhältst, ist das ein echter Erfolg! Belohne dich dann mit einem schönen Essen mit deinen Freunden.

Wenn Ihnen keine solchen Vorbildfiguren einfallen, macht das überhaupt nichts. Sie sind deshalb lange kein Versager. Sie brauchen nur ein bisschen mehr Unterstützung. In diesem Fall kann es bestimmt nicht schaden, wenn Sie sich einen Therapeuten suchen, mit dem Sie anfangen, Ihren gesunden Erwachsenenmodus zu stärken.

Nobody is perfect! Es ist für jeden von uns wichtig, sich immer wieder in Erinnerung zu rufen, dass weder das Leben noch wir makellos sind. Wenn Perfektion Ihr Ziel sein sollte, muss ich Sie leider enttäuschen: Die gibt es nicht. Sollte Ihr Plan sein, nur noch im gesunden Erwachsenenmodus zu sein, dann ist das schlicht unrealistisch. Machen Sie also bitte keine Pläne, die Sie nicht umsetzen können. Sonst sind Sie am Ende nur frustriert.

Seien Sie realistisch! Vergessen Sie nie, den Kraft- und Zeitaufwand zu kalkulieren, den Ihr Veränderungsvorhaben kosten wird. Verlieren Sie niemals Ihre Ressourcen aus den Augen: Ihr soziales Netzwerk, berufliche Möglichkeiten, finanzielles Polster. Gestalten Sie Ihr Leben im Sinne Ihrer Bedürfnisse, aber akzeptieren und berücksichtigen Sie dabei die Realität. Was sind überhaupt Ihre Gestaltungsmöglichkeiten? Leider hat nicht jeder von uns die gleichen Voraussetzungen. Manche haben mehr Freunde, die sie unterstützen können, manche mehr Zeit oder das Geld, sich zeitliche Freiräume zu schaffen. Es ist wichtig, dass Sie lernen, einen realistischen Blick für Ihre Möglichkeiten und Spielräume zu entwickeln, und herausfinden, wie Sie aus dem, was Ihnen zur Verfügung steht, das Beste machen. Als alleinerziehende und berufstätige Mutter haben Sie vermutlich weder die finanziellen noch zeitlichen Puffer, um sich sehr umfangreich um sich selbst zu kümmern. Der Stress, den Sie fühlen, geht nicht auf Ihren fordernden Elternmodus zurück, er ist real. Wenn dann die Kinder krank sind und Sie einen Abgabetermin kaum einhalten können, kann Ihnen auch die Schematherapie nicht weiterhelfen.

Es ist also ganz wichtig, die eigenen Lebensumstände und Fähigkeiten realistisch einzuschätzen. Wir können nicht alle den Nobelpreis gewinnen oder Schönheitskönigin werden. Und das müssen wir auch gar nicht, denn wissen Sie was: Das allein macht nämlich auch nicht glücklich!

Seien Sie ehrlich zu sich. Überprüfen Sie zuallererst, ob Ihre Ziele wirklich das sind, was Sie wollen und brauchen. Überlegen

Sie dann, ob diese Ziele realistisch sind und wie viel Zeit und Kraftaufwand sie Sie kosten würden. Sind Sie tatsächlich bereit, diese Investition zu tätigen? Seien Sie dabei unbedingt ehrlich mit sich selbst. Wenn Sie beispielsweise kein Abitur gemacht haben und jetzt einen Studienabschluss erlangen wollen, machen Sie sich klar, wie immens zeit- und kraftaufwendig dieses Vorhaben ist, insbesondere wenn Sie außerdem erwerbstätig sind. Vernünftige Vorsätze wie gesund essen und regelmäßig Sport treiben lassen sich nur verwirklichen, wenn Sie wirklich motiviert und bereit sind, Energie und Zeit zu investieren, die Ihnen woanders fehlen werden. Machen Sie sich dies möglichst bald bewusst. Vielleicht müssen Sie von einigen Traumschlössern Abschied nehmen. Aber das ist besser als die Alternative: ein ständiges Scheitern, chronischer Frust und Unzufriedenheit mit der eigenen Person.

Der Fokus dieses Buches liegt vor allem auf Ihren Bedürfnissen und deren Befriedigung. Aber wir sind nicht allein auf der Welt. Andere Menschen haben auch Bedürfnisse, und die haben dieselbe Berechtigung wie unsere. Unsere Freiheit endet dort, wo sie die anderer einschränkt. Als erwachsener Mensch sollte es uns möglich sein, Rücksicht zu nehmen, die eigenen und die fremden Wünsche im Auge zu haben und einen Ausgleich zu finden. Letztendlich geht es darum, Kompromisse zu finden, die alle so weit wie möglich zufriedenstellen. Das geht nicht, wenn keiner zu Abstrichen bereit ist.

Nehmen Sie also Rücksicht auf sich selbst und die anderen. Wenn Sie herausgefunden haben, was Sie wirklich brauchen und wollen, ist das prima. Aber stoßen Sie die Menschen, die Sie lieben, nicht vor den Kopf. Versuchen Sie, Ihr Umfeld nicht zu überfordern! Wenn Sie beschlossen haben, dass Sie in Zukunft Ihre Freundinnen ohne Ihren Partner treffen wollen, gewöhnen Sie ihn langsam an den Gedanken. Und wenn Sie spüren, dass jemand, an dem Ihnen liegt, nicht mit Ihrem veränderten Verhalten zurechtkommt, geben Sie ihm so viel Zeit wie nötig. Das heißt nicht, dass Sie einen Rückzieher machen und auf das verzichten sollen, was Sie wirklich brauchen. Aber haben Sie Geduld und seien Sie nicht zu streng. Wenn sich bei Ihrem Gegenüber gar nichts tut, sprechen Sie miteinander. Mit hoher Wahrscheinlichkeit wird Ihr Freund, Partner oder Verwandter Sie schließlich verstehen.

Fast jeder will etwas ändern. Diffuse Vorsätze wie: »Ich will selbstsicherer sein«, »Ich will nicht immer zu allem Ja sagen« oder »Ich will mich besser um mich kümmern« schwirren in den meisten Köpfen und Ratgebern herum. Trotzdem ändern wir nur sehr selten etwas. Wenn überhaupt, brechen wir nach ein paar Tagen oder Wochen alles wieder ab und kehren zu den altbekannten Mustern zurück. Ganz schön frustrierend.

Warum ist das so? Zum einen neigen die meisten zu dem Prinzip: Alles oder nichts! Solche Radikalkuren, bei denen man von heute auf morgen mit allem bricht, halten nur die wenigsten durch. Unsere Veränderungswünsche sind oft gut, aber nicht konkret genug. Das kann nichts werden. Für die Planung Ihrer Veränderungen gilt: Sie müssen sich ganz detaillierte und konkrete Anleitungen geben. Außerdem steigert es die Aussicht auf Erfolg, wenn Ihre Ziele sich möglichst nah an Ihrem tatsächlichen Verhalten orientieren. Die folgenden Fragen können Ihnen am Beispiel »Ich will mich besser um mich kümmern« demonstrieren, wie sich Ihre Ziele konkretisieren lassen:

- Wie sieht das genau aus, wenn man sich gut um sich kümmert?
- Wen kenne ich, dem das gut gelingt? Woran merke ich das?
- In welchen Situationen möchte ich mich besser um mich kümmern? Wie würde es aussehen, wenn ich mich in diesen Situationen besser um mich kümmerte? Woran würden das Außenstehende merken?

Schritt 1: Veränderungen planen

Inzwischen kennen Sie Ihre inneren Muster besser und können sich fragen: Was will ich zuerst verändern? Wie sehr will ich diese Veränderung? Wie viel Kraft und Zeit wird mich diese Veränderung aller Voraussicht nach kosten? Und wie groß ist eigentlich mein Gestaltungsspielraum?

Übung: Imaginäres Verhaltenstraining

Wenn Sie so weit sind und genau wissen, was Sie wann wie angehen wollen, bietet es sich an, Ihr verändertes Verhalten zunächst in der Vorstellung auszuprobieren. Zur Stärkung des gesunden Erwachsenenmodus eignen sich diese Übungen besonders gut. Gibt es zum Beispiel Situationen, in denen Sie immer wieder klein beigeben und Ihren Interessen zuwiderhandeln, üben Sie den aufrechten und festen Blick jetzt erst einmal imaginativ. Stellen Sie sich genau vor, wie Sie sich optimalerweise verhalten wollen, was Sie wie sagen wollen, um endlich Ihre Interessen durchzusetzen und sich nicht wieder unterbuttern zu lassen.

Machen Sie es sich bequem und schließen Sie die Augen. Konzentrieren Sie sich auf Ihren Atem und entspannen Sie sich. Stellen Sie sich dann die Situation vor, in der Sie sich das nächste Mal auf jeden Fall anders verhalten wollen. Wie sieht Ihre Körperhaltung aus? Wie hört sich Ihre Stimme an? Was sagen Sie? Lassen Sie vor Ihrem inneren Auge den Film dieser Situation ablaufen, in der Sie diesmal im gesunden Erwachsenenmodus handeln. Nachdem Sie die Situation so schon einmal durchgespielt haben, wird es Ihnen leichter fallen, sie in der Realität zu erproben.

Fallbeispiel

Nora ärgert sich immer wieder darüber, dass sie in sozialen Kontexten oft das letztlich unbegründete Gefühl hat, nicht dazuzugehören (strafender Elternmodus), und sich dann zurückzieht (verletzlicher Kindmodus).

In der Imaginationsübung versetzt sie sich in eine Situation, die ihr normalerweise schwerfällt: Einige Kollegen gehen noch gemeinsam ein Bier trinken und haben Nora nicht ausdrücklich eingeladen. In ihrer Vorstellung fragt sie freundlich nach, ob sie auch mitkommen kann. Sie kann. Ihre Kollegin bringt ihr sogar die Jacke mit an den Platz.

Es ist Weihnachtszeit, und da unternehmen die Kollegen oft etwas nach Feierabend: Nora muss also nicht lange auf eine Gelegenheit warten, ihr vorgestelltes Verhalten in der Realität zu erproben. Sie verhält sich genau so wie in der Imaginationsübung und es klappt: Alle freuen sich, dass Nora mitkommt. In Zukunft wird es ihr immer leichter fallen, nachzufragen. Nora ist zu Recht stolz auf sich. Sie ist einen großen Schritt vorangekommen.

Schritt 2: Veränderungen umsetzen

Wenn Sie Ihren gesunden Erwachsenenmodus stärken wollen, müssen Sie wissen, welche Situationen und Aktivitäten Sie in diesen Modus bringen, und diese dann vermehrt in Ihren Alltag integrieren. Auch hier ist es wichtig, dass Sie sich diese Aktivitäten gezielt vornehmen.

Übung: Aktivitätenliste erstellen

Falls Sie den Eindruck haben, sich nur selten im erwachsenen Modus zu befinden, und auf Anhieb gar keine Idee haben, was Ihnen dabei helfen könnte, Ihr erwachsenes Ich zu aktivieren, dann hilft Ihnen vielleicht die folgende Liste.

Es kann mich in den gesunden Erwachsenenmodus bringen, wenn ich …

- etwas Neues lerne.
- mit einem guten Freund darüber rede, was mir im Leben wichtig ist.
- für mich selbst Verantwortung übernehme.

- Sport treibe.
- etwas repariere.
- mir jeden Tag aufschreibe, was ich heute richtig gut gemacht habe.
- eine Zeitung oder ein Buch lese.
- meinem Körper etwas Gutes tue (Yoga, Körperpflege, frisches Obst esse ...)
- ein neues Rezept ausprobiere.
- ein Hobby betreibe.
- jemandem etwas erkläre oder ihm helfe.
- etwas auf der To-do-Liste abhake und mich dann belohne.
- mir eine Karte schreibe, auf der steht, was ich an mir mag.

So oder so ähnlich könnte Ihre Liste aussehen. Sammeln Sie selbst Dinge, die Ihren gesunden Erwachsenenmodus fördern oder hervorlocken, und schreiben Sie diese dazu. Hängen Sie die Liste gut sichtbar auf, am besten so, dass Ihr Blick immer mal wieder darauffallen muss. Wenn Sie dazu neigen, solche stärkenden Aktivitäten zu vermeiden, können Sie versuchen, sich selbst irgendwie auszutricksen. Vielen Menschen gelingt es, den inneren Schweinehund zu überwinden, wenn sie verbindliche Verabredungen treffen. Gehen Sie also nicht allein zum Sport. Ihre Chancen steigen, wenn Sie sich einen netten und möglichst disziplinierten Bekannten suchen und gemeinsam zum Yoga gehen oder die Steuererklärung erstellen.

Übung: Verhaltensexperiment

Verhaltensexperimente sind der erste Schritt aus dem Schutz der Vorstellung hinein in die Realität. Dabei ist es ganz wichtig, dass Sie sich nicht zu viel zumuten. Beginnen Sie am besten mit einer Situation, in der Sie sich ohnehin sicher fühlen: Nora beispielsweise kann ihren Mann oder ihre Freundin fragen, ob sie auch mitkommen darf zum eigenen Geburtstagsessen. Die Antwort ist mit allerhöchster Wahrscheinlichkeit positiv und die

Frage kostet Nora keinerlei Überwindung. Trotzdem erkennt sie durch dieses Verhaltensexperiment nicht nur, dass es Alternativen zu ihrem normalen und schädlichen Handeln gibt, sie erlebt »light«, wie es sich anfühlt, wenn sie ihre Muster durchbricht.

Solche Experimente können unterschiedlich aussehen. Es komm darauf an, welches Verhalten Sie verändern wollen. Die folgenden Fragen sollen Ihnen eine kleine Hilfestellung geben:

In welcher Situation möchte ich, dass mein gesunder Erwachsenenmodus mein Verhalten bestimmt?

___

___

___

Wie genau möchte ich mich verhalten?

___

___

___

Welche Modi waren bisher problematisch?

___

___

___

Was kann mich in der Situation an meinen Vorsatz erinnern (z. B. Postkarte, Symbol, Bild von mir in der Vorstellung)?

___

___

___

Welche Ermutigungen würde eine Person, die mir wichtig ist, mir mit auf den Weg geben?

___

___

___

Wie möchte ich mich für das Verhaltensexperiment belohnen?

___

___

___

In diesem Kapitel ging es darum, den gesunden Erwachsenen in Ihnen zu stärken. Wie schön wäre es, wenn wir immer in diesem Modus sein könnten: immer den Überblick und die Kontrolle über unsere Gefühlslage, unsere Bedürfnisse und unser Handeln hätten, immer ganz bei uns wären und rücksichtsvoll zwischen den eigenen Interessen und denen anderer abwägen und vermitteln könnten. Leider ist das nicht realistisch. Der gesunde Erwachsenenmodus ist sehr anspruchsvoll. Es kann uns nicht immer gelingen, in diesem Zustand zu sein, aber es kann uns immer öfter gelingen!

Wenn Sie allerdings den Eindruck haben, dass Ihr erwachsenes Ich sich nur ganz selten meldet und kaum Einfluss auf Ihr Handeln hat, brauchen Sie ein bisschen mehr Unterstützung. Aber ich bin ganz sicher, dass es Ihnen mithilfe eines Therapeuten gelingt, diesen Anteil aufzubauen und zu stärken.

Now, Voyager!

Falls Sie ihn noch nicht kennen, schauen Sie ihn sich unbedingt an: *Now, Voyager* (deutscher Titel: *Reise in die Vergangenheit*), den wunderbaren Film, in dem Bette Davis eine Frau um die vierzig spielt, die noch immer unter der völligen Kontrolle ihrer Mutter steht. Irgendwann erleidet sie einen Nervenzusammenbruch und muss in eine Klinik. Danach verschreibt der Doktor ihr, »aufzubrechen zu neuen Ufern«, im Hollywoodfilm der 1940er-Jahre heißt das: Unternehmen Sie bitte eine Kreuzfahrt nach Südamerika. Im Gepäck hat sie die Garderobe einer glamourösen Bekannten. In einer zentralen Szene erscheint sie in einer zauberhaften Seidenrobe zum Dinner, auf dem weißen durchscheinenden Cape funkeln Schmetterlinge. Man merkt ihr die Unsicherheit bei jeder linkischen Bewegung, jedem abweisenden Wort an. Sie fühlt sich unwohl in diesen schönen Kleidern. Und doch wird immer deutlicher: Sie ist ein Schmetterling. Dieses Kleid passt zu der Person, die unter all der Unsicherheit und den Gefühlen von Verlassenheit und Wertlosigkeit steckt. Die Frage ist nur: Wird dieser Schmetterling je seinen Kokon verlassen? Wird er es schaffen, sich aus den Mustern zu befreien, die ihn gefangen halten? Wird er sich je sicher fühlen in dem Gewebe, das ihm auf den Leib geschneidert, ja für ihn entworfen zu sein scheint? Hollywood kennt auf diese Fragen nur eine Antwort: Ja. Am Ende des Films treffen wir auf eine Frau, die ihr Leben fest in der Hand hat und so gestaltet, dass es ihr gut geht. Zwar hat sie den Mann ihrer Träume nicht bekommen, aber ganz Hollywood-untypisch ist das zwar bedauerlich, aber keine Katastrophe. Im Gegenteil: Es bestätigt nur die Stärke dieser Frau. Sie hat einen realistischen Blick und muss nicht nach den Sternen greifen, um glücklich zu sein. Sie ist in der Lage, sich ihr Leben so einzurichten, dass es zu ihr passt, auch wenn nicht alles nach Wunsch läuft.

Das sollte auch unser Ziel sein: herauszufinden, wer wir sind und was wir brauchen, und dann so gut wie möglich für uns zu sorgen. Wir werden nie alle unsere Träume verwirklichen können. Es ist wichtig, Grenzen und Beschränkungen zu akzeptieren, unser Leben und unsere Möglichkeiten realistisch einzuschätzen. Es ist aber auch wichtig, die Berechtigung und Bedeutung unserer Bedürfnisse ernst zu nehmen und uns nicht mit etwas zufriedenzugeben, das uns nicht guttut und das wir nicht wollen.

Also raus aus dem Kleiderschrank mit all den hässlichen, zu engen oder zu weiten, kratzigen oder kaputten Teilen, haben Sie Mut zum Lieblingsstück!